WESTEND

Inhalt

Vorwort

Am Ende der 60er Jahre des vorigen Jahrhunderts zählte es zu den unumstößlichen Weisheiten, dass die Marktwirtschaft, die in Deutschland praktizierte soziale Marktwirtschaft zumal, ein System sei, das für alle Zeiten Wohlstand und Vollbeschäftigung garantieren könne. Eine Entwicklung mit hohen Wachstumsraten, großer monetärer Stabilität und voll ausgelasteten Arbeitskräften wurde einfach als Normalfall des Wirtschaftens mit Hilfe von Märkten empfunden. Märkte erschienen den meisten trotz vieler Mängel als der einzig effiziente Weg, Knappheiten richtig zu signalisieren und Anreize für Wohlstandsmehrung zu geben, wenn der Staat nur den richtigen Rahmen setzte.

Doch man hatte offenbar nicht wirklich verstanden, welche Grundelemente nötig sind, um das Wirken der Marktkräfte zu einem so vorteilhaften Ergebnis zu führen, denn schon Anfang der 1970er Jahre, wenige Jahre nach dem Ende des globalen Währungssystems, nach einem kleinen Ort in New Hampshire »Bretton Woods« genannt, zeigte sich die Marktwirtschaft von der Seite, die ihr eigentlich innewohnt, wenn der staatliche Rahmen nicht vollständig stimmt. Nicht ruhige und stabile Vorwärtsentwicklung ist die Normalität, sondern sind Schocks und Krisen, die nur von kurzen und eher zufälligen Phasen stabiler Prosperität unterbrochen werden.

Nichts könnte besser als die vergangenen beiden Jahre demonstrieren, wie anfällig das marktwirtschaftliche System ist, wenn den Marktkräften jeder Raum zur »Entfaltung« gelassen wird. Wir müssen beginnen zu verstehen, dass es eine einmalige Leistung der Nationen der Welt nach dem Zweiten Weltkrieg war, unter der geistigen Führung eines großen Ökonomen eine Ordnung zu schaffen, die immerhin zwei Jahrzehnte Bestand hatte und bereits als »goldenes Zeitalter« in die Geschichtsbücher eingegangen ist. Als diese Ordnung zerbrach, entstand nichts, das sie hätte ersetzen können. Ohne eine internationale Geldordnung, wie sie John Maynard Keynes erdacht hatte, ist alles Übrige Makulatur. Weder funktioniert der internationale Handel, noch haben die Nationen der Welt die Möglichkeit, sich konstruktiv in die internationale Arbeitsteilung einzubringen, noch können sie intern die Weichen richtig stellen für anhaltende Prosperität.

Die politischen Beobachter in Deutschland haben sich früh die Chance genommen, diese Zusammenhänge zu verstehen, weil sie Keynes schon bald als Gegner der Marktwirtschaft dämonisierten und weil sie, wie allzu oft in ihrer Geschichte, alle Erfolge allein auf deutsche Anstrengungen zurückführten. Ihren Ausdruck fand diese Vorstellung im Begriff des »deutschen Wirtschaftswunders«, das eng mit dem Namen von Ludwig Erhard verknüpft wurde. Der internationale Kontext des wirtschaftlichen Erfolges wurde konsequent in den Hintergrund geschoben, obwohl das »Wunder« der ersten beiden Jahrzehnte nach dem Zweiten Weltkrieg ein internationales Wunder war und sich sofort in Luft auflöste, als die Zentralbank in Frankfurt das monetäre Ruder übernahm.

Nach Bretton Woods zerbricht jetzt gerade die Europäische Währungsunion. Es scheint, dass die Steuerung komplexer ökonomischer Systeme die Politik überfordert. Offenbar war es nur der historische Zufall, dass das Endes des großen Krieges mit den neuartigen ökonomischen Ideen von John Maynard Keynes, die von der großen Depression geprägt waren, zusammentraf, der der Welt zwei Jahrzehnte Verschnaufpause gab.

Als eine neu gewählte sozialdemokratisch geführte Regierung 1998 begann, Ideen für eine neue Finanzarchitektur der Welt in die Tat umzusetzen, wurden diese Protagonisten in der ganzen Welt als Ketzer und gnadenlos Gestrige verschrien. Nur ein Dutzend Jahre später fordert eine konservative Kanzlerin Angela

Merkel eine Finanztransaktionssteuer, und der demokratische amerikanische Präsident Barack Obama besinnt sich der Regulierungen, die nach der großen Depression vor 80 Jahren notwendig gewesen und dennoch nur wenige Jahre vorher von einem anderen demokratischen Präsidenten namens Bill Clinton über Bord geworfen worden waren.

Trotz dieser Ansätze ist Optimismus fehl am Platz. Die Angst der Regierungen vor den »Finanzmärkten« und ihre mangelnde Bereitschaft, die komplexe Lage unvoreingenommen zu analysieren, bieten wenig Hoffnung. Europas Währungsordnung steht vor dem endgültigen Scheitern, und eine internationale Währungsordnung ist noch nicht einmal am Horizont erkennbar. Derweil drohen Deflation und ein Rückfall in die Rezession. Eine neue Runde im Kampf der Nationen ist zu erwarten, und die Umweltprobleme unserer Erde sind vollkommen unbewältigt. Die Zeit wird knapp. Zu sagen, es sei fünf vor zwölf, wäre eine unverantwortliche Verharmlosung des Zeitdrucks.

Die diversen Krisen, durch die unsere globalisierte Wirtschaft geht, haben eine gemeinsame Wurzel. Es ist die Unfähigkeit der Ökonomen, die Welt angemessen zu deuten. Weil sich die herrschende Meinung in der Lehre von der Wirtschaft weit von der Realität entfernt hat, ist es sozusagen notwendig, das Rad neu zu erfinden, um eine geeignete Richtschnur in die Zukunft zu spannen. Daher ist in diesem Buch zwischen der Analyse der Krisen und den Vorschlägen zu ihrer Bewältigung zu lesen, warum man die Welt nicht verstehen kann, wenn man nur ökonomische Standardwerke kennt.

Auch dieses Buch wäre nicht entstanden ohne die vielen Menschen, die mich fast täglich ermutigen, mit meiner Aufklärungsarbeit fortzufahren. Wann immer ich versuche, Zusammenhänge aufzudecken und möglichst gradlinige Schlussfolgerungen zu ziehen, finde ich extrem viel Interesse, ja geradezu einen Hunger nach dieser Art von Analyse. Deswegen will ich noch einmal den Versuch machen, eine realistische und dennoch optimistische Perspektive für das neue Jahrhundert zu entwickeln.

Wo es um die großen Fragen der Menschheit geht, ist kleinkariertes Gezänk der Ökonomen oder der Politiker sicher unangemessen. Aber weil es um so große Fragen geht, sollte man auch nicht so tun, als könnte man das Herz dem Verstand vollkommen und jederzeit unterordnen. Folglich wird meine Sprache nicht immer der eigentlich gebotenen Sachlichkeit Rechnung tragen, sondern auch Zuspitzung, Ironie und gar Polemik enthalten. Es liegt mir jedoch fern, irgendjemanden zu beleidigen oder zu verletzen. Manchmal muss man die Dinge aber mit Verve benennen, um einer von Medien überfütterten Öffentlichkeit klarzumachen, was man für fundamental falsch hält.

Auch dieses Buch hat Friederike Spiecker und Stephanie viel zu verdanken. Die verbliebenen Fehler gehen allein zu meinen Lasten.

Große Krisen, kleine Politik

Sind die deutsche und die internationale Politik den globalen Herausforderungen gewachsen? Als die deutsche Bundeskanzlerin Angela Merkel im Oktober 2009 ihre Regierungserklärung abgab, war die entscheidende Botschaft, dass diese Regierung das Wachstum wieder beleben wolle. Als die Kanzlerin aber später gefragt wurde, auf welche Weise sie das zu tun gedenke, fielen ihr genau zwei Punkte ein: Steuersenkung und Bürokratieabbau.

Steuersenkung und Bürokratieabbau – das soll das Geheimnis einer im Jahr 2009 installierten deutschen Regierung sein? Kann es sein, dass 30 Jahre nach Helmut Kohl und seiner geistig-moralischen Wende erneut eine schwarz-gelbe Regierung nichts anderes im Sinn hat, als genau das zu tun, was Helmut Kohl schon wollte und womit er grandios gescheitert ist? Nichts zeigt besser als dieser geistige Offenbarungseid, dass genau die Politiker, die Marktwirtschaft und Wettbewerb ständig im Mund führen, beide Konzepte in keiner Weise verstanden haben.

Auch berufen sich Politiker fast aller Couleur gerne auf Ludwig Erhard, den »Vater« des deutschen Wirtschaftswunders, um zu erklären, wie sie erfolgreich sein wollen. Sie wollen die Marktwirtschaft wieder beleben. Sie wollen ein Wachstum, das von den Unternehmen getragen wird und das verlangt – so ihre feste Überzeugung –, dass man diesen Unternehmen größtmögliche Freiheit gibt. Anders als Ludwig Erhard wissen sie aber nicht, welche entscheidende Rolle der Staat spielen muss, damit Wohlstand entstehen kann.

Wenn 30 Jahre nach dem Versuch der konservativen Parteien,

ein Wirtschaftswunder zu wiederholen, und nach dem erfolglosen Versuch, das Wirtschaftswunder auf Ostdeutschland zu übertragen, wiederum eine konservativ-liberale Regierung nichts anderes im Sinn hat, als über Steuersenkungen und Bürokratieabbau ein »Wirtschaftswunder« in Gang zu setzen, dann läuft etwas fundamental schief in diesem Land.

Gibt es keine andere Politik, mit der man eine Wirtschaft beleben und am Laufen halten kann? Gibt es keinen größeren Plan, keine größeren Instrumente, mit denen man dafür sorgen kann, dass Unternehmen investieren und Arbeitsplätze schaffen? Ist das die Idee für ein gesellschaftliches System, in dem wir auf Dauer leben wollen und können? Ein System, in dem es nur diese beiden Instrumente gibt, um die Wirtschaft mit der Natur in Übereinstimmung zu bringen, um Menschen ein menschenwürdiges Leben zu ermöglichen, um den Bürgern die Teilhabe am Fortschritt der Gesellschaft zu erlauben? Das kann und das darf nicht wahr sein!

Es wird sich im Laufe dieses Buches immer wieder zeigen, dass unsere Politiker nicht sehen, dass die Marktwirtschaft nur überleben kann, wenn wir ein System schaffen, das nicht dazu da ist, einigen Wenigen Reichtum zu ermöglichen, sondern das genau umgekehrt gestrickt sein muss: Wer allen Bürgern eine systematische Chance auf die Verbesserung ihrer Lebensumstände gibt, kann es hinnehmen, dass im Zuge dessen ein paar Wenige etwas reicher werden als die Anderen.

Stattdessen wird heute schon die Tatsache, dass der Bürger überlebt, ohne zu hungern und vollständig aus der Gesellschaft ausgeschlossen zu werden, als Beweis dafür genommen, dass die Marktwirtschaft sozial ist. Es geht nicht mehr um die Teilhabe der Menschen am Fortschritt, sondern es geht nur noch darum, dass der »Leistungsträger« angemessen entlohnt wird und der Rest nicht vollständig unter den Tisch fällt.

Dieses System fährt gegen die Wand. Dieses System wird die nächsten Jahre nicht überleben. Die Verzweiflung der Bürger und die Frustration der Wähler mit den Parteien hat ohnehin schon dazu geführt haben, dass die Masse nicht mehr versteht, warum sie dieses und nicht ein anderes System gewählt hat. Deswegen müssen wir die Marktwirtschaft für das 21. Jahrhundert neu erfinden. In der Tat, es geht um ein Wirtschaftswunder. Aber ein neues Wirtschaftswunder wird nicht gelingen, wenn wir nicht begreifen, was die entscheidenden Bestandteile des damaligen Wirtschaftswunders waren und wie sie in die heutige Zeit versetzt werden können.

Dabei darf man allerdings nicht nur bei nationalen Befindlichkeiten und Lösungen verharren. Ein integraler Bestandteil der neuen sozialen Marktwirtschaft muss die Fähigkeit der Nationen sein, miteinander harmonisch umzugehen. Auch das war, wie im Vorwort erwähnt, ein vergessener Teil des alten Wirtschaftswunders, das mit dem Namen von John Maynard Keynes verbunden sein sollte. Es war nämlich dieser John Maynard Keynes, der entscheidend dazu beigetragen hat, dass das alte Wirtschaftswunder möglich wurde, und zwar nicht nur als Wirtschaftswunder für Deutschland, sondern als Wirtschaftswunder für fast die gesamte Welt. Dieser Grundgedanke ist heute noch viel wichtiger als vor 60 Jahren. Wenn es nicht gelingt, den Wettkampf der Nationen zu beenden, um zurückzukehren zu einer Welt, in der Handel keine Einbahnstraße ist, dann können wir national tun und lassen, was wir wollen, es wird nichts nützen.

Die unmittelbaren Folgen der Kapitulation der Politik vor den Unternehmern habe ich in meinem Buch *Gescheitert* an vielen Beispielen geschildert. Das wirtschaftliche System versagt, weil es nicht mehr aus einem Zusammenspiel von unabhängiger Politik, Unternehmertum und Arbeitnehmerinteressen gebildet wird, sondern weil die Politik von vornherein darauf ausgerichtet ist, die Arbeitnehmer zu schwächen und die Unternehmer zu stärken.

Nun mag man sagen, das sei ja klar, Geld regiert die Welt. Und doch ist das nicht ganz richtig. Die Duldungsstarre, mit der die Gewerkschaften ihren Niedergang verfolgt und hingenommen haben, die Unfähigkeit der Linken, eine alternative Politik zu definieren, und die Sprachlosigkeit weiter Teile des aufgeklärten Bürgertums erklären sich nicht allein mit dem Geld und dem Einfluss der Unternehmer. Vieles erklärt sich erst, wcnn man das »Weltbild« zur Kenntnis nimmt, das die übergroße Mehrheit der Ökonomen in den letzten 30 Jahren von der Wirtschaft geschaffen hat. Ohne das dauernde ideologische Trommelfeuer der herrschenden Auffassung in der Volkswirtschaftslehre hätte es diesen klaren Sieg des Neoliberalismus niemals gegeben. Nun kann man natürlich wiederum sagen, auch die Ökonomen waren alle gekauft – es gibt Anzeichen dafür, dass das bei nicht wenigen der Fall war –, aber auch das ist nicht der einzige Grund. Wie hätte es sonst dazu kommen können, dass auch viele Linke und honorige Keynesianer, die sicher nicht gekauft sind, dem Irrglauben anhängen, der Arbeitsmarkt funktioniere wie der Kartoffelmarkt?

Wir machen es uns zu leicht, wenn wir alles mit Konspiration erklären wollen. Natürlich gibt es Macht, natürlich gibt es massive Einflussnahme auf die Politik. Aber das würde die Welt nicht in der Art und Weise beeinflussen, wie wir es sehen, wenn die große Mehrheit der Ökonomen die Welt ganz anders deuten würde. Nein, machen wir uns nichts vor: Wenn selbst die linken Ökonomen und Politiker nicht in der Lage sind, die traditionellen Vorstellungen vom Funktionieren des Arbeitsmarktes radikal über Bord zu werfen – um nur ein wichtiges Beispiel zu nennen –, ist es müßig, über die große Konspiration der Arbeitgeber zu philosophieren.

Schließlich, und das ist für mich das zentrale Argument, würden die Konservativ-Liberalen eine völlig andere Politik machen, wenn sie das System verstehen und systematisch zu Gunsten der Unternehmer ausnutzen wollten. Denn das, was wir in den letzten Jahrzehnten, sowohl von schwarz-gelber wie von rot-grüner Seite gesehen haben, war auch für die Unternehmen keine gute Politik. Es war für die Mehrzahl der Unternehmen sogar eine Katastrophe, denn Deutschland war bis zum Jahre 2003 das absolute Wachstumsschlusslicht in Europa und hat nur Dank eines einseitigen Exportbooms in den Jahren danach eine gewisse Erleichterung erfahren. Die Investitionen in Sachanlagen sind überhaupt nicht gestiegen, im deutschen Binnenmarkt sind haufenweise Unternehmen pleite gegangen, der berühmte deutsche Mittelstand ist in erheblichen Teilen ruiniert, und nur die großen Exportunternehmen waren die Gewinner der vollkommen fehlgeleiteten und merkantilistischen deutschen Politik.

Wenn die Politiker das System verstehen würden, würden sie es nicht in große Krisen geraten lassen. Dem Hype um die Finanzmärkte folgte die Krise der Finanzmärkte. Wäre ein Politiker, der diese Märkte und ihre Refugien schützen will, mit offenen Augen in die Krise gelaufen? Sicherlich nicht! Hätte ein Politiker, der den deutschen Exportunternehmen auf Dauer Gutes tun will, die Krise des Euro angezettelt, in der am Ende die einzige Lösung sein wird, dass die deutschen Unternehmen klein beigeben und ihre Marktanteile wieder abgeben?

Nein, diejenigen, die versuchen, durch Aufklärung die Dinge voranzubringen, dürfen nicht aufgeben. Man darf sich nicht entmutigen lassen von den scheinbaren Misserfolgen, von den dicken Brettern vor den Köpfen, natürlich auch nicht von der Macht derer, die glauben, die Welt kaufen zu können.

Dennoch, realistisch muss man sein! Man muss Machtkonstellationen analysieren, und man muss wissen, dass in den Märkten Macht eine entscheidende Dimension ist. Aber man sollte auch die Macht des Wissens nicht unterschätzen. Wenn Bürokratieabbau und Steuersenkung das Einzige sind, was einer konservativ-liberalen Regierung einfällt, um ihre Art von Marktwirtschaft zu retten, dann haben die Aufklärer eine Chance. Wenn alle, die guten Willens sind, versuchen, einige zentrale Elemente eines alternativen Ansatzes zu verstehen und umzusetzen, dann kann das gelingen. Auch 1998, als nach 16 Jahren konservativer Politik das rot-grüne Projekt begann, hätte man dazu die Chance gehabt. Es gab aber weder in der Sozialdemokratie noch bei den Grünen eine kritische Masse von Wissen, die dem Lobbyismus der Berliner Unternehmerrepublik hätte standhalten können.

Die Finanzkrise bot und bietet eine Chance. Zwar hat sich die deutsche Regierung bis jetzt bemüht, nichts zu tun, um den Finanzmärkten Einhalt zu gebieten, aber das wird sich bitter rächen. Wir werden die nächsten Blasen erleben und wir werden erleben, dass ihr Platzen den Staat erneut vor die fatale Entscheidung stellen wird, ob er unreformierte Banken retten will oder nicht. Dann wird man nicht mehr sagen können, wir hätten es nicht gewusst. Dann wird man sagen müssen, wir haben es gewusst, aber wir haben nichts getan. Wir werden sehen, dass die Konjunktureuphorie, die zur Jahresmitte 2010 herrscht, Ernüchterung Platz macht, weil die Erholung wieder nur auf Exportsand gebaut ist.

Dann wird sich auch hier die Frage stellen, greift der Staat – Sparpaket hin oder her – wieder in expansiver Richtung in die Wirtschaft ein oder nicht? Dann werden die Regierenden und die sie beratenden Ökonomen darlegen müssen, warum ihre Konjunkturhoffnungen getrogen haben. Dann wird man erläutern müssen, wie es einen Aufschwung geben soll, ohne dass die Menschen mit der berechtigten Erwartung in die Zukunft schauen, dass ihr Einkommen wieder einmal steigen wird und sie teilhaben am Gesamterfolg der Gesellschaft. Dann wird die Politik erklären müssen, wo der Export auf Dauer herkommen soll, wenn die Exportmärkte sich deutsche Produkte nicht mehr leisten können. Dann wird man auch eine Begründung dafür finden müssen, warum man im Jahr 2009 hektisch in einer großen Koalition eine Schuldenbremse in die Verfassung geschrieben hat, die sich schon zwei Jahre später als fatale Bremse für vernünftiges Handeln erweist.

All das ist nicht zu erklären. Und selbst wenn alle Medien auf der Seite der herrschenden Meinung sind, es wird niemanden mehr überzeugen. An dem Punkt werden die Menschen – in ähnlicher Weise wie in den 30er Jahren des vergangenen Jahrhunderts – eine Schicksalsfrage zu entscheiden haben, und dann wäre es gut, wenn es nicht nur zwei extreme Positionen gäbe. Es wäre gut, wenn zwischen der Rechten und der Linken eine Position der Vernunft zu finden wäre, die das System der Marktwirtschaft nicht in Bausch und Bogen verdammt, aber auch nicht zum Heiligtum erklärt, das doch nur dem Schutz der Geldmächtigen dient.

Der Rückzug des Staates muss gestoppt werden. Marktwirtschaft kann ähnlich wie ein Fußballspiel nicht ohne strikte Regeln und ohne durchgreifende Schiedsrichter funktionieren. Das würde auch jeder gute Ordoliberale aus der Freiburger Schule unterschreiben. Es ist aber nicht genug. Es muss nicht nur jedes Spiel auf jedem Markt vom Staat geleitet werden, der Staat muss auch und in jeder Hinsicht konsequent darüber entscheiden, ob überhaupt ein Markt vorliegt und ob der Markt eine vernünftige Lösung erwarten lässt. Diese Einsicht ist untergegangen in der ideologischen Auseinandersetzung Staat gegen Markt, die die letzten 30 Jahre geprägt hat. Darüber hinaus muss der Staat zwingend und permanent das gesamte System makroökonomisch steuern. Eine Marktwirtschaft entwickelt sich nicht von alleine in die richtige Richtung und schon gar nicht mit dem richtigen Tempo. Zentrale Preise wie Zinsen, Wechselkurse und die Preise für umweltrelevante Güter müssen vom Staat bzw. von den Staaten in Kooperation festgelegt werden.

So ergibt sich ein System, in dem der Markt vielleicht nur noch die Minderheit ist. Aber das schadet nicht. Es geht eben nicht darum, ob wir für den Markt oder für den Staat sind, es geht alleine darum, ob wir für ein bestimmtes Problem eine vernünftige Lösung finden. Ist diese Lösung stärker vom Markt getragen, ist es gut, ist sie stärker vom Staat getragen, ist es auch gut.

Der naive Glaube an den Rückzug des Staates, an Steuersenkung, Deregulierung und an Privatisierung hat sich als Irrglaube erwiesen. Auch der Glaube an den Exportüberschuss, die immerwährende Kraft des Gewinnens gegenüber anderen Nationen muss zu Grabe getragen werden. Die gewaltigen globalen Ungleichgewichte und die nicht minder großen Ungleichgewichte in der Europäischen Währungsunion sind ein Warnsignal ersten Ranges. Wer Exportweltmeister sein will, muss auch Importweltmeister sein. Es geht nicht an, dass Länder wie Deutschland, China und Japan immer Überschüsse haben und andere Länder wie die USA und Großbritannien, Frankreich, Italien und die südeuropäischen Länder in der Europäischen Währungsunion immer Defizite. Die Schuldenberge, die diese nicht mehr wettbewerbsfähigen Volkswirtschaften auftürmen, können nicht zurückgezahlt werden. Die Gläubiger stehen mit leeren Händen da, und am Ende müssen die Währungen von Defizitländern abgewertet werden, um den Überschussländern ihre Exportvorteile zu nehmen.

Wir müssen genauer analysieren, wie die wichtigsten Märkte, die eine soziale Marktwirtschaft tragen, wirklich funktionieren. Die Verherrlichung der Finanzmärkte muss ebenso beendet werden wie das Abmeiern der Arbeitsmärkte. Es ist genau falsch herum, was die Politiker der neoliberal konservativen Regierungen der letzten 30 Jahre uns haben glauben machen wollen: Es sind nicht die Finanzmärkte, die zum Wohlstand beitragen, und es ist nicht die Flexibilisierung der Arbeitsmärkte, die Vollbeschäftigung herstellt. Es sind vielmehr hoch motivierte Investoren in Sachkapital und Arbeitskräfte, die mit guten Ideen den Wohlstand sichern.

Damit die Marktwirtschaft unter den Bedingungen, die wir in dieser Gesellschaft für vernünftig und für richtig halten, funktioniert, muss es eine Machtbalance am Arbeitsmarkt geben. Das bedeutet einerseits, dass der Niedergang der Gewerkschaften aufgehalten werden muss, damit sie wieder als gleichberechtigte Partner des Kapitals auftreten können. Um das zu gewährleisten, müssen der Sozialabbau und die geradezu lächerliche Diskussion über Lohnabstandsgebote und ähnliche Kinkerlitzchen beendet werden. Das bedeutet aber andererseits, dass sich der Staat in Deutschland bereit erklärt, die zentrale makroökonomische Aufgabe zu akzeptieren, das heißt, für Vollbeschäftigung zu sorgen. Denn nur wenn der Staat für Vollbeschäftigung sorgt, sind die Machtverhältnisse am Arbeitsmarkt so, dass gesellschaftliche Ergebnisse erwartet werden können, die einer sozialen Marktwirtschaft würdig sind.

Für Vollbeschäftigung zu sorgen bedeutet auch, dass der Ideologie der Unabhängigkeit der Zentralbanken endlich abzuschwören ist. In der Krise hat sich ohnehin gezeigt, dass Zentralbanken, wenn die Not groß ist, sofort und ohne dass politischer Widerspruch geduldet werden könnte, eingreifen müssen, um das Schlimmste zu verhindern. Der zentrale Geburtsfehler der Europäischen Währungsunion war, dass man der Zentralbank die Verantwortung für Beschäftigung nicht gegeben hat.[1] Die große Krise der Europäischen Währungsunion, an deren Wurzel das deutsche Lohndumping steht, unterstreicht dies eindrücklich. Die Europäische Zentralbank hat von Anfang an nicht versucht, in der Frage der Wettbewerbsfähigkeit zwischen den Mitgliedstaaten der Politik aufklärend zur Seite zu stehen. Stattdessen hat sich die Zentralbank in der Rolle gefallen, unterstützt von besonders konservativen nationalen Zentralbanken wie etwa der Deutschen Bundesbank, die Ideologie der Flexibilisierung der Arbeitsmärkte hochzuhalten, weil diese Ideologie es ihr ermöglichte, die andere Ideologie zu verteidigen – wonach die Inflationsrate unabhängig von den Arbeitsmärkten und geldneutral ist.

Das alles kann aber nur gelingen, wenn der Makroökonomik wieder zu ihrem Recht verholfen wird. Dazu braucht man eine ganz neue kritische gesellschaftliche Diskussion dieser Fragen. Wirtschaftsfragen sind zu wichtig, als dass sie der Staat der zufälligen Selektion von Universitäten überlassen könnte. Es gab in Deutschland einmal eine Reihe von relativ unabhängigen Instituten, die dafür sorgen sollten, dass relevante akademische Erkenntnisse umgesetzt werden konnten in praktische Wirtschaftspolitik. Diese Institute, einst hießen sie die führenden Wirtschaftsforschungsinstitute, hat man durch den Wissenschaftsrat ihrer eigentlichen Funktion berauben lassen. Man hat sie zu rein akademischen Instituten umgebildet, die sich im Rattenrennen um Veröffentlichungen in sogenannten anerkannten Zeitschriften behaupten müssen. Das Ergebnis ist, dass diese Institute keinerlei wirtschaftspolitisch relevantes Wissen mehr produzieren, aber noch mehr von dem Schrott, mit dem uns die Universitäten überfluten.

Es gibt für einen Ökonomieprofessor an einer Universität keinerlei Zwang, sich mit einer wirtschaftspolitisch relevanten Frage auseinanderzusetzen. Es ist sogar genau umgekehrt: Je irrelevanter seine Fragestellung, umso leichter fällt es ihm, in einem der berühmten »anerkannten Journals« zu veröffentlichen. Denn nur wer eine kleine Schraube in einer ganz kleinen Nische des akademischen Hauses der Ökonomik ändert oder fester dreht, hat die Chance, überhaupt gehört zu werden. Wer sagt, das ganze Haus sei schief und krumm, wer sagt, die Statik sei schon immer falsch berechnet gewesen, wird national wie international ignoriert. Es ist geradezu zum Credo der akademischen Ökonomik in den letzten Jahrzehnten geworden, das »Standardmodell« nicht infrage zu stellen, sondern sich lediglich darauf zu konzentrieren, dieses Standardmodell zu »verbessern«. Das Standardmodell aber reflektiert nichts anderes als den Versuch, den Markt als die absolute und übergreifende Macht des Gesellschaftslebens zu installieren. Nur was einer Marktlösung zugänglich ist, ist in dieser abwegigen Vorstellung überhaupt würdig, einer akademischen Erörterung zuteil zu werden.

Auch hier braucht man einen vollkommenen Neuanfang. Es müssen ökonomische Institutionen und Sachverständigenräte geschaffen werden, die unabhängig und mit Ökonomen unterschiedlicher Ausrichtung besetzt werden und systematisch das Pro und Kontra bestimmter Politikoptionen diskutieren und veröffentlichen. Es ist vorbildlich, dass der amerikanische Kongress im Jahr 2009 eine Entschließung gefasst hat, die darauf hinausläuft, dass von nun an keine ökonomische Institution und kein Beratungsgremium mehr besetzt werden dürfen, ohne dass unterschiedlich ausgerichtete Wissenschaftler in ihnen vertreten sind.

»Die Regierung, die Industrie, die Wall Street und die Wissenschaft beschäftigen typischerweise Ökonomen, die alle eine ähnliche Ausbildung und einen ähnlichen Hintergrund haben und die dann Vorhersagen treffen, welche Optimismus verbreiten und alle in die gleiche ökonomische Richtung laufen ... Wenn ein Financial Risk Coun-

cil aus Mitgliedern besteht, die ganz unterschiedlichen Strömungen angehören, können ein allzu optimistischer Konsens und die üblichen Weisheiten vermieden werden. Dadurch würde der Kongress in die Lage versetzt, sich in angemessener Weise und konzentriert mit den bekannten und unbekannten Risiken auf einem komplexen, hoch interaktiven Gebiet zu beschäftigen.«

Man muss die Politik zwingen, sich mit unterschiedlichen Positionen auseinanderzusetzen. Wir haben in den letzten Jahren ein unvorstellbares Klein-Klein erlebt, wenn es um wirtschaftspolitische Konzeptionen ging. Reformen des Gesundheitswesens wurden als eine bedeutende wirtschaftspolitische Errungenschaft betrachtet. Die schon nach zwei Jahren vollkommen irrelevante Verfassungsreform, die Föderalismusreform genannt wurde, stand für viele für einen wirtschaftspolitischen Neuanfang, für den berühmten Ruck, den der frühere Bundespräsident Herzog schon vor über zehn Jahren dem deutschen Volk unsinnigerweise anempfohlen hat.

Eng verbunden mit dem Versagen der Ökonomen ist der Aufstieg der Juristen. Ihre Dominanz in den Ministerien und übrigen Verwaltungen hat den Aufstieg des einzelwirtschaftlich-unternehmerischen Denkens dramatisch beschleunigt. Da Juristen überhaupt nicht dafür ausgebildet sind, gesamtwirtschaftliche Zusammenhänge zu verstehen und zu bewerten, neigen sie intuitiv dazu, einzelwirtschaftliches Denken unmittelbar für jede Art der wirtschaftlichen Entscheidung zu verwenden. So gibt es bei Konflikten zwischen Gewerkschaften und Unternehmern für den Juristen nur den Ausgleich der unterschiedlichen Interessen, er wird aber niemals eine eigenständige Wertung der Interessen vor einem übergeordneten Hintergrund vornehmen. Wo ein gut ausgebildeter Volkswirt sagen könnte, dass in manchen Situationen beide Seiten, Unternehmer und Gewerkschaften, gesamtwirtschaftlich Falsches tun, ist ein derartiges Urteil für den Juristen undenkbar. Bei widerstreitenden Interessen kann es für ihn nur einen Kompromiss in der Mitte geben. Das gilt auch für alle übrigen Bereiche der Politik. Ich habe selbst erlebt, wie Juristen in Ministerien in der Frage internationaler Finanzkrisen juristisch geurteilt haben, ohne auch nur den Hauch einer Ahnung davon zu haben, welches Problem überhaupt zu lösen war.

Wer die Materie nicht versteht, hält sich an das Verfahren der Konfliktbereinigung und sonst nichts. Folglich werden Interessen definiert, also etwa »Interessen« von Ländern, die in einer Finanzkrise stecken, und das Interesse des eigenen Landes, soweit es unmittelbar und konkret greifbar ist, und es wird eine Lösung gesucht durch Aushandeln dieser verschiedenen Interessenstandpunkte. Das ist zwar in den meisten Fällen vollkommen unsinnig, wie später zu zeigen sein wird, aber es schafft eine scheinbar praktikable Vorgehensweise, ganz gleich wie schlimm die mittel- bis langfristigen Folgen dieser Vorgehensweise sind.

Den gleichen Irrsinn erleben wir in den Klimaschutzverhandlungen. Jedes Land definiert nationale Interessen und verteidigt dann seine vermeintlichen Interessen mit Zähnen und Klauen gegen die vermeintlichen Interessen der anderen. Interesse wird dabei einfach definiert als die Möglichkeit, das eigene Verhalten trotz der drängenden Klimaschutzfrage möglichst wenig zu ändern. Nie wird die schlichte Frage gestellt, warum es sinnvoll sein soll, das eigene Verhalten in einer Welt, die sich laufend und schnell ändert, möglichst wenig anzupassen. Es werden nur bereits vorhandene Interessen berücksichtigt und alle anderen Interessen, also Interessen, die sich noch nicht am Markt und in den Lobbys manifestieren, von vornherein als irrelevant ausgeschlossen. So wird auch der Natur kein eigenständiges Interesse eingeräumt. Deswegen darf man die Natur genau bis zu dem Punkt ausbeuten, wo man mit den Interessen anderer Menschen, anderer Nationen oder sonstiger menschlicher Institutionen in Konflikt gerät. Ob das für die Natur selbst verträglich ist, wird nicht gefragt, weil die Natur ja keine Anwaltskanzleien beauftragen kann, ihre »Interessen« zu vertreten.

Die großen Krisen

Finanzkrise

Die große Krise der globalen Finanzen ist keineswegs zu Ende. Sie hat nur eine Pause eingelegt. Die Staaten haben zwar Notmaßnahmen ergriffen und die reale Wirtschaft stabilisiert, aber da die Politik in den meisten Ländern noch nicht einmal im Ansatz begriffen hat, was da eigentlich passiert ist, schwelt der Brand weiter und kann jederzeit neu ausbrechen.

Die Herde rennt

Anfang 2010 fand sich auf der ersten Seite der *Financial Times* eine interessante Frage: »Warum sind eigentlich bisher so wenige Spitzenbanker hinter Gittern?« Denn bisher ist nur ein einziger Banker rechtskräftig verurteilt worden: Mister Madoff. Er war zwar nur ein Hedgefondsmanager und kein richtiger Banker, aber immerhin, er ist verurteilt worden. 150 Jahre Gefängnis hat er bekommen, weil er etwa 65 Milliarden Dollar veruntreut hat. Aber was war eigentlich mit den anderen 3000 Milliarden, die in der Krise untergegangen sind, wenn man Schätzungen glauben darf? Waren die ehrlicher und besser angelegt?

Schon hier dringen wir zum Kern der Sache vor. Was war der Unterschied zwischen Herrn Madoff und den »richtigen« Bankern, also den Investmentbankern oder den übrigen Spielern in den globalen Kasinos? Nun, Herr Madoff hat ein sehr einfaches Spiel gespielt, das man in der deutschen Sprache »Schneeballsystem« und im Englischen »Ponzigame« nennt, nach einem italienischstämmigen Betrüger in den USA der 1920er Jahre. Bei diesen Spielen lockt man Geldgeber mithilfe eines besonders attraktiven Renditeversprechens. Das ist nicht verboten. Ein Verbrechen wird daraus erst, wenn man die versprochene Rendite gar nicht durch echte Investitionen in Sachanlagen oder sonstige stabile Finanzanlagen erzielt, sondern immer mehr Leute um ihr Geld bittet, um damit dann die Rendite für die ersten Teilnehmer auszuzahlen. Irgendwann bricht das Schneeballsystem zusammen, und alle wissen ganz genau, dass der Organisator ein Betrüger war und ins Gefängnis muss.

In einem Ponzigame gewinnen die Ersten, und die Letzten verlieren. Doch ist das wirklich anders bei scheinbar seriösen Bankern, die immer noch oder schon wieder 25 Prozent Rendite versprechen? Wird nicht auch dort Geld gesammelt, Geld investiert und in der Krise verloren, wenn man nicht rechtzeitig aussteigt?

Zunächst wirkt noch harmlos, was auf den normalen legalen Finanzmärkten geschieht. Das Geld der Anleger wird »investiert[2]«. Man legt es in amerikanischen Hypothekenpapieren, in Derivaten von Rohstoffen, in Währungen oder in Aktien an. Doch was geschieht dann? Woher kommen die Erträge? Wurden sie durch produktive Investitionen in realen Unternehmen erwirtschaftet oder durch sichere langfristige Anlagen wie Staatsanleihen? Nur dann ließe sich zu Recht sagen, dass es kein Madoffgame oder kein Ponzigame war.

Mit realen Investitionen in Betriebe oder mit dem Kauf von Staatsanleihen lässt sich jedoch keine Rendite von 25 Prozent erwirtschaften. Wie also erzielen die Banken auf Dauer eine solche Rendite, die sie anscheinend alle »brauchen«, um ihre Eigenkapitalgeber zufriedenzustellen?

Eine einfache gesamtwirtschaftliche Überlegung hilft hier entscheidend weiter. Gesamtwirtschaftlich gesehen gibt es nämlich nur Kapital und keine Trennung von Eigen- und Fremdkapital, weil ja das Eigenkapital des einen das Fremdkapital des anderen ist. Das wiederum bedeutet, dass man generell sehr hohe Renditen auf Kapital erzielen muss, will ein großer Akteur systematisch und dauerhaft auf sein Eigenkapital 25 Prozent Rendite erzielen. Denn die Verwendung von Kapital geschieht ja in einem Wettbewerbsprozess bzw. die verschiedenen Verwendungen von Kapital sollten im Wettbewerb miteinander stehen. Bei zwei Prozent realem Wachstum erzielt aber auch Kapital insgesamt nur zwei Prozent »nationale Dividende«, und das auch nur dann, wenn die Arbeitnehmer sich ebenfalls mit zwei Prozent real zufrieden geben. Welcher Teil des Kapitals macht dann Verlust, um beim Eigenkapital der Banken 25 Prozent zu ermöglichen? Das Fremdkapital!

An den Finanzmärkten wird offenbar in großem Maßstab ein Spiel gespielt, bei dem es auf die Rendite von Sachanlagen gar nicht ankommt. Man setzt gar nicht auf die Dividende (oder den Zins), die man mit einer Anlage auf lange Sicht erzielen kann, sondern hofft darauf, dass der Preis des gerade gehaltenen Vermögenstitels kurzfristig steigt. Wenn zum Beispiel viele Anleger glauben, dass die Aktienkurse zulegen, und daraufhin große Summen in Aktien investieren, dann steigen die Aktienkurse tatsächlich genau deswegen – weil so viele daran glauben.

Wenn aber der »Wert« eines Unternehmens an der Börse innerhalb eines halben Jahres um 100 Prozent steigt, hat dann der wirkliche Wert dieses Unternehmens im Sinne seiner Produktivkraft oder seiner Wettbewerbsfähigkeit notwendigerweise auch um 100 Prozent zugenommen? Die gleiche Frage stellt sich bei Rohstoffen: Wenn viele Leute ihr Geld in Rohstofffutures anlegen und deswegen die Rohstoffpreise steigen – wurden damit reale Werte geschaffen? Oder ist nur etwas umverteilt worden: Die Produzenten von Rohstoffen werden reicher, während die Konsumenten ärmer werden, weil sie nun für die Güter des täglichen Bedarfs mehr zahlen müssen. Sind Werte entstanden dadurch, dass man amerikanische Hypotheken gebündelt und im Rest der Welt verscherbelt hat?

Das zeigt das Prinzip: Auf den Finanzmärkten werden keine Werte geschaffen, sondern es wird nur umverteilt. Der Gewinn des Einen ist der Verlust des Anderen. Das beste Beispiel sind Währungen. Eigentlich kann eine Anlage in fremder Währung, für sich genommen, keinen Ertrag erbringen. Es ist ja nur der Tausch von Geld gegen Geld. Wer Aktien in einem anderen Land kauft, muss zwar auch in die fremde Währung tauschen, aber er hofft ja vielleicht auf Dividende. Das Währungsgeschäft an sich ist nur die Verfügung über ein anderes Geld, was im Prinzip genauso wenig gewinnbringend sein sollte wie das Halten des eigenen Geldes. Das Halten fremder Währungen sollte selbst dann keinen Ertrag abwerfen, wenn man es kurzfristig auf einem Konto deponiert. Zwar kassiert man dafür einen Zins, doch dürfte dieser eigentlich nicht höher liegen als im eigenen Land, denn jede Differenz würde nur anzeigen, dass im Land der Fremdwährung ein höheres Inflationsrisiko besteht. So zeigt allein die Tatsache, dass Währungsspekulation eines der größten Geschäfte überhaupt ist, wie krank unser Finanzsystem geworden ist.

Hinzu kommt das, was man im Englischen eine »fallacy of composition« nennt, was bedeutet, dass nicht alle das Gleiche tun können, was ein Einzelner tut. Wenn bestimmte Währungen durch die »Investition« von Banken und Hedgefonds aufwerten, müssen notgedrungen andere Währungen abwerten. Schon deswegen kann niemals ein Wert entstehen, und das Gerede vom »Werteschaffen«, das die Banker so gerne verbreiten, um ihr Tun zu tarnen, erweist sich ohne jeden Zweifel als hohle Phrase.

Trotzdem bleibt das Treiben auf den Finanzmärkten nicht folgenlos, denn es schädigt die Realwirtschaft. Nehmen wir zum Beispiel den ungarischen Forint, der in den letzten zehn Jahren vor der Finanzkrise aufgewertet hat. Dadurch verloren die ungarischen Unternehmen an internationaler Wettbewerbsfähigkeit, und manch eine Firma wurde in die Pleite getrieben, obwohl sie vielleicht kerngesund war. Ähnlich war es in Island. Auch die isländische Wirtschaft konnte eine gewaltig aufgewertete isländische Krone nicht mehr verkraften und brach zusammen. Entstanden an irgendeiner Stelle »Werte«? Entstand ein Wert, weil Hedgefonds oder japanische Hausfrauen ihre Gelder für drei Tage, drei Wochen oder auch drei Monate nach Island transferierten? Nein, die Spekulation verursachte gewaltige Schäden, aber nirgendwo wurden Werte geschaffen.

Die spekulativ verzerrten Preise sind für die reale Wirtschaft, für die Menschen also, die wirklich arbeiten und Geld verdienen könnten, irgendwann nicht mehr zu verkraften. In den USA endete die Spekulationsblase mit den Ramschhypotheken genau in dem Moment, als die Menschen damit überfordert waren, ihre Rechnungen zu bezahlen. Durch die Spekulationen auf den Rohstoffmärkten war der Ölpreis auf 150 Dollar pro Barrel gestiegen, was das Benzin so stark verteuerte, dass die finanzschwachen Bewohner in den US-amerikanischen Vororten nicht mehr gleichzeitig ihren weiten Weg zur Arbeit und ihre Hypothekenzinsen begleichen konnten. Also mussten die ersten ihre Häuser verkaufen, wodurch die Immobilienpreise zunächst stagnierten und dann immer rasanter fielen.

Die ganze Spekulationspyramide, dieses ganze Kettenbriefsystem brach in sich zusammen. Nun offenbarte sich, dass viele Hypotheken zwar völlig wertlos waren, aber zu strukturierten Wertpapieren gebündelt weltweit an Banken und Anleger verkauft worden waren. Billionen mussten abgeschrieben werden und rissen diverse Kreditinstitute in die Pleite. Die Währungs- und Immobilienspekulationen waren nichts anderes als ein Madoff-System – nur ein verzögertes Madoff-System sozusagen. Ein paar Jahre lang konnte man sich der Illusion hingeben, man habe aus dem Nichts Einkommen und Gewinn geschaffen, weil es gelungen war, die Preise für Häuser und Rohstoffe nach oben zu treiben. Dies ist der einzige Unterschied zum Madoff-System oder Ponzigame: Für ein paar Jahre lassen sich die Preise an entscheidenden Märkten so verzerren und verunstalten, so kaputt machen und so weit von der Wirklichkeit entfernen, dass Scheingewinne herauszuschlagen sind.

Vorübergehend sieht das eindrucksvoll aus, die Banken erzielen prächtige (Buch-)Gewinne, und ihnen schwillt die Brust. Die Medien bejubeln nach der Krise genau wie vor der Krise diese Scheingewinne der Banken. In manchen Ländern werden sie wie eine nationale Großtat gefeiert. Doch folgt ein paar Jahre später zwingend der Verlust. Aus dem Kasino kommt eben nicht mehr heraus, als man hineingetragen hat. Und der Vergleich mit dem Kasino ist noch der denkbar beste Fall bei diesen Ponzi-Systemen. Denn dann wäre es ja nur ein Nullsummenspiel, bei dem sich für die Anleger Gewinne und Verluste ausgleichen. Doch für fast alle Menschen kommt weit weniger als null heraus, weil der Staat gezwungen ist, die Verluste der Kasinozocker zu übernehmen und die angerichteten Schäden zu beseitigen. Die während der Scheinblüte materialisierten Gewinne aber, die in Form von schönen Yachten auf dem Mittelmeer schaukeln, dürfen natürlich nicht angetastet werden. So wird aus dem Nullsummenspiel ein gewaltiges Negativsummenspiel für die Gesellschaft als Ganzes.

Vor der großen Krise haben ganz viele Zocker mit ganz viel geliehenem Geld Nullsummenspiele gespielt, um die berühmten 25 Prozent Rendite zu verdienen. Da man aber mit Nullsummenspielen weder 25 Prozent noch irgendeine andere Rendite erzielen kann, musste es schiefgehen. Alles andere war logisch unmöglich.

Nehmen wir noch einmal den Fall Ungarn. Westliche Banken haben die Ungarn systematisch dazu gebracht – man muss es in der Tat so sagen –, ihre Hypotheken in Schweizer Franken aufzunehmen, weil dort die Zinsen niedriger waren als in Ungarn.[3] Doch niemand hat den Ungarn gesagt, dass sie ein erhebliches Risiko eingehen, wenn sie scheinbar günstige Fremdwährungskredite aufnehmen. Denn durch ihre Nachfrage nach Schweizer Franken und deren Umtausch in ungarische Forint zum Hausbau wurde die ungarische Währung aufgewertet und damit die ungarische Wettbewerbsfähigkeit systematisch kaputt gemacht. Auf ihr beruhen aber zu einem erheblichen Teil die Einkommen, aus denen die Kredite bedient werden müssen. Hinzu kam, wie schon erwähnt, die übrige Spekulation, der »carry trade« mit den Währungen, die auch den Forint aufgewertet hat, weil die globalen Zocker mit kurzfristigen Anlagen Zinsvorteile nutzen konnten. Sowohl in Island wie auch in Ungarn war die Inflation relativ hoch, und die Notenbanken trieben die Zinsen in die Höhe, um die Inflation zu bekämpfen. In Japan oder der Schweiz, wo die große Masse des durch die Gegend gekarrten Geldes herkam, waren die Zinsen dagegen wegen geringer Inflation oder gar Deflation sehr niedrig.

Die Währungsspekulationen und die Kredite der Ungarn in Fremdwährungen hatten zur Folge, dass das ganze Land vor dem Kollaps stand, weil es wegen seiner mangelnden Wettbewerbsfähigkeit international nicht mehr kreditwürdig war und seine Reserven nicht ausreichten, um den abstürzenden Forint zu stabilisieren. Wie immer in solchen Fällen griff schließlich der Internationale Währungsfonds ein und verlangte von Ungarn eine restriktive Sparpolitik. Das war besonders absurd, weil zeitgleich Staaten wie Deutschland genau das Gegenteil taten: Dort wurden schuldenfinanzierte Konjunkturprogramme aufgelegt, weil man genau wusste, dass rigoroses Sparen die Rezession noch verschlimmert. Doch den Ungarn wurde eine unsinnige Sparpolitik zugemutet. Sie lief unter dem Motto, man müsse die Finanzmärkte davon überzeugen, dass die Währung stabilisiert werden könne.

Das muss man sich auf der Zunge zergehen lassen: Die gleichen Finanzmärkte, die vorher dafür gesorgt hatten, dass der ungarische Forint aufgewertet wurde, die also angeblich unglaubliches Vertrauen in die ungarische Währung hatten, genau diese Finanzmärkte müssen nun nach der Krise durch prozyklische Politik, durch Erhöhung der Zinsen, durch Kürzung der Budgets und durch Lohnsenkung davon überzeugt werden, dass die ungarische Regierung in der Lage ist, den Forint-Kurs 30 Prozent unter seinem vorherigen Wert zu stabilisieren.

Doch über diese Absurdität der angeblich so wunderbar globalisierten und finanzialisierten Wirtschaft wird nicht ernsthaft geredet. In den G-20-Communiqués liest man absolut nichts dazu. Das ist nicht neu. Als ich 1998 als Staatssekretär im Bundesfinanzministerium anfing, war die Asienkrise gerade vorbei, und die Lateinamerikakrise in vollem Schwange. Beides waren eindeutig Währungskrisen der gleichen Art, ausgelöst durch carry trade. Aber auch damals hat niemand gefragt: Was ist da eigentlich passiert?

Hätte man damals schon zugegeben, dass beides Währungskrisen waren, dann – so die Sorge – hätte man ja vielleicht darüber reden müssen, wie man zu einer neuen Weltwährungsordnung – etwa vergleichbar dem System von Bretton Woods – kommt. Oder – noch schlimmer – man hätte darüber sprechen müssen, wie man den Entwicklungsländern helfen könnte, die verzweifelt nach einem Währungssystem suchen, mit dem sie sich in der globalisierten Welt behaupten können, ohne alle paar Jahre in eine neue Krise zu geraten.

Die Entwicklungsländer werden ja vollkommen allein gelassen, weil man von dem übermächtigen Dogma nicht lassen will, das globalisierte System regele sich schon von alleine. Wenn der Markt die Wechselkurse bestimmt, gibt es scheinbar kein Problem, denn der Markt wird den »Gleichgewichtskurs« schon finden. Jetzt hat sich diese Idee in Osteuropa und in Island wieder in Luft aufgelöst, aber erneut schauen alle schnell weg. Schließlich hat man über 30 Jahre lang den Entwicklungsländern gepredigt, sie sollten dem sogenannten Washington Consensus folgen.

Gemeint war damit das Dogma, dass man nur durch konsequente marktwirtschaftliche »Reformen« (das Wort ist damals bei uns ja auch in Mode gekommen) die notwendige Flexibilität der Preise schaffen könne, auf dass sich dann Angebot und Nachfrage stets richtig justieren (»Getting the prices right«, war der Slogan). Nun beobachten wir jedoch viele Finanzmärkte, die niemals richtige Preise finden, und es wird ignoriert. Kaum jemand will wahrhaben, dass der Markt fundamental versagt, denn in den Augen der Marktfetischisten würde damit die Tür geöffnet für einen Interventionismus ganz neuer Dimension. Und da haben sie recht.

Der gefährliche Zusammenhang

In den letzten Jahren sind viele Rohstoffpreise, darunter auch Nahrungsmittelpreise, systematisch von der Spekulation verzerrt worden. In der Folge haben Menschen gehungert oder sind gestorben, weil der Reis-, Mais- oder Weizenpreis systematisch über Derivatemärkte nach oben getrieben wurde. Doch die Politiker haben nicht darüber geredet – worüber die Wähler und Bürger wenigstens staunen müssten.

Unter meiner Regie wurde bei der UNCTAD in Genf analysiert, was auf den verschiedenen Finanzmärkten nach der Krise, genauer seit März 2009, passiert ist. Denn dort ist eine erstaunliche Euphorie zu beobachten. Die Aktienkurse steigen genauso wie die Rohstoffpreise, der Ölpreis geht wieder nach oben, und die Währungen von Ländern mit hoher Inflationsrate werden wieder aufgewertet. Die Börsianer wetteten auf eine Erholung der Weltwirtschaft.

Was jedoch auffällt: Die täglichen Bewegungen all dieser vollkommen unterschiedlichen Preise – ob der Aktien, der Rohstoffe, der Währungen oder sogar der von Staatsanleihen – sind über Monate und Jahre extrem hoch korreliert, was heißt, dass sie offenbar einem gemeinsamen Muster folgen. Selbst die Kreditausfallversicherungen (CDS) folgen diesem Muster.

Das ist ganz gegen die herkömmliche Markttheorie, weil natürlich auf Märkten, die gar nicht unmittelbar miteinander in Verbindung stehen, die Preise von der jeweiligen Angebots- und Nachfragekonstellation gebildet werden sollten und nicht von einer dritten Kraft, die nichts mit Angebot und Nachfrage auf diesem Markt zu tun hat.

Die Lösung des für die herrschende Lehre großen Rätsels ist einfach. Alle diese Preise werden systematisch von finanzieller Spekulation getrieben. Ob Baumwolle, ob Öl oder Kupfer, ob die Aktienmärkte von Mexiko oder Südafrika, ob die Wechselkurse von brasilianischem Real zum japanischen Yen oder des neuseeländischen Dollar zum Yen, ob die Staatsanleihen von Japan, den USA oder Großbritannien, alle diese Preise folgen einem geheim-

Aktienmärkte[1]

[1] Original-Aktienindizes für den 1.10.2008 normiert auf 100. [2] Hungary Budapest Stock Exhange Index. [3] Jakarta Composite Index. [4] Mexico Bolsa Index. [5] South Africa FTSE/JSE Africa All Shr.
Quelle: UNCTAD

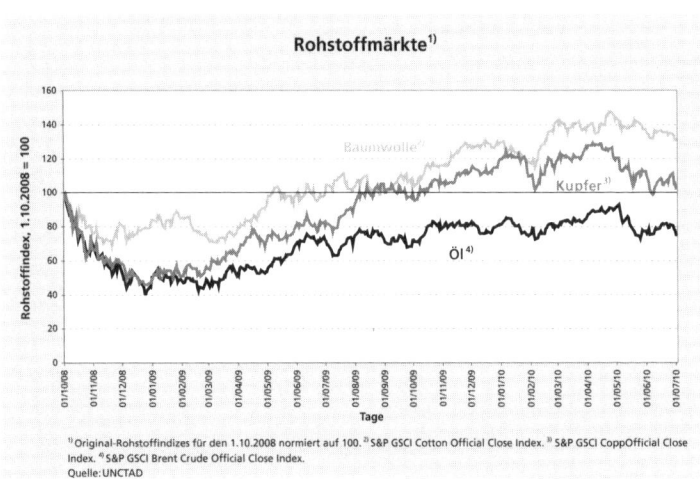

Rohstoffmärkte[1]

[1] Original-Rohstoffindizes für den 1.10.2008 normiert auf 100. [2] S&P GSCI Cotton Official Close Index. [3] S&P GSCI CoppOfficial Close Index. [4] S&P GSCI Brent Crude Official Close Index.
Quelle: UNCTAD

nisvollen Muster, das offenbar nichts mit normalem Angebot und normaler Nachfrage zu tun hat.

Die Lösung ist der Herdentrieb. All die smarten Anleger an der Wall Street und in London fragen sich jeden Tag aufs

Staatsanleihen[1]

Index der Verzinsung, 1.10.2008 = 100

Neuseeland

Japan

USA

Großbritannien

Tage

[1] Verzinsung 10-jähriger Staatsanleihen indexiert auf 100 für den 1.10.2008.
Quelle: UNCTAD

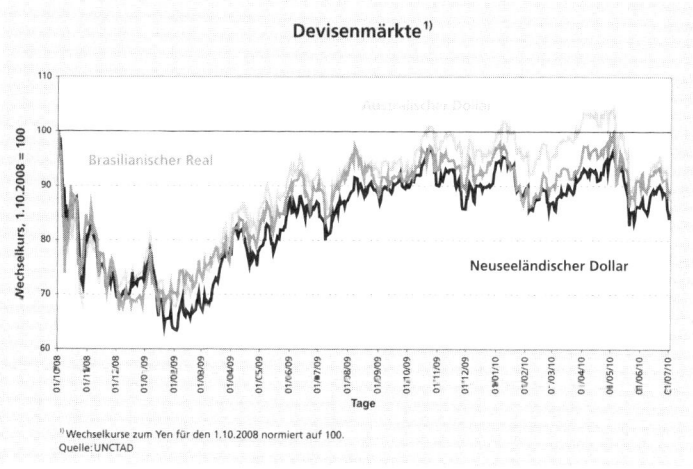

Devisenmärkte[1]

Wechselkurs, 1.10.2008 = 100

Brasilianischer Real

Australischer Dollar

Neuseeländischer Dollar

Tage

[1] Wechselkurse zum Yen für den 1.10.2008 normiert auf 100.
Quelle: UNCTAD

Neue nur eins: Gehe ich rein ins Risiko oder raus aus dem Risiko – und diesen einzigen Gedanken beantworten sie fast alle fast immer gleich. In der Krise sind alle rausgegangen aus diesen riskanten Märkten, seit März 2009 gehen sie alle wieder rein (der Markt für Staatsanleihen ist genau das Gegenteil, also der nicht riskante Teil, weswegen hier nicht die Preise, sondern der Ertrag der Staatsanleihen dargestellt ist. Bei festverzinslichen Staatsanleihen fallen die Renditen, wenn der Preis steigt und umgekehrt).

Schaute man in den Tagen des beginnenden Aufschwungs, also ab März 2009, in den Wirtschaftsteil unserer Zeitungen, fiel die Ratlosigkeit vieler Journalisten und der volkswirtschaftlichen Analysten in den Banken auf: An vielen Märkten schien es eine Wende zum »Guten« zu geben, ohne dass sich dies erklären ließ. Der reale Abschwung hatte nämlich noch nicht einmal seinen Tiefpunkt gefunden, während gleichzeitig die Aktien weltweit stiegen und sich der Preis für Öl und andere Rohstoffe wie Sojabohnen und Weizen von der Talsohle löste.

Wie passte dies zusammen? Journalisten und Analysten stellten sich tapfer dieser Herausforderung. Ihre Theorien waren zum Teil kurios: An den Aktienmärkten werde der Aufschwung vorweggenommen, weil die ersten Frühindikatoren nach oben zeigten. Dass die Frühindikatoren tatsächlich oft nur eine Verlangsamung des Abschwungs indizierten, wen kümmerte das schon, wenn man das große Ganze im Auge hatte. Auch der Ölpreis signalisierte in den Augen der optimistischen Marktbeobachter, dass die Nachfrage anziehe, weil China und Indien besser als erwartet durch die Krise gekommen seien. Dass alle realen Nachfrageindikatoren, die vollen Öllager zum Beispiel, und die menschliche Logik einem damals sagen mussten, dass nach dem stärksten Einbruch der Weltwirtschaft die Nachfrage noch nicht so stark angezogen haben konnte, als dass der Ölpreis sich in kurzer Zeit verdoppeln könnte, wer wollte sich mit solchen Kleinigkeiten schon aufhalten?

Dass der ungarische Forint anzog, hatte in der Phantasie der Analysten damit zu tun, dass sich die Wirtschaft in Ungarn gerade berappelte, obwohl man auch hätte glauben können, dass der Staat mit seinem unglaublich brutalen Sparprogramm die tiefe Rezession noch verstärken würde. Und dass die Preise für Staatsanleihen fielen, konnte man nur damit erklären, dass die Anleger

Angst vor der kommenden Inflation hatten und Staatsanleihen nur noch akzeptierten, wenn die Rendite ihre steigende Inflationserwartung einbezog.

Es kam jedoch niemand auf die einfache Idee zu fragen, ob sich vielleicht alle diese Märkte, wieder einmal getrieben von den berühmten »animal spirits«, in einer Bärenrallye befinden könnten – und wahnhaft einen Aufschwung antizipierten, den es noch gar nicht gab. Finanzmärkte, das sollte man aus der Krise gelernt haben, verzerren wichtige Preise, statt richtige Preise zu finden.

Was die Kurven aber unzweideutig zeigen ist das Versagen der Regierungen. Inzwischen sind alle Spieler wieder in den Kasinos. The show must go on, business as usual ist angesagt. Die Preise werden erneut und massiv verzerrt, und die Spieler können sich sicherer als zuvor fühlen, weil sie wissen, dass sie von den Staaten wegen »systemischer Risiken« auf jeden Fall gerettet werden.

Die Goldman-Sachs-Story oder die Bank als Wettbüro

Was so fundamental schiefläuft an den Finanzmärkten, zeigte sich vor einiger Zeit sehr deutlich beim Fall Goldman Sachs. Gegen die US-Investmentbank wurde nämlich Anklage erhoben, weil die amerikanische Aufsichtsbehörde vermutete, dass die Bank Finanzprodukte nur erfunden hatte, um einem bestimmten Hedgefonds einen riesigen Gewinn zu verschaffen. Inzwischen hat man sich allerdings »geeinigt«: Gegen die Zahlung von 500 Millionen Dollar wurde das Verfahren eingestellt; »peanuts« gegen Gerechtigkeit!

Dennoch ist der Fall sehr interessant. Die Anklageschrift der amerikanischen Finanzaufsichtsbehörde SEC liest sich wie die Karikatur eines Bankgeschäfts. Da wirkt Goldman Sachs als Wettbüro, in dem unter Beteiligung eines Hedgefonds ein mieses Produkt zusammengestellt wird, das dann mithilfe einer von den Emittenten des Papiers bezahlten Ratingagentur dummen Kunden, in dem Fall vor allem deutschen Landesbanken, untergejubelt wird, während der Hedgefonds auf den Totalverlust des Papiers wettet.

Dieser Betrug erregte große Empörung. Trotzdem habe ich nirgendwo die eigentlich wichtige Frage gelesen, nämlich welchen Sinn solche Geschäfte haben sollten, selbst wenn sie legal wären und unter weniger konspirativen Umständen ausgetüftelt würden. Denn was soll es eigentlich bringen, ein bestimmtes »Produkt« in die Welt zu setzen, es an einen »Dummen« zu verkaufen und gleichzeitig auf sein Scheitern zu wetten? Üblicherweise wird gesagt, dass diese Spekulationen auf niedrige Preise nötig seien, um die »wahren Preise« an den Finanzmärkten zu finden. Doch in diesem Fall zeigt sich, dass das Wetten an den Finanzmärkten überhaupt nichts mit dem Finden von Preisen zu tun hat. Denn der Preis für dieses Produkt, Abacus genannt, stand ja in dem Augenblick fest, als es die deutschen Landesbanken gekauft haben.

Es war auch nichts gut daran, dass jemand gegen die Landesbanken gewettet hat. Hätten die Landesbanken das gewusst, was tatsächlich nicht der Fall war, dann hätten sie überlegt, ob der Preis richtig sei. Da aber der Prozess vollkommen intransparent war, mussten die Landesbanken glauben, dass Goldman Sachs ihnen ein vernünftiges Produkt und nicht ein Giftpapier verkaufte. Schließlich war die Rendite des Papiers auch nicht besonders hoch, so dass niemand sagen kann, dass man an der Rendite dieses Papiers das Ausfallrisiko hätte erkennen können. Nur ein Insider konnte wissen, welcher Mist an Hypotheken in diesem Papier steckt. Insofern war es nicht ein Insidergeschäft, sondern nach allen menschlichen Maßstäben eindeutig ein Insiderbetrug.

Das Tolle ist, dass natürlich auch die berühmten »unabhängigen« Ratingagenturen dem Papier ein erstklassiges Siegel gaben. Damit wurde aus dem Geschäft ein doppelter Insiderbetrug. Als sich nach Ausbruch der Krise herausstellte, dass das Papier keinen Wert hatte, zahlte Goldman Sachs dem Hedgefonds praktisch die Summe, die es von den deutschen Landesbanken einkassiert hatte, als es das Papier verkaufte. Für Goldman Sachs war das immer noch ein gutes Geschäft, es hatte weder verloren noch gewonnen, aber die flippigen Jungs von Goldman Sachs hatten immerhin in zweistelliger Millionenhöhe Gebühren kassiert, also Gebühren des Wettbüros, das einen Deal vermittelt hatte, der immer nur für eine Seite ein Deal sein konnte.

Für die Landesbanken war es von vornherein kein Deal, sondern aus ihrer Sicht ein ganz normales Papier, das man langfristig halten wollte. Für den Hedgefonds war es eine Möglichkeit, in ganz kurzer Zeit eine gewaltige Rendite zu kassieren. Dieser Rendite stand aber keineswegs ein gewaltiges Risiko gegenüber, denn wenn das Papier seinen Wert nicht verloren hätte, hätte der Hedgefonds Gebühren an das Wettbüro Goldman Sachs bezahlen müssen, aber er wäre mitnichten ein ähnliches Risiko eingegangen wie die Landesbanken.

Das Perfide ist, dass mit diesem sogenannten Credit Default Swap (CDS) die Möglichkeit geschaffen wurde, praktisch ohne großes Risiko auf den Ausfall eines Papiers, eines Unternehmens oder eines ganzen Landes zu setzen. Der Besitzer einer CDS kann in kurzer Zeit unglaublich große Summen kassieren, wenn es ihm gelingt, den »Markt« – also die anderen Anleger – zu überzeugen, dass ein Unternehmen oder ein Land in großen Problemen stecken, ganz unabhängig davon, ob das wahr ist oder nicht.

Ein anderes Beispiel: Wer im Herbst 2009 ein CDS zur Absicherung von griechischen Staatsanleihen gekauft hatte, musste dafür keinen besonders hohen Preis zahlen. Wer das Papier dann bis zum Ende der Eurokrise im Mai 2010 hielt, als der EU-Rettungsschirm aufgespannt wurde, hat keinen besonderen Gewinn gemacht. Dafür hätte man früher verkaufen müssen. Am besten im Frühjahr, als die Medienkampagne gegen die »Pleite-Griechen« lief. In dieser hysterischen Zeit musste man jemanden finden, der glaubte, dass er sich entweder zu einem hohen Preis gegen den Ausfall Griechenlands wappnen müsse, oder aber jemanden, der meinte, dass die Krise Griechenlands noch viel länger dauern würde und der Preis der CDS-Papiere noch weiter stiege.

Wie oben schon gezeigt, ist es für die Spekulanten entscheidend, dass es ihnen gelingt, den Preis eines Papiers in kürzester Zeit gewaltig nach oben zu treiben. Nur so kann man die berühmte

25-Prozent-Eigenkapitalrendite realisieren. Wie dies konkret erreicht wird, macht keinen Unterschied: ob nun Massen von Zockern auf den Finanzmärkten allgemeine Konjunktureuphorie erzeugen und sich auf Aktien stürzen, oder ob man allgemeine Unsicherheit erzeugt und folglich Versicherungen gegen Katastrophen verkauft. Trotzdem erscheint uns Letzteres moralisch verwerflicher und wurde verglichen mit dem Fall, dass man eine Lebensversicherung an jemand anderen verkauft, sich selbst als Begünstigten eintragen lässt und den anderen dann legal ermordet. Doch ökonomisch ist es ganz gleich, ob der Wert eines Papiers durch künstliche Euphorie ohne realwirtschaftliche Fundierung nach oben getrieben wird, oder ob man ein Katastrophenszenario entwickelt, das ebenso wenig berechtigt ist.

Deswegen war es durchaus richtig, dass die deutsche Politik im Mai 2010 ein Stoppsignal gesetzt und einige CDS verboten hat. Sie hat sich allerdings nur von der moralischen Empörung treiben lassen und nicht verstanden, dass es ökonomisch genauso problematisch ist, wenn bestimmte Vermögenspreise oder Währungen willkürlich nach oben getrieben werden.

Es werden Scheinwerte geschaffen, weil man darauf hofft, immer noch einen Dummen zu finden, der einem das überbewertete Papier abkauft, bevor jedermann begreift, dass es nur ein Scheinwert war, der sich wieder in Luft auflöst. Deutsche-Bank-Chef Josef Ackermann hat diesen Zyklus im Mai 2010 auf ganz wunderbare Weise deutlich gemacht, als er sagte (die *Financial Times Deutschland* machte daraus sogar ein Zitat des Tages), dass die Kleinanleger von ihm durch Talkshows beraten würden. Er hatte nämlich im Fernsehen davon gesprochen, dass Griechenland weiterhin gefährdet sei. Diese Prognose wollte Ackermann dann nachträglich rechtfertigen, indem er dem staunenden Publikum erläuterte, dass er quasi Volksaufklärung betrieben habe. Unfreiwillig hat er damit das Prinzip offenbart: Die Profis machen Kasse, lange bevor das Volk überhaupt nur dran denken könnte, sich bei bestimmten Finanzprodukten zu engagieren. Wenn der Markt abgestürzt ist, geht Herr Ackermann ins Fernsehen und erklärt dem

Volk, was es als nächstes verkaufen soll. Wenn man das eine Ponzi-System zum Einsturz gebracht hat, kann man getrost das nächste starten.

Ein derartiges Verhalten ist nicht nur zynisch, sondern so gefährlich, dass jeder Politiker, der noch einen Funken Verantwortung spürt, jede Beziehung zu Herrn Ackermann sofort abbrechen müsste. Doch weit gefehlt. Der Mann wird weiter eingeladen.

Allerdings hat es der deutsche Finanzminister vor einiger Zeit tatsächlich ein Mal geschafft, den Anspruch einer 25-prozentigen Eigenkapitalrendite zurückzuweisen. Darauf reagierte die Deutsche Bank sofort mit dem Hinweis, dass auch der deutsche Mittelstand zwischen 1994 und 2007 eine ähnliche Eigenkapitalrendite aufzuweisen hatte. Dieser Vergleich ist insofern lustig, als auch die Industrieunternehmen diese enormen Gewinne nur erzielen konnten, weil die Finanz- und Währungsmärkte eben nicht funktionierten. Mit Lohndumping hat sich Deutschland massive Wettbewerbsvorteile verschafft und dabei ausgenutzt, dass es den anderen Euroländern nicht möglich war, darauf mit einer Abwertung ihrer Währung zu reagieren.

Darüber hinaus ist der Vergleich aber auch deswegen lächerlich, weil im deutschen Mittelstand sehr unterschiedliche Unternehmen zusammengefasst sind, die durchaus immer wieder einmal hohe Gewinne erzielen können, wenn es ihnen, also immer wieder anderen in der Gruppe, gelingt, neue und gute Produkte an den Markt zu bringen. Doch davon kann bei der Deutschen Bank nicht die Rede sein. Wenn man ein einziges Unternehmen mit einer großen Gruppe von mehreren 1000 Unternehmen vergleicht und sagt, das einzelne Unternehmen könne auf Dauer eine gleich große Rendite erwirtschaften wie mehrere 1000 industrielle Unternehmen, dann sagt die Deutsche Bank damit selbst ganz klar, dass sie ein Monopol hat. Monopole muss man aber zerschlagen.

Doch solange die deutsche Politik nicht bereit ist, die Frage ernsthaft zu diskutieren, wie wir in Zukunft mit Kasinogeschäften, mit reiner Spekulation, umgehen wollen, nützen alle kurzfristigen

Aktionen nichts. Hier ist der springende Punkt. Dass eine Gruppe, weltweit ist es ja nur eine kleine Gruppe von Unternehmen mit Monopolstrukturen, mit solchen Kasinogeschäften Geld verdienen kann, ist kein Wunder. Die Gier der Menschen, und paradoxerweise die Gier der ohnehin schon reichen Menschen, ist so groß, dass sie bereit sind, Unmengen von Geld zur Verfügung zu stellen, wenn ihnen jemand verspricht, 20 Prozent Rendite zu erzielen. Dass man mit diesen Unmengen von Geld, die anderenfalls vollkommen unproduktiv bei den Banken oder den Hedgefonds herumlägen, Vermögenspreise in kurzer Zeit extrem stark bewegen kann, ist nicht erstaunlich und keine Leistung. Dass man mit solch wirtschaftlicher Macht den Eindruck erwecken kann, es ließen sich auf Dauer Phantasierenditen erzielen, ist ebenfalls nicht verwunderlich. Nur die Schäden, die immensen Schäden, die dieses Zocken in der Realwirtschaft verursacht, die zählt niemand.

Wie absurd der Kasinobetrieb namens Finanzmarkt ist, lässt sich sehr schön an einem Beispiel darstellen, das die *Financial Times* am 19. Januar 2010 auf ihrer Titelseite beschrieb. Einen Tag vorher war an den Börsen weltweit etwa zehn Millionen Mal ein Papier mit dem Namen »General Motors in Liquidation« gehandelt worden. Die Marktkapitalisierung dieses Papiers entsprach an diesem Tag etwa 500 Millionen US-Dollar. Das Erstaunliche daran war nur, dass dieses Papier mit absoluter Sicherheit keinerlei Wert besaß. Schließlich setzte es ja voraus, dass sich General Motors bereits in der Insolvenz befand. Doch diese Logik ist den Finanzmarktteilnehmern vollkommen gleich, solange sich immer wieder ein Dummer findet, der dieses Papier noch kauft.

Diese Merkwürdigkeiten wären lustig, wenn die Spekulation nicht solche unglaublichen Kosten für die Gesellschaft verursachen würde. Wenn es nicht gelingt, in den nächsten ein bis zwei Jahren diesem widersinnigen Treiben Einhalt zu gebieten, dann wird die Welt dieses Monster, und mit diesem Begriff hatte der ehemalige Bundespräsident Horst Köhler tatsächlich einmal eine helle Sekunde, erst wieder loswerden, wenn es die Welt noch viel tiefer ins Unglück gestürzt hat.

Das absurde Prinzip der Finanzmärkte, das der Schlüssel zu ihrem Verständnis und ihrer Veränderung ist, besteht darin, dass dort der Einzelne in der Regel dann besonders hoch belohnt wird, wenn es ihm besonders gut gelingt, mit dem Strom zu schwimmen. (Sehr klar beschreibt dies der Journalist der *Financial Times* John Author in seinem Buch *The Fearful Rise of Markets*, das im Sommer 2010 erschienen ist.) Das Anreizsystem an den Finanzmärkten funktioniert genau anders herum wie an den normalen Märkten.

An einem normalen Markt wird ein Investor nur dann belohnt, wenn er sich abhebt von der Masse. Es muss ihm gelingen, ein Produkt anzubieten, das andere noch nicht haben, oder ein Produktionsverfahren zu entwickeln, das besser als die vorhandenen ist. An den Finanzmärkten ist es exakt umgekehrt: Dort gewinnt, wem es gelingt, rechtzeitig auf den fahrenden Zug aufzuspringen und mit vielen anderen zusammen eine Blase zu erwischen, während sie sich noch aufpumpt. Das von vielen so geliebte Bild des einsamen Wolfs am Finanzmarkt, der sich gegen den Trend stellt, ist geradezu grotesk falsch. Wie die hohe Korrelation der Bewegungen auf allen Märkten eindeutig zeigt, ist »herding« die Masche zum Erfolg. Gelegentliche Ausreißer bestätigen dabei nur die Regel. Ähnlich sah es Keynes schon vor 80 Jahren. Ein »guter Banker« (a sound banker), schrieb er, sei nicht, wer die Gefahr vorhersehe und vermeide, sondern wer dann ruiniert sei, wenn auch alle seine Kumpane ruiniert sind, so dass ihm niemand einen Vorwurf machen kann (*Essays in Persuasion*, Seite 176).

Nur wenn wir dieses perverse Anreizsystem verstehen, können wir begreifen, dass Finanzinnovation und die Möglichkeit, Gewinn daraus zu ziehen, nichts mit einer normalen Innovation zu tun haben und folglich nicht automatisch auf der Habenseite der Gesellschaft gebucht werden können. Die Finanzinnovation kann nur zum Gegenstand haben, Rallyes zu erzeugen für bestimmte »Produkte«. Niemals ist das Ziel, Verfahren oder Waren zu verbessern, so dass die Produktivität der Wirtschaft steigt und alle daran teilhaben können. Falsche Preise, Blasen und teure Rettungsaktionen sind keine Ausrutscher der modernen Finanzmärkte, sie sind ihre Funktionsbedingung.

Der Preismechanismus an den Finanzmärkten funktioniert in perverser Weise: Wenn die Preise steigen, ist dies nicht etwa ein Signal, weniger zu kaufen, sondern selbst mehr zu kaufen, damit man die Rallye nicht verpasst. Weil es keine Vorstellung von einem »richtigen« Preis, einem Gleichgewichtspreis, gibt und dieser Preis für die Zocker auch ohne Bedeutung ist, wirkt die Spekulation immer destabilisierend und niemals stabilisierend, wie sich das die Theoretiker freier Finanzmärkte eigentlich vorgestellt hatten.

Sozial- und Armutskrise

Lohn und Verdienst

Warum war das Wirtschaftswunder der 1950er und 1960er Jahre so erfolgreich? War es die überlegene intellektuelle Leistung von Ludwig Erhard? War es der Marshallplan, der Deutschland von den USA zur Verfügung gestellt wurde? War es das frühe Exportwunder? Nein, alle diese Faktoren mögen eine Rolle gespielt haben bei der Überwindung der Nachkriegskrise, aber sie waren alle nicht entscheidend. Der Überwindung der Nachkriegs- und der Koreakrise folgten 20 Jahre einer extrem guten wirtschaftlichen Entwicklung, weil die Teilhabe der Menschen am gemeinsam erarbeiteten Zuwachs der Wertschöpfung jederzeit und vollständig garantiert war. Das war das eigentliche Wirtschaftswunder. Es war, wie oben schon erwähnt, keineswegs nur ein deutsches Wunder, sondern es war ein globales Wirtschaftswunder.

Das deutsche und das internationale Wirtschaftswunder waren Lohn- und Kaufkraftwunder. Es war das Ergebnis einer starken Produktivitätsentwicklung, die vollständig oder sogar mehr als vollständig in den Löhnen weitergegeben wurde. Die Grafik zeigt

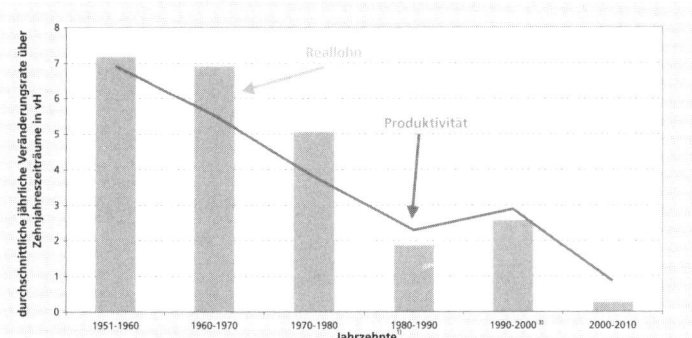

¹⁾ Bruttoeinkommen aus unselbständiger Arbeit je geleistete Beschäftigtenstunde, deflationiert mit dem Deflator des privaten Verbrauchs. ²⁾ Reales Bruttoinlandsprodukt je Erwerbstätigenstunde. ³⁾ Bis 1990 Westdeutschland, ab 1991 Deutschland insgesamt.
Quellen: Statistisches Bundesamt, Berechnungen des DIW, eigene Berechnungen.

das in aller Deutlichkeit. In den zehn Jahren zwischen 1950 und 1960 stiegen die Reallöhne in Deutschland im Durchschnitt jedes Jahr um mehr als sieben Prozent. Von 1960 bis 1970 legten sie um fast sieben Prozent zu. Von da an ging's bergab. Nach den 70er Jahren mit immer noch fünf Prozent ging das Lohnwachstum in den 80er Jahren auf nur noch 1,8 Prozent pro Jahr zurück. Das eigentliche Drama aber begann Mitte der 90er Jahre. Obwohl in Ostdeutschland, bedingt durch den raschen Aufholprozess der Löhne, der Reallohnzuwachs für ein, zwei Jahre sehr hoch lag, ging es in Westdeutschland immer weiter in den Keller. Im Gefolge der vom CDU-Kanzler Helmut Kohl begonnenen und vom SPD-Kanzler Gerhard Schröder konsequent fortgesetzten Politik des Standortwettbewerbs stagnierte die Kaufkraft der Arbeitnehmer im ersten Jahrzehnt des neuen Jahrtausends nahezu (0,3 Prozent).

Nun könnte man natürlich argumentieren, der Fall der Reallöhne sei durch den Fall der Produktivität bedingt. Ein technologisch ausgereiftes Land, das an der Spitze des technischen Fortschritts marschiert, könne natürlich nicht die gleichen Produktivitätszuwachsraten aufweisen wie ein Entwicklungsland oder ein Land unmittelbar nach einem Krieg. Das ist sicher richtig. Aber die Grafik zeigt, dass auch im Vergleich zur Produktivitätsentwicklung die Reallöhne immer weiter zurückgegangen sind. Dieser Prozess ist dramatisch, weil er auch den sozialen Abstieg vieler Millionen Familien bedeutet. Und das alles nur, weil, basierend auf einer ungeeigneten ökonomischen Theorie, die Politik sich hat einreden lassen, dass der Verzicht auf Lohnzuwächse, wie wir sie in den 40 Jahren vorher immer hatten, die Beschäftigungsprobleme in Deutschland lösen würde.

Und in der Tat, wäre es so gewesen, wie die neoklassische Theorie der Beschäftigung behauptet, dass nämlich durch ein Zurückbleiben der Reallöhne hinter der Produktivität die Arbeitslosigkeit systematisch sinkt und die Beschäftigung zunimmt, wäre das alles hinnehmbar gewesen. Aber das war nicht der Fall und konnte und kann nie der Fall sein, weil diese Theorie falsch ist. Wie später noch gezeigt wird, war der einzige Erfolg, den man mit der Lohndrückerei erreicht hat, ein wahnsinniger Exportboom, der jedoch spätestens in der Krise des Europäischen Währungssystems sein systematisches Ende fand. Das wird nur nicht gesehen, weil China vorübergehend die Lücke füllt, die Europa beim deutschen Export gelassen hat.

Der private Verbrauch ist in Deutschland in gleicher Weise rückläufig wie die Zuwachsraten der Reallöhne. Das lässt sich mit der neoklassischen Theorie nicht erklären, denn sie behauptet ja, dass bei Lohnzurückhaltung der gesunkene Lohn pro Stunde sofort ausgeglichen wird durch eine Zunahme der Stunden. In der neoklassischen Theorie gibt es deswegen niemals ein Nachfrageproblem. In einem superflexiblen Arbeitsmarkt mit superflexiblen Löhnen reagiert der Unternehmer auf das Signal der Lohnzurückhaltung sofort und unmittelbar mit der Einstellung von mehr Beschäftigten. Wenn es also richtig wäre, dass in den vergangenen Jahren der deutsche Arbeitsmarkt »neoklassisch« flexibel geworden wäre, dann dürfte das auf keinen Fall mit einer dauernden Konsumschwäche einhergehen. Eine Konsumschwäche, die nicht von steigenden Ersparnissen (einer steigenden Sparquote) der

Investition in Arbeit und Kapital

Investitionen und Beschäftigung in Industrieländern [1] von 1970 bis 2008

[1] Australien, Belgien, Dänemark, Deutschland, Finnland, Frankreich, Griechenland, Großbritannien, Irland, Island, Israel, Italien, Japan, Kanada, Luxemburg, Neuseeland, Niederlande, Norwegen, Österreich, Portugal, Schweden, Schweiz, Spanien, USA.
[2] Reale Bruttoanlageinvestitionen. [3] ???
Quelle: UNCTAD

Haushalte herrührt, ist der direkte Beweis dafür, dass die neoklassische Theorie nicht funktioniert.

Der indirekte Beweis ist die Tatsache, wie Friederike Spiecker und ich in dem Buch *Das Ende der Massenarbeitslosigkeit* gezeigt haben, dass die Beschäftigung und die Investitionen in allen modernen Volkswirtschaften völlig gleich laufen (Grafik 3). Wann immer die Unternehmer investieren, stellen sie auch mehr Arbeitskräfte ein. Wann immer die Unternehmer Investitionen abbauen oder gar die Kapazitäten herunterfahren, müssen auch die Arbeitsplätze dran glauben.

Betrachtet man die Investitionen und die Wachstumsrate der Beschäftigung über viele Jahre hinweg in den großen industrialisierten Ländern, sieht man einen unglaublichen Gleichlauf. In all diesen Ländern steigt die Beschäftigung genau dann, wenn auch die Investitionen anziehen.

Das, würde jeder normale Mensch sofort sagen, ist ja auch logisch. Denn wenn es den Unternehmen gut geht, stellen sie zusätzliches Personal ein und entscheiden sich, in den Ausbau ihrer Kapazitäten zu investieren. So weit, so gut. In der ökonomischen Theorie aber ist es genau umgekehrt. Jeder gute Neoklassiker glaubt fest daran, dass die Unternehmen sich entscheiden zu investieren in Abhängigkeit von den sogenannten relativen Preisen zwischen Arbeit und Kapital. Ist der Preis für Arbeit zu hoch, investieren sie vor allem in Kapital, ist der Preis für Arbeit niedriger, investieren sie in Arbeit. Folglich müsste man, wenn diese Theorie richtig wäre, beobachten, dass dann, wenn die Arbeitslosigkeit steigt, die Unternehmen hauptsächlich in Kapital investieren, aber viel weniger in Arbeit. Der vollkommene Gleichlauf der beiden Wachstumsraten über viele Jahrzehnte hinweg zeigt, wie grundlegend falsch diese Theorie ist.

Selbst in den Zeiten, als jeder fest davon überzeugt war, dass Arbeit in den reichen Industrieländern zu teuer geworden war, also Anfang der 1990er Jahre, stiegen in vielen Ländern die Investitionen und die Beschäftigung weiterhin Hand in Hand. In Ländern wie in Deutschland, in denen wenig investiert wurde, wurden auch weniger Arbeitsplätze geschaffen. Das lag aber nicht daran, dass Arbeit zu teuer gewesen wäre, sondern allein daran, dass die Lage insgesamt nicht so gut war, dass die Unternehmen bereit gewesen wären, wesentlich mehr zu investieren.

Positiv gewendet: Die Unternehmer investieren, wenn der Zins niedrig ist und die Nachfrage stabil, weil sie sich einen Gewinn erwarten (den Gewinn, den es in der neoklassischen Theorie überhaupt nicht gibt). Sie erwarten nämlich sowohl temporäre Pioniergewinne, die von der neoklassischen Theorie vollkommen ignoriert werden, als auch temporäre Gewinne aus der Massenkonjunktur, die von den Nachfrageeffekten vernünftiger Lohnsteigerungen und der sich ergebenden Zunahme der Beschäftigung gespeist werden.

Wie absurd die herrschende Lehre ist, kann man sich heute sehr leicht vor Augen führen. Man stelle sich nur vor, wie es in Deutschland jemals wieder einen nicht allein vom Export getragenen Aufschwung geben soll, wenn die Einkommen real nicht mehr steigen, also wie in den letzten 15 Jahren stagnieren, oder sogar leicht fallen. Dann kann man logischerweise nur darauf hoffen, dass die privaten Haushalte ihre Ersparnisse herunterfahren und wie einst die Amerikaner weit über ihre Verhältnisse leben. Wer das nicht will oder auch für ökonomisches Harakiri hält, weil er glaubt, dass die Ersparnisse die entscheidende Voraussetzung für Investitionen sind, muss kapitulieren, oder er muss vorhersagen, dass von nun an jeder Aufschwung in Deutschland allein vom Export getragen sein wird. Das aber ist grandioser Unsinn. Man muss ja irgendwo auf der Welt die Gegenbuchung machen, und die bedeutet, dass dort die Menschen weit über ihre Verhältnisse leben müssen, wenn sie trotz negativer Beiträge vom Export positive Wachstumsraten zu erzielen versuchen. Das kann aber auf Dauer nicht funktionieren, wie wir gerade am Beispiel Griechenland und ganz Südeuropa sehen. Länder mit Schulden stoßen früher oder später an Grenzen, weil die ganze Welt auf sie schaut und sagt, dass es so nicht weitergehen kann.

Für die ganze Welt gibt es eben keinen Export. Für die ganze Welt gibt es nur Konsum und Investitionen. Wenn wir den Menschen nicht die Mittel in die Hand geben, um zu konsumieren, verhindern wir auch jeden globalen Aufschwung. Dann verhindern wir natürlich auch eine dynamische Investitionstätigkeit. Dann verhindern wir überhaupt eine Wirtschaftsentwicklung, wie sie uns die soziale Marktwirtschaft bieten könnte, und dann können wir von vorneherein auf die Marktwirtschaft als Mittel der Schaffung von Einkommenschancen verzichten.

Kurz gesagt, wir müssen versuchen zu verstehen, dass wir in einer Wirtschaft leben und arbeiten, die ganz anders funktioniert, als es 98 Prozent aller Ökonomen glauben. Die Löhne sind in Wirklichkeit der wichtigste Stabilisator einer wachsenden Wirtschaft. Jede relativ große wachsende Wirtschaft oder aber die Welt insgesamt muss voll darauf setzen, dass die Produkte, die sie mit immer besserer Technologie erzeugt, auch abgesetzt werden können. Das geht nur auf einem einzigen Weg: Es geht nur mit Reallöhnen, die vollständig der Produktivität in der Welt oder in jeder nationalen Wirtschaft folgen. Wenn dann noch gewährleistet ist, dass die privaten Haushalte nicht zu viel sparen, kann man davon ausgehen, dass eine Marktwirtschaft auch im 21. Jahrhundert funktionieren kann.

Nur über die systematische Steigerung der Massenkaufkraft und die Erwartung der Masse der Menschen, dass sie am Produktivitätsfortschritt teilhaben, kann gewährleistet werden, dass die Unternehmen investieren. Nur dann können die Unternehmen erwarten, dass sie ihre Produkte vollständig absetzen können. Daher gibt es aus logischen Gründen prinzipiell keine Grenzen für die Steigerung der Einkommen und der Produktion. Prinzipiell bedeutet aber, dass selbstverständlich natürliche Restriktionen oder auch soziale Restriktionen in das System eingebaut werden können. Wenn sich Gesellschaften, auf welchem Wege auch immer, zum Beispiel entschließen, weniger arbeiten zu wollen, also den Produktivitätsfortschritt statt in höheren Löhnen in geringeren Arbeitszeiten konsumieren zu wollen, dann ist das ohne Weiteres möglich. Dann wird weniger produziert und weniger nachgefragt. Was jedoch nicht funktioniert, war der zwei Jahrzehnte dauernde Versuch, mit Arbeitszeitverkürzung die Arbeitslosigkeit zu bekämpfen. Das ist genauso falsch, wie die Arbeitslosigkeit mit Lohnkürzungen bekämpfen zu wollen. Der negative Nachfrageeffekt einer ungewollten Arbeitszeitverkürzung ist genauso schädlich für die wirtschaftliche Entwicklung wie der einer Lohnkürzung.

Auch die Ausgaben für mehr Umweltschutz können und müssen vom Produktivitätsfortschritt gedeckt sein. Sind die Menschen vielleicht auch nicht bereit, ihren absoluten Lebensstandard zu ändern, so kann man sie doch relativ leicht davon überzeugen, aus dem Zuwachs, den die Produktivität erbringt, mehr für eine lebenswürdige Zukunft abzugeben. Auch alle anderen Wünsche, die unmittelbar aus dem Einkommen bedient werden können, lassen sich mit wachsender Produktivität befriedigen. Das Gleiche gilt für Gesellschaften, die altern. Die wirtschaftlichen Folgen des Alterns sind nicht anders als die Folgen einer Arbeitszeitverkürzung: Es stehen mehr wirtschaftlich inaktive Stunden weniger aktiven Stunden gegenüber. Das läßt sich am besten abfedern über steigende Produktivität.

Man hat den Menschen in den vergangenen Jahren vielfach Besitzstandsdenken vorgeworfen. Vor allem die Arbeitnehmer seien nicht flexibel genug, sie wären nicht bereit, neue Risiken und neue Herausforderungen zu übernehmen. Aber das ist ein dummer Vorwurf: Dem Menschen steht nur eine kurze Zeit zur Verfügung, um sich selbst zu etablieren und der Gesellschaft zu nützen. Nehmen wir nur den Standardfall eines Akademikers: Wer sich bis zum 25. Lebensjahr in Ausbildung befindet, braucht in der Regel etwa zehn Jahre, um sich vernünftig beruflich zu positionieren, wenn er oder sie großes Glück hat. Erst danach beginnt man, ganz gleich ob in der Wirtschaft oder in der öffentlichen Verwaltung, Funktionen mit größerer Verantwortung zu übernehmen. Wer erfolgreich ist, hat bis zum 45. Lebensjahr eine Position erarbeitet, auf die er stolz ist und die ihm auch in materieller Hinsicht einiges bietet. Man hat eine Familie gegründet und Kinder in die Welt gesetzt. Genau das ist der Zeitpunkt, wo die Schwätzer, die das Besitzstandsdenken dauernd vorwurfsvoll im Munde führen, sagen würden, dass nun die große Flexibilität gefragt sei. Wobei Flexibilität heißt, dass man bereit sein soll, alles zu vergessen, was man bis dahin gelernt hat, die Vorstellung aufzugeben, man könne eine führende Position bekleiden, und sich dem Arbeitsmarkt neu, sozusagen wie neu erschaffen, zur Verfügung zu stellen.

Das ist vollkommen lebensfremd. Gerade Menschen, die erfolgreich waren, die wirkliche Leistungsträger waren, lassen sich nicht im Alter zwischen 40 und 50 woanders flexibel einsetzen. Bei ihnen ist nämlich schon viel zu klar absehbar, dass sie nur noch wenige Jahre zur Verfügung haben, in denen sie überhaupt aktiv und vielleicht kreativ etwas beitragen können. Wer zu diesem Zeitpunkt »Flexibilität« verlangt, erzeugt Frustration und Demotivation. Wer zu diesem Zeitpunkt aber den Menschen sogar androht, dass sie nach nur einem Jahr unverschuldeter Arbeitslosigkeit in das extrem tief hängende soziale Netz, genannt Hartz IV, fallen, erzeugt mehr als Frustration und Demotivation, er erzeugt Resignation und Hass.

Das alles heißt nicht, dass wir keinen Strukturwandel haben und ihn nicht fördern müssten. Strukturwandel ist, wie ich weiter unten betone, das Lebenselixier der Marktwirtschaft und kann nicht verhindert werden, ohne den Kern des Systems selbst zu zerstören. Das bedeutet aber nicht, dass jeder Mensch dem Strukturwandel in seinem eigenen Leben ohne Wenn und Aber dienen muss. Es stellt sich schon hier ganz fundamental die Frage, ob wir dem System dienen oder das System uns. Wiederum ist die Antwort eindeutig: Das System hat uns zu dienen. Folglich müssen wir dafür sorgen, dass der Strukturwandel sozialverträglich abläuft. Und wenn das heißt, dass wir nicht jedes Kinkerlitzchen produzieren können, dass wir nicht jeden Modeblödsinn mitmachen müssen, dann ist das in Ordnung. Wenn die Strukturen so sind, dass Menschen mit über 40 Jahren in die Gefahr geraten, einfach vor die Tür gesetzt zu werden, dann hat entweder das Unternehmen oder der Staat dafür zu sorgen, dass diese Menschen nicht einfach auf der Straße sitzen und ihre Lebensplanung völlig einstampfen müssen.

Prekäre Arbeitsverhältnisse, die viele als unabdingbar im Zuge der Globalisierung ansehen, dürfen gerade nicht zur Regel werden. Die europäische Gesellschaft darf und muss darauf beharren, dass wirtschaftlicher Erfolg auch möglich ist, wenn man seine soziale und kulturelle Tradition beibehält. Wie weitgehend das möglich ist, zeigen die Arbeitsverhältnisse in Asien, beispielsweise in dem inzwischen verschrienen Japan, wo das Lebensarbeitsverhältnis mit einem Betrieb immer noch die Regel ist. Wir müssen uns zum Prinzip machen, dafür zu sorgen, dass das System in allen seinen Teilen an den Menschen, an ein vernünftiges, ein menschenwürdiges Leben angepasst wird, so dass nicht der Mensch unter Beugung seiner Menschenwürde zum Instrument des Systems wird.

Am eigenen Schopf aus dem Sumpf?

Die neoklassischen Ökonomen sind in Deutschland gewaltig in die Defensive geraten. Nach der Finanzkrise und vor allem der Eurokrise, die das von ihnen vertretene Modell der Lohnzurückhaltung mehr als alle vorherigen Krisen infrage stellt, hilft offenbar nur noch Wunschdenken. Ein Jobwunder wird allenthalben verkündet, das sich nur deshalb ergeben habe, weil der Arbeitsmarkt so sehr flexibilisiert worden sei.

Was sie – abgesehen von den üblichen statistischen Tricks, mit denen die Arbeitslosigkeit wegdefiniert wird – nicht sehen wollen oder können: In den von den Nachfragerückgängen besonders betroffenen Bereichen der Industrie haben die Gewerkschaften und die Arbeitgeber von Anfang an eine Art der Krisenbewältigung gewählt, die zwar kurzfristig Scheinerfolge bringt, langfristig aber immer noch keine Lösung bietet. Schauen wir auf einen großen Betrieb: Daimler machte 2009 hohe Verluste und kürzte im Einvernehmen mit den Gewerkschaften die Arbeitszeit der Mitarbeiter, die nicht ohnehin schon in Kurzarbeit waren, um zehn Prozent ohne Lohnausgleich und verzichtete im Gegenzug auf Kündigungen. Folglich sank die Lohnsumme der betroffenen 70 000 Arbeitnehmer um zehn Prozent, was bei einem durchschnittlichen Monatslohn von 4000 Euro (jährliche Lohnsumme 3,36 Milliarden Euro) eine Kostenreduktion für das Unternehmen von 336 Millionen Euro ergab. Immerhin, die erwarteten Verluste von Daimler konnten dadurch erheblich reduziert werden!

Für die Volkswirtschaft ist die Rechnung eine andere: Die 336 Millionen, die Daimler gespart hat, verringerten bei unverändertem Sparverhalten der Daimler-Mitarbeiter die Nachfrage anderer Unternehmen genau um 336 Millionen. Deren zu erwartende Verluste stiegen also genau in dem Maße, in dem sich die von Daimler erwarteten Verluste verminderten. Für die Volkswirtschaft als Ganzes bringt die Sparmaßnahme eines Unternehmens folglich keinerlei Verbesserung, aber die Arbeitslosenstatistik sieht für eine Zeit gut aus. Denn die Arbeitslosigkeit schlägt sich ja wegen der offiziellen und dieser Art der inoffiziellen Kurzarbeit nicht in der Statistik nieder. Folgen aber nach einiger Zeit die anderen Unternehmen wegen steigender erwarteter oder schon eingetretener Verluste dem Beispiel und kürzen ebenfalls ihre Löhne, was dann?

Was werden die anderen Unternehmen tun, wenn sie merken, dass ihre Erwartungen nicht aufgehen, weil die Nachfrage noch schwächer ist als vermutet? Noch einmal mit den Gewerkschaften verhandeln, um 20 Prozent Kürzung zu erreichen? Vielleicht werden sie auch versuchen, ihre Marktanteile bei sinkender Nachfrage dadurch zu halten, dass sie die Kostensenkung für Preissenkungen nutzen. Tut das nur ein Unternehmen, verschlechtert sich wiederum die Situation aller anderen. Tun es alle Unternehmen, sinken die Preise auf breiter Front vielleicht so stark, dass die Arbeitnehmer ihren ursprünglichen Kaufkraftverlust wieder ausgleichen können, was hieße, dass sie real so viel in der Tasche hätten wie vorher, obwohl sie weniger arbeiten. Gelöst wäre damit nichts, eine Deflation drohte allerdings, die ihrerseits zu neuer Kaufzurückhaltung führen könnte.

Müssen dann erneut die ausbezahlten Löhne sinken, um den vermeintlichen Kostennachteil für die Unternehmen wieder auszugleichen? Wie man es auch dreht und wendet, gesamtwirtschaftlich ist Lohnsenkung ein Rohrkrepierer ersten Ranges. Eine Marktwirtschaft kann sich nicht auf diese Art und Weise selbst aus dem Sumpf ziehen. Die Kostensenkung des einen Unternehmens ist immer die Ertragssenkung anderer.

Hätte Daimler dagegen zehn Prozent der betroffenen Arbeitnehmer entlassen und würde der Staat diesen Personen einen großzügigen, sagen wir 80-prozentigen Lohnersatz für die Dauer der Krise aus am Kapitalmarkt zusätzlich aufgenommenen Mitteln leisten, wäre der Nachfrageausfall wesentlich geringer, nämlich »nur« 67 Millionen. Gesamtwirtschaftlich stünde in diesem Fall den Versuchen der deutschen Industrie, durch Entlassungen ihren Kopf zu retten, nur ein geringerer Nachfrageverlust gegenüber, und Deflation könnte vermutlich vermieden werden.

Man sieht, die Bewältigung der Krise verlangt das Durchbrechen der Spirale aus Nachfragerückgang und Kostensenkung, nicht deren Verstärkung. Diese Logik müssten auch Unternehmen verstehen, wenn sie von der Politik überzeugend dargelegt wird. Das ist aber nicht der Fall, oder hat man etwa gehört, dass auf dem Gipfel der Kanzlerin mit Unternehmens- und Gewerkschaftsführern solch zentrale Fragen diskutiert worden sind?

Warum wird das nicht diskutiert, werden Sie fragen. Einfache Antwort: Weil unsere Politiker nicht in gesamtwirtschaftlichen Dimensionen denken, sondern einzelwirtschaftlich wie Unternehmer. Die gesamte Wirtschaftspolitik der letzten 30 Jahre, die Reformen des Arbeitsmarktes, die Versuche zur Verbesserung des Standorts Deutschland, alles war unternehmerischem Handeln abgeschaut, ohne jede gesamtwirtschaftliche Perspektive. Solange die deutsche Wirtschaft im Sog der Weltwirtschaft vor sich hindriftete, war das hinnehmbar. Im Gefolge der Krise ist das extrem gefährlich, weil Deutschland wieder alle Chips auf Export setzt.

Alles wieder auf Exportüberschuss!

Von Anfang an haben die Spitzenpolitiker in Deutschland in Bezug auf die große Krise und die tiefe Rezession etwas grundlegend missverstanden. Viele redeten nämlich von einer »Brücke«, die der Staat mit höheren Defiziten bauen müsse, um die Talsohle schnell zu überwinden. Eine Brücke braucht aber, wer ein Tal überspannen und leicht von einem Gipfel zum anderen kommen will. Wer ganz unten ist, dem hilft keine Brücke, sondern nur eine lang anhaltende Unterstützung beim mühsamen Aufstieg. Weil das so oft missverstanden wird, lohnt es, sich einen Moment vor Augen zu führen, wer oder was die deutsche Wirtschaft gerettet hat.

Die globale Wirtschaft war ganz unten. Die Auslastung der Sachkapazitäten in der Industrie hatte ein historisch tiefes Niveau erreicht, und die Tatsache, dass die Auslastung der Arbeitskraft ähnlich gering war, wurde nur von staatlichen Auffanghilfen wie der Kurzarbeit überdeckt. Historisch musste man vor allem die Tatsache nennen, dass sich fast alle Länder der Erde 2009 zugleich auf einer solchen Talsohle befunden haben, so dass eigentlich nicht damit zu rechnen war, dass jemand, der stark genug ist, von oben ein Seil herablässt, um beim Aufstieg zu helfen. Es half auch nichts, gebannt auf die Finanzmärkte zu starren, die seit März

2009 ein Feuerwerk nach dem anderen abbrannten, weil sie sich einreden wollten, der Aufstieg habe begonnen.

Wenn man sich fragte, woher die Kraft für einen Aufschwung der deutschen Wirtschaft 2010 kommen könnte, stieß man schnell an Grenzen. Die Gewinne der Unternehmen waren in der Krise eingebrochen, und volle Läger und stillstehende moderne Maschinen haben noch keinen Unternehmer zum Investieren angeregt, selbst wenn die Zinsen niedrig sind. Der private Verbrauch versprach keine Besserung, weil die Löhne höchstens stagnierten und Kurzarbeit und drohende Arbeitslosigkeit nicht auf Konsumoptimismus hindeuteten.

Da geschah wieder einmal das typisch deutsche Wunder. Der Export, der in der Krise zweistellig eingebrochen war, berappelte sich unglaublich schnell. China und andere Länder in Asien hatten ihre Wirtschaft mit gewaltigen staatlichen Spritzen abgefangen, die Löhne stiegen dort in unverändertem Maße weiter mit der Folge, dass Konsum und Investitionen boomten. Die international hoch wettbewerbsfähige deutsche Wirtschaft, die noch einen zusätzlichen Dopingschub durch die oben beschriebenen Lohnkürzungen in der Krise und die Abwertung des Euro erhielt, war plötzlich wieder top, und die Politiker waren die Sorge um den Aufschwung zunächst los.

Mit Drogen oder Doping ist es eben immer das Gleiche: Nach dem letzten Schuss braucht man schnell wieder einen Schuss, und wenn die ganze Welt darüber jammert, muss man eben »die Augen zu und durch spielen«, so als sei nichts gewesen. Wie schon in fast allen Jahren des letzten Jahrzehnts wird auch 2010 der Außenbeitrag, also der Saldo der Exporte über die Importe, mit Abstand den größten Beitrag zum Gesamtwachstum erbringen.

Das ist in einer Situation, in der nach der Eurokrise die gesamte Welt mit einer Mischung aus Zorn und Erstaunen auf Deutschland blickt, eine extrem gefährliche Strategie. In der ersten Phase exorbitanten deutschen Exportwachstums, zwischen 2002 und 2008, hatte praktisch niemand auf Deutschland geachtet. Deutschland kam in den internationalen Diskussionen um die sogenannten globalen Handelsbilanzungleichgewichte überhaupt nicht vor, weil die Eurozone eine ausgeglichene Leistungsbilanz hatte und niemand auf die Ungleichgewichte innerhalb der Europäischen Währungsunion achtete. Das ist nach der Eurokrise vollkommen anders.

Deutschland hält in seiner Fixierung auf den Außenhandel die derzeit noch gegebene Freiheit des Handels offenbar für ein Naturgesetz. Nach Jahren des unumstößlichen Dogmas »Freihandel über alles« fühlt man sich vor jeder Unbill protektionistischer Maßnahmen geschützt. Das wird sich als Irrtum erweisen. Sobald klar ist, wie stark Deutschland auch nach der Krise auf Kosten der anderen Länder expandiert, wird in vielen Ländern die Forderung nach Abschottung gegen den übermächtigen Handelsgegner aufkommen. Dann wird man sehen, dass es selbst innerhalb des europäischen Binnenmarktes keine Tabus mehr gibt. Wird Deutschland dann die europäischen Länder vor dem europäischen Gerichtshof verklagen wegen eines Verstoßes gegen die europäischen Verträge? Wird es dann per Gerichtsbeschluss durchzusetzen versuchen, dass die anderen Länder Jahr für Jahr negative Beiträge für ihr Bruttoinlandsprodukt akzeptieren müssen, während es selbst immer positive verbucht? Oder wird es versuchen, mit Gewalt durchzusetzen, dass die Mitgliedsländer, die Schuldner sind, systematisch durch Stimmrechtsentzug bestraft werden?

Der Lohn und das Leben

Die gegenwärtige Schwäche der Gewerkschaften und der gesamtwirtschaftliche Mangel an Binnennachfrage müssten eigentlich den Staat auf den Plan rufen, der mit Mindestlöhnen dafür sorgt, dass wenigstens in den unteren Einkommenskategorien eine produktivitätsorientierte Entlohnung wieder die Regel wird. Doch dagegen, mehr als gegen vieles andere, steht die Ideologie, dass steigende Löhne unmittelbar Arbeitsplätze vernichten. Gegen keine Idee wird von den Lobbygruppen außerhalb und innerhalb der Wirtschaftswissenschaften härter gestritten als gegen die Idee des Mindestlohnes, obwohl er in sehr vielen Ländern ohne messbare negative Folgen praktiziert wird.

Dahinter steht eine äußerst primitive Vorstellung vom Arbeitsmarkt nach dem Motto: Wer zu viel bekommt, muss entlassen werden, wer zu wenig bekommt, geht. Auf diese schlichte Formel lässt sich die Diskussion um Mindestlöhne auf der einen Seite und die Begrenzung von Managergehältern auf der anderen Seite bringen. Gemeint ist, dass jeder, der mehr verdient, als er produziert, für ein Unternehmen unwirtschaftlich ist und deshalb entlassen werden muss. Und dass jeder, der weniger erhält, als er produziert, freiwillig den Hut nimmt, um anderswo eine angemessene Bezahlung zu suchen. So sehe Wettbewerb auf dem Arbeitsmarkt eben aus, behaupten die meisten Ökonomen. Wer beurteilen will, ob Arbeitseinkommen zu hoch oder zu niedrig sind, muss also wissen, wer wie viel (in einer Stunde etwa) produziert.

Nur, wer weiß das? Wie viel ist die Arbeit einer Sekretärin wert im Vergleich zu der eines Managers? Was produziert ein Manager? Arbeitet er zum Beispiel an der Umsetzung einer neuen technischen Idee in eine Investition, ist er auf die Zuverlässigkeit seiner Mitarbeiter – von der Sekretärin bis zum Ingenieur – maßgeblich angewiesen. Hat das Team Erfolg, beruht das auf der Leistung aller Mitglieder. Wem steht also am Ende wie viel zu? Schon dieses einfache Beispiel zeigt, dass die »Entlohnung gemäß Produktivität« in der Realität einer arbeitsteiligen Marktwirtschaft nicht mehr als eine von Ökonomen erfundene Fiktion ist. Würde man die Produktivität kennen, bräuchte man über die Höhe der Löhne nicht zu streiten.

Auch wenn Arbeitskräfte je nach ihrer spezifischen Knappheit unterschiedlich wichtig sind für den wirtschaftlichen Erfolg eines Landes, angewiesen bleiben wir doch alle aufeinander: Der Manager ohne Sekretärin und Ingenieur ist, wirtschaftlich betrachtet, so nutzlos wie der Banker ohne Sachinvestor oder die Operndiva ohne Korrepetitor. Deswegen steigt der Wert auch gering qualifizierter Arbeit, sofern sie nicht vollständig wegrationalisiert werden kann, *automatisch* mit der durch Investitionen wachsenden Produktivität.

Solange Räume nicht vollautomatisch gereinigt, Haare nicht vollautomatisch geschnitten oder Briefe nicht vollautomatisch zugestellt werden, müssen die Arbeitskräfte, die diese Tätigkeiten ausführen, gleichberechtigt an der Gesamtproduktivität der Volkswirtschaft teilhaben. Ist das der Fall, dann ist es in einer reichen Gesellschaft auch sicher, dass sie von dieser Beschäftigung leben können. Ein allgemeiner Mindestlohn, laufend angepasst an den gesamtwirtschaftlichen Produktivitätsfortschritt, ist die logische Folge. Wer das nicht will, muss die Manager und Banker auffordern, selbst zu Staubsauger und Schere zu greifen. Dann wird ihre Produktivität allerdings gewaltig sinken, und sie müssten deutlich weniger Gehalt beziehen.

Bei einem durchschnittlichen Stundenlohn eines Arbeitnehmers von 27 Euro und einer Produktivität in Deutschland von etwa 40 Euro pro Stunde kann sich jeder Mensch ohne Weiteres ein Bild darüber machen, wie hoch in Deutschland der allgemeine gesetzlich festgelegte Mindestlohn sein sollte. Dazu braucht man keine komplizierten wissenschaftlichen Berechnungen, sondern nur seinen gesunden Menschenverstand. Würde der am geringsten Bezahlte in einem typischen deutschen Betrieb die Hälfte des Durchschnittslohnes bekommen, wäre das ein gewaltiges Problem? Die 7,50 Euro, die zumeist diskutiert werden, sind lächerlich, zehn Euro wären an der Grenze, und zwölf Euro wären sicherlich gerechtfertigt und ökonomisch unproblematisch.

In einer auf Arbeitsteilung beruhenden Gesellschaft ist es nur dann sinnvoll, sich gemäß seinen Möglichkeiten einzubringen, wenn man am Zuwachs des allgemeinen Lebensstandards teilhat. Wer über Jahre hinweg keine Chance erhält, teilzuhaben, geschweige denn sich selbst zu ernähren, kann keinen Nutzen mehr in der Marktwirtschaft erkennen. Radikalen Ansichten sind dann Tür und Tor geöffnet.

Die deutsche Politik hat eines der wichtigsten Prinzipien einer Marktwirtschaft vollständig verdrängt: Die Masse der Menschen muss vollständig partizipieren, weil man sie nicht nur als Produzenten der Güter, sondern auch als Nachfrager braucht, will man insgesamt und über lange Zeit erfolgreich wirtschaften. Mit anderen Worten: Es geht um eine permanente Gratwanderung zwischen den Löhnen als Kostendeterminante und den Löhnen als Nachfragedeterminante. In den üblichen Schlagworten dieser Debatte: Weder die Kaufkrafttheorie des Lohnes ist richtig, noch die Gewinntheorie des Lohnes; die angemessene Lösung liegt genau in der Mitte.

Es ist bedrückend zu sehen, wie diese Frage in fast allen Parteien ausgeklammert wird. Bloß nicht darüber reden, bloß keine schlafenden Hunde wecken, scheint das Motto, mit dem man krampfhaft versucht, über die Runden zu kommen. Doch das kann nicht funktionieren. Wer das Dogma des »flexiblen Arbeitsmarktes in den Zeiten der Globalisierung« gegen jede Vernunft verteidigt, wird alles Vertrauensporzellan zerschlagen, das durch die Nachkriegserfolge der sozialen Marktwirtschaft geschaffen wurde. Noch einmal: Das Wunder der deutschen Nachkriegsentwicklung, das man so gerne imitieren möchte, war ein Lohnwunder.

Handelskrise

Der freie Handel als Dogma

Nichts ist dem Unternehmer und dem liberalen Politiker so heilig wie der freie Handel. Man darf alles Mögliche sagen, man darf sogar eine der heiligsten aller Kühe schlachten, die immerwährende Preisstabilität, aber man darf niemals etwas gegen den freien Handel sagen. Der Freihandel ist das wichtigste aller Gebote, weil er das Einzige ist, was die liberalen Ökonomen in den letzten 200 Jahren aufgeboten haben, um den Wohlstand zu erklären.

Das klingt seltsam und ist doch kaum zu bestreiten, wenn man sich die übrigen Elemente anschaut, die in der herrschenden Ökonomik eine Erklärung des Wohlstands bieten sollen. Da ist die Wachstumstheorie, die mit Wachstum allerdings nichts zu tun hat, sondern nur die Aneinanderreihung jener Faktoren ist, die in bestimmten Modellen Wachstum erklären sollen. Das tun sie allerdings nicht, weil sie nur das Modell erklären, aus dem sie stammen. In den neoklassischen Wachstumsmodellen, die sich durchgesetzt haben in den letzten Jahren, gibt es Arbeit und Kapital, die beide, wie könnte es anders sein, entsprechend der (relativen) Preise von Arbeit und Kapital miteinander im Austausch stehen, in denen aber ansonsten der technische Fortschritt vom Himmel fällt. Doch auch in den früheren Modellen war das nicht besser. In dem sogenannten, manchmal »keynesianisch« bezeichneten Harrod-Domar-Modell entsteht Wachstum, weil es Investitionen gibt. Investitionen aber gibt es, weil es Ersparnisse gibt. Warum es Einkommen und Ersparnisse gibt und wie diese Ersparnisse zu Investitionen werden, kann das Modell leider nicht erklären.

Diese Tautologien wären ein leicht erkennbarer Offenbarungseid für diese sogenannte Wissenschaft, gäbe es nicht das Konzept des freien Handels. Der Freihandel ist es, der dem Fach den Anschein einer Wissenschaft verleiht. Denn er erklärt scheinbar, wie durch den Austausch der Völker Wohlstand geschaffen wird. Die Grundidee: Weil immer neue Völker dem System des freien Handels beitreten, vermehrt sich die Möglichkeit eines produktiven Austausches zwischen ihnen. Das ist zwar auch endlich, weil wir sonst irgendwann Völker vom Mars oder von der Venus bräuchten, die neu in die globalisierte Wirtschaft einbezogen werden, aber im Moment funktioniert es noch.

Doch schaut man diese Theorie genauer an, offenbaren sich sofort ihre Schwächen. Diese Theorie basiert im Kern nämlich immer noch auf einem Theorem des englischen Ökonomen David Ricardo von vor 200 Jahren. Die damals vorherrschende Befürchtung war, dass der Handel einseitig werden könnte, sobald ein Land gegenüber einem anderen bei praktisch jedem handelbaren Produkt im Vorteil wäre. Um solche absoluten Vorteile auszugleichen, müsste das unterlegene Land durch Protektionismus dafür sorgen, dass auch seine Produzenten eine Chance zum Überleben hätten. Dagegen stellte David Ricardo sein berühmtes Prinzip, wonach es im internationalen Handel auf die komparativen Vorteile und nicht auf die absoluten Vorteile ankomme. Wenn also, das ist ein Beispiel von Ricardo, in einem Land ein Produzent besonders gut Schuhe herstellt, der Produzent in einem anderen Land aber besonders effizient ist in der Herstellung von Tuch, dann können die beiden miteinander Handel treiben, selbst wenn der Hersteller von Schuhen auch Tuch günstiger herstellen kann, da die Spezialisierung, also die Konzentration des Schuhherstellers auf Schuhe und die Konzentration des Tuchherstellers auf Tuch, insgesamt ein besseres Ergebnis erwarten lässt.

Schon an diesem Beispiel wird unmittelbar deutlich, wie realitätsfern Ricardos Idee ist. Denn offenbar unterstellt er, dass der Schuster vollständig ausgelastet ist mit der Herstellung von Schuhen, so dass er nicht auf die Idee kommt, Schuhe und Tuch zugleich herzustellen. Übertragen wir das auf eine Volkswirtschaft, sieht man sofort, dass das Beispiel absolut aus der Welt ist. Es gibt keine voll ausgelastete Volkswirtschaft, in der man nicht, wenn man denn absolute Vorteile hat, diese Vorteile auch nutzen könnte durch die bessere Auslastung vorhandener Kapazitäten, die Schaffung neuer Kapazitäten mittels Investitionen und eine höhere Auslastung des Arbeitskräftepotenzials. Unterstellt ist also in der heilen Welt der neoklassischen Handelstheorie, dass alle Produktionskräfte jederzeit voll beschäftigt sind.

Sind sie das nicht, stimmt natürlich auch die Annahme nicht mehr, dass die Entlohnung der Arbeitskräfte jederzeit und in allen beteiligten Ländern die jeweilige Knappheit von Arbeit und der Zins die jeweilige Knappheit von Kapital widerspiegelt. Das ist an Naivität kaum zu überbieten. In der Wirklichkeit gibt es nirgendwo so etwas wie einen Markt für Kapital, auf dem quasi unabhängig von dem, was Zentralbanken tun, ein Zins rein von Angebot und Nachfrage bestimmt wird. Damit spiegelt das Lohn-/Zinsverhältnis nicht die relativen Knappheiten wider, die nach herrschender Lehre den optimalen Faktoreinsatz bestimmen und damit auch die Grundlage für das Theorem der komparativen Vorteile darstellen. Hinzu kommt, und dadurch wird Ricardos Theorie noch abwegiger, dass natürlich für den Handel im internationalen Bereich nominale Größen zählen. Das heißt, auch die Wechselkurse spielen eine bedeutende Rolle.

So ist es auch in der Vergangenheit immer gewesen. Aber dann müsste es wenigstens einen Mechanismus geben, der dafür sorgt, dass die weit auseinander laufenden Nominallöhne, also Löhne, die sich vollständig von der Produktivität im jeweiligen Land lösen, durch einen anderen Mechanismus ausgeglichen werden. Dieser Mechanismus könnte die Wechselkursbildung in verschiedenen Währungen sein. Der Wechselkurs zwischen Währungen tut aber auch über lange Fristen genau das nicht, was die Theorie von ihm erwartet. Währungen sind heute zum Spielball von Spekulanten geworden und werden über Jahre in die vollkommen falsche Richtung getrieben, da Spekulanten die Existenz von Inflations- und Zinsdifferenzen ausnutzen, um immer wieder kurzfristige Gewinne zu machen.

Damit aber nicht genug, die neoklassische Theorie des internationalen Handels unterstellt in ihrer Fixierung auf die relativen Preise von Arbeit und Kapital, dass auch Investitionen, die von Produzenten aus Ländern mit hoher Produktivität in Ländern mit niedriger Produktivität und niedrigen Löhnen getätigt werden, sich jederzeit dem Diktat der relativen Preise beugen. Das bedeutet dann, dass man unterstellt, dass der deutsche Produzent eines mobilen Telefons, der seine Produktion nach China verlagert, für die Produktion in China eine völlig neue Technologie erfindet, die wesentlich arbeitsintensiver als in Deutschland ist, um dem relativen Preis von Arbeit und Kapital Genüge zu tun. Das ist mehr als lächerlich. Da fehlen einem die Worte.

Auf diese mehr als erstaunliche Deutung verfällt die neoklassische Gleichgewichtstheorie, weil sie unterstellt, dass Unternehmen keinen Gewinn machen. Vor allem dürfen die Unternehmen keinen Gewinn machen, der monopolistischen oder sonstigen Vorsprüngen entspringt. Wenn also der deutsche Produzent eines mobilen Telefons nach China geht, dann schmeißt er, nach dieser Vorstellung, seine in Deutschland erfolgreich angewendete Technologie weg, erfindet für China eine neue arbeitsintensive Technologie, mit der er das gleiche Produkt in gleicher Qualität herstellen kann, und bietet dann mit der niedrigen Produktivität das Produkt zu genau dem gleichen Preis und ohne Zusatzgewinn an, zu dem er es in Deutschland produziert hätte.

Damit verzichtet er – laut neoklassischer Theorie – natürlich auf den wunderbaren Gewinn, den er gemacht hätte, wenn er die hohe deutsche Produktivität mit den niedrigen chinesischen Löhnen verbunden hätte. Dann hätte er nämlich seine Lohnstückkosten, also die Produktivität dividiert durch die Löhne, deutlich senken können. Machen wir ein Beispiel: Bei den oben erwähnten deutschen Löhnen von 27 Euro pro Stunde und einer Produktivität von fast 40 Euro pro Stunde betragen die Lohnstückkosten 0,67 (27 dividiert durch 40). Wenn wir annehmen, dass in China die Löhne ein Zwanzigstel der deutschen Löhne betragen, also 1,35 Euro, sinken die Lohnstückkosten auf 0,042 (1,35 dividiert durch 32). Selbst wenn wir nun annehmen, dass sich in China nur 80 Prozent der deutschen Produktivität (also 32 Euro statt der 40 in Deutschland) verwirklichen lassen, weil das Umfeld weniger günstig ist, sinken die Lohnstückkosten, und wenn die Lohnkosten in dem Betrieb einen Anteil von 25 Prozent haben, kann ein Produkt, das in der Herstellung in Deutschland für 100 Euro verkauft worden wäre, nun für rund 76 Euro verkauft werden, ohne den Gewinn zu vermindern. Werden mehr und mehr Vorleistungen nach China verlagert, sinken die Lohnstückkosten dramatisch schnell weiter, weil der Anteil der Lohnkosten an den gesamten Kosten rasant zunimmt.

Aber auf diese Zusatzgewinne verzichtet der Unternehmer laut Neoklassik, denn er soll (!) ja keinen Gewinn machen. Nach der

Theorie, die die gesamte Volkswirtschaftslehre seit 200 Jahren beherrscht, darf er keinen Gewinn machen. Und wenn er doch Gewinn macht, dann wird er nicht von dieser Theorie erfasst, und der Unternehmer ist kein richtiger Unternehmer, und der Markt ist kein richtiger Markt. Wenn Sie jetzt lachen, hoffe ich, dass Ihnen das Lachen im Halse stecken bleibt. Das ist nämlich todernst. Auf der Basis einer solchen Theorie fußt immer noch die gesamte Freihandelsideologie dieser Welt. Wenn wir nämlich nur beginnen würden, die unglaublichen Monopoleffekte, die durch ausländische Direktinvestitionen erzielt werden, in die Überlegungen zur internationalen Handelstheorie einzubeziehen, dann müssten wir unmittelbar diese Theorie und das gesamte auf ihr errichtete ideologische Gebäude vom freien Handel sofort und für immer über Bord werfen.

Direktinvestitionen haben heute so gewaltige Effekte, dass man zum Beispiel den chinesischen Handel in keiner Weise mehr mit dem Handel eines der westlichen Industrieländer vergleichen kann. Der chinesische Handel besteht nämlich zum großen Teil aus dem Handel von westlichen Unternehmen, die ihren Standort in China haben. Man schätzt, dass 60 bis 70 Prozent der gesamten Exporte Chinas nicht Exporte chinesischer Unternehmen sind, sondern Exporte solcher ausgelagerter westlicher Unternehmen. Das ist horrend, zeigt es doch, dass wir das chinesische Wunder mit ganz anderen Augen betrachten müssen.

Der hohe Anteil des Handels fremder Unternehmen in China zeigt aber auch, dass die Begründung für Freihandel auf völlig anderen Füßen stehen muss. Man kann Freihandel durchaus prinzipiell bejahen, wie ich das tue, man wird allerdings die Prinzipien des Freihandels als viel weniger heilig und unumstößlich betrachten, wenn man die Theorie des Handels auf Zusammenhänge aufbaut, die realistisch sind.

Nimmt man alles zusammen, bleibt ehrlicherweise nur eine einzige Schlussfolgerung: Der internationale Handel mag frei sein, wir wissen jedoch nichts darüber, ob er effizient ist. Genau die Gleichsetzung von Effizienz und Freiheit ist es aber, die den Studenten der Ökonomie schon im ersten Semester eingetrichtert wird. Lösen wir uns davon, müssen wir überprüfen, ob irgendein Eingriff in den freien Handel, gemessen an ganz anderen Prinzipien, als sie bisher zugrunde lagen, effizient oder nicht effizient ist. Die simple Annahme, die den Ökonomen und den Politikern das Leben so leicht gemacht hat, dass nämlich jeder Eingriff in den freien Handel schädlich und ineffizient ist, müssen wir zu den Akten legen. Ein Land, das sich gegen den massiven Import aus einem anderen Land wehrt, in dem Unternehmen extrem hohe Monopolgewinnen und hohe Produktivität mit niedrigen Löhnen kombinieren, ist nicht ohne Weiteres zu verurteilen. Diese Maßnahme kann insgesamt die Situation der Welt verbessern, weil sie verhindert, dass durch solche Monopolgewinne im Prinzip gesunde Unternehmen im Inland geschädigt werden.

Das wunderbar harmonische Bild des Freihandels wird in Deutschland auch dadurch gestört, dass man dauernd in der Zeitung liest, welches deutsche Unternehmen gerade wieder mal Weltmarktführer geworden ist und die Konkurrenz gnadenlos abgehängt hat. Auch die klammheimliche oder sogar offen zur Schau getragene Freude, dass ein Land mit 80 Millionen Einwohnern »Exportweltmeister« in absoluten Größen war und lange Zeit ein 1,3 Milliardenvolk niederhielt, müsste eigentlich Anlass zum Nachdenken darüber sein, ob die von der Freihandelsdoktrin vorgegaukelte Harmonie irgendeine Entsprechung in der realen Welt hat.

Noch schlimmer ist, dass einige Länder versuchen, nur zu exportieren und nicht zu importieren. Globale Ungleichgewichte nennt man dieses Phänomen seit einigen Jahren. China, Deutschland, Japan und die Schweiz, um die wichtigsten zu nennen, tun so, als ob sie auf Dauer die Welt mit ihren Produkten beglücken könnten, ohne selbst jemals ihre Importe so stark steigern zu müssen, dass die defizitären Handelspartner wenigstens in ferner Zukunft ihre Schulden zurückzahlen können.

Wie absurd die traditionelle Freihandelsideologie ist, zeigt auch eine einfache Modellrechnung, die aber auf vollkommen realistischen Verhältnissen beruht. Nehmen wir an, im Jahr 1999 hätten alle vergleichbaren amerikanischen und deutschen Produkte im Durchschnitt 100 US-Dollar gekostet, was ein gewisses Gleichgewicht im Handel dargestellt hätte. Danach aber sanken die Preise der deutschen Produkte, bis sie im Jahr 2002 ein Drittel niedriger waren, also bei 66 Dollar lagen, während die amerikanischen weiter stiegen und im gleichen Jahr 115 Dollar erreichten. Folglich gewannen die deutschen Exporteure und die sie beliefernden heimischen Produzenten in erheblichem Maße Marktanteile zulasten der amerikanischen Wettbewerber. An dieser dramatischen Auseinanderentwicklung war aber keineswegs, wie man auf der Basis der Freihandelslehre glauben könnte, die Handelspolitik beteiligt, sondern einzig und allein der damals fallende Wechselkurs des Euro und die in Deutschland unter erheblichem politischen Druck zustandegekommene Lohnzurückhaltung.

Beides aber, Wechselkursänderungen und Lohndumping eines Landes, hat nach allen offiziellen Bekundungen auf beiden Seiten des Atlantiks überhaupt nichts mit Handelspolitik zu tun, obwohl es für die Handelsströme tausend Mal wichtiger ist als alles, was man in einer ähnlich kurzen Zeit in der Handelspolitik veranstalten könnte.

Im Gegensatz zu handelspolitischen Maßnahmen oder dem Drohen mit denselben sind weder gewaltige Wechselkursänderungen noch Lohndumping Gegenstand der Freihandelsideologie oder irgendeiner internationalen Verhandlung über fairen Handelsaustausch. Im Klartext: Handelspolitiker oder solche, die über Handelspolitik reden, treffen üblicherweise ihre Urteile aufgrund einer Doktrin, die mit der realen Welt praktisch nichts zu tun hat. Heute mit der Handelspolitik die Handelsströme steuern zu wollen ist so, als ob man mit Uhrmacherwerkzeug ein Auto reparieren will. Über die eigentlich relevanten Fragen wird überhaupt nicht gesprochen. Was die globalisierte Wirtschaft viel dringender braucht als eine doktrinäre Auseinandersetzung über Handelspolitik, ist eine Wechselkurssystem, das verhindert, dass sich einzelne Länder über Lohndumping oder ähnliche Maßnahmen über lange Zeit ungerechtfertigte Vorteile verschaffen. Oder, und das ist die andere Seite der gleichen Medaille, dass von Spekulanten am Kapitalmarkt getriebene Wechselkurse – wie vor der Krise in vielen Ländern Osteuropas – die Wettbewerbsfähigkeit ganzer Volkswirtschaften auf eine Weise zerstören, dass nur durch eine große nationale Krise und eine massive Abwertung der Währung die Dinge wieder ins Lot zu bringen sind.

Aber stellen wir uns vor, wir würden tatsächlich den Mut besitzen, dies alles offen auszusprechen, dies den Politikern ins Gesicht zu sagen, was für ein Chaos würde ausbrechen. Einmal der einfachen Marktideologie entronnen, wird die Welt noch schwerer durchschaubar, sie wird offen für Machtverhältnisse, die ganz anderer Art sind als diejenigen, die wir durch die herrschende Ideologie gefördert haben. Davor fürchten sich alle. Davor fürchten sich die Ökonomen so sehr, dass sie in dieser Gefahr den Versuch, Wissenschaftler zu sein, sofort aufgeben. Lieber wollen sie eine ideologische Leere verteidigen als über das Chaos nachdenken. Lieber wollen sie an eine heile Welt glauben, als sich jeden Tag aufs Neue mit der Frage auseinanderzusetzen, ob das, was da draußen geschieht, vernünftig oder unvernünftig ist.

Handel und Entwicklung

Schlimm ist auch der Schaden, den die Freihandelsdoktrin in den Entwicklungsländern anrichtet. Auch hier muss man sagen, dass die Ökonomen von der Entwicklung der Welt überfordert sind. Wir könnten zwar immer mehr von der Welt durch besseren Informationsaustausch infolge der Globalisierung sehen. Wir wollen es aber gar nicht wissen. In anderen Fächern ist das genau umgekehrt. In Genf suchen Physiker mit der größten Maschine, die je von Menschen gebaut wurde, die kleinsten Teile des Universums. Aber die Ökonomen erkunden die ganze Welt immer noch mit der 200 Jahre alten Lupe namens »komparative Kostenvorteile«. Die nehmen sie, wann immer etwas Komplexes zu erklären ist, hervor und suchen die kleinen Atome. Da läuft offenbar irgendetwas ganz fundamental schief, und die Folgen haben vor allem die Entwicklungsländer zu tragen.

Ich bin vor einiger Zeit im deutschen Fernsehen zur Lage in Afrika interviewt worden. Vor meinem Interview wurde ein interessanter Film gezeigt, in dem man sah, wie ein afrikanischer Hühnerzüchter plötzlich Schwierigkeiten hat in der globalisierten Welt, weil gefrorene Hühnerkeulen aus Belgien nach Westafrika geschifft und da zu einem sehr niedrigen Preis auf den Markt geschmissen werden.

Der afrikanische Hühnerzüchter muss nun aufgeben, weil offenbar die komparativen Vorteile in Belgien liegen, zumindest bei gefrorenen Hühnerkeulen. Nun, würde der kluge Ökonom sagen, das ist ganz einfach, das liegt nur an den Subventionen. Weil die Belgier Subventionen bekommen, sind die Hühner so billig. Vielleicht stimmt das, vielleicht aber auch nicht. Vielleicht bekommen die belgischen Hühnerzüchter gar keine Subventionen. Stellen wir uns vor, sie bekämen keine, und es wäre trotzdem billiger, Hühner in Belgien zu züchten, weil man sie in großen Massentieranlagen absolut billiger züchtet, als ein kleiner afrikanischer Hühnerzüchter sie in einer Anlage mit 100 Hühnern züchten kann. Wäre es dann tatsächlich vernünftig, die gefrorenen Hühnerkeulen von Belgien nach Afrika zu schiffen, und wäre es vernünftig, dass der afrikanische Hühnerzüchter aufgibt, weil ja das ökonomische Prinzip, dass nur der Effizienteste überleben darf, global Geltung haben muss?

Oder stellen wir uns vor, die Hühnerkeulen seien nur deshalb so billig, weil sie im Westen oder Norden – und das wurde in dem TV-Beitrag auch gesagt – als Abfall betrachtet werden und praktisch überhaupt keinen Preis mehr erzielen, weil man nur die Hühnerbrüste verwendet. Dann sinkt der Preis der Keulen dramatisch, und man kann sie auf der ganzen Welt verscherbeln und überall auf der Welt Bauern »beglücken« mit gefrorenen Hühnerkeulen aus Europa. Die Afrikaner jedenfalls brauchen selbst keine mehr zu produzieren. Ist das Ergebnis in jedem Fall vernünftig und gut für das Entwicklungsland, oder sollten die afrikanischen Länder nicht auch, so wie es die Europäer immer noch tun, ihre eigenen Produzenten durch Importzölle schützen?

Ein anderes Beispiel ist Lateinamerika, das seit Anfang der 1990er Jahre eine massive Öffnung seiner Märkte durchgeführt hat unter Anleitung der wichtigen weltwirtschaftlichen Institutionen, des Internationalen Währungsfonds (IWF) und der Weltbank. Diese Länder haben liberalisiert und privatisiert und all das getan, was ihnen laut den westlichen Ökonomen Glück und Wohlstand bringen wird. Dennoch haben sie es nicht geschafft, ihren Lebensstandard konsequent und langfristig zu steigern, während eine asiatische Ländergruppe, die viel weniger offen war, es geschafft hat.

Das müsste man eigentlich untersuchen, da bräuchte man dann allerdings wohl ein feineres Instrument als die grobe, große Lupe von David Ricardo. Warum ist eine Gruppe von Entwicklungsländern erfolgreich, obwohl sie nicht vollständig geöffnet hat, und die andere ist nicht erfolgreich, obwohl sie den westlichen Vorstellungen fast sklavisch gefolgt ist?

Ein drittes Beispiel zeigt, dass es auch innerhalb einer Gruppe dramatische Unterschiede gibt. Die deutsche Bundesbank hat vor kurzer Zeit eine wunderbare Untersuchung gemacht, die darlegt, dass es auch innerhalb der industrialisierten Länder im Verhältnis zu den Entwicklungsländern erhebliche Unterschiede gibt (Bundesbank, 2007). Eigentlich ist die globale Veränderung von Marktanteilen leicht zu erklären. Wenn neue Anbieter auf dem Weltmarkt dazukommen und aufholen, gibt es eine Verschiebung von Marktanteilen. Die neuen gewinnen, die alten verlieren relativ. Es gibt aber europäische Länder, die haben diese Verschiebung von Marktanteilen mitgemacht, und es gibt andere europäische Länder, die diese Verschiebung nicht mitgemacht haben. Auch da fragt man sich, wie das kommt.

Wenn man sich die Untersuchung der Bundesbank genauer ansieht, dann erkennt man, dass vor allem Deutschland die Verschiebung der Marktanteile nicht mitgemacht hat. Deutschland hat seinen Marktanteil einfach gehalten. Fast alle anderen Europäer haben ihren Marktanteil dramatisch senken müssen. Wie haben da die komparativen Vorteile gespielt? War Deutschland plötzlich so komparativ im Vorteil, dass es keine Marktanteile verloren hat, und andere Länder haben so viele komparative Nachteile gehabt, dass sie verloren haben, und warum?

Wenn man aber noch genauer hinschaut, und auch das tut erstaunlicherweise die Bundesbank, sieht man, was in Deutschland passiert ist: Es hat jahrelang seine Löhne nicht erhöht. Die Produktivität ist weiter gestiegen, aber die Löhne und die Sozialausgaben, die berühmten Lohnnebenkosten, sind nicht gestiegen. Ist das in Ordnung? Wenn Entwicklungsländer ihre Löhne und Sozialausgaben nicht mit der Produktivität erhöhen, nennt man das Dumping und fordert, dass sie gefälligst Sozialstandards einhalten, was bedeutet, dass sie ihre Arbeiter am Produktivitätsfortschritt beteiligen sollen. Wenn aber ein großes westliches Land seine Arbeiter nicht am Produktivitätsfortschritt beteiligt und das Land massiv Marktanteile gewinnt in einer Welt, in der es eigentlich wegen des Aufholens der Entwicklungsländer Marktanteile verlieren müsste, was dann? Ist das richtig oder falsch? Was haben die komparativen Kosten damit zu tun?

Ein viertes Beispiel: Es gibt Länder, auch da können wir nach Lateinamerika oder Asien schauen, die sind durch eine tiefe Krise gegangen. Viele der berühmten kleinen Tiger in Asien sind durch erhebliche Krisen gegangen, auch China übrigens, was immer vergessen wird. China hat eine gewaltige Finanzkrise in den Jahren 1993/94 erlebt. Die anderen hatten ihre Krisen in den Jahren 1996/97. Warum gab es dort Finanzkrisen, und warum sind die Länder hinterher wieder so erfolgreich geworden? Offenbar hängt das damit zusammen, dass diese Länder nach den Finanzkrisen ihre Währung deutlich abgewertet haben. Was hat das mit den komparativen Kosten zu tun, fragt man sich.

Argentinien beispielsweise hat massiv abgewertet, Korea und Indonesien haben ihre Währungen um 60, 70 Prozent abgewertet innerhalb von ein paar Monaten, obwohl niemand genau wusste, ob das gerechtfertigt ist oder nicht. Hat das etwas mit Marktanteilen, mit Vorteilen im Handel zu tun, wenn so ein Wechselkurs um 60, 70 Prozent sinkt? Wo sind die Ricardianischen komparativen Vorteile? Inzwischen stehen viele Länder wieder unter Aufwertungsdruck. Brasilien steht unter massivem Aufwertungsdruck, weil internationales Kapital in dieses Land strömt und den Wechselkurs aufwertet, also die Kosten dieses Landes in die Höhe treibt. Ist das richtig oder falsch, und was sagt uns das Prinzip der komparativen Kosten dazu?

Das Gleiche noch einmal anders herum. Die Schweiz ist ein wunderbares Beispiel eines erfolgreichen Landes in dieser Welt. Sie hat wie Deutschland einen Überschuss der Exporte über die Importe, ein Phänomen übrigens, das David Ricardo überhaupt nicht beachtete. Die Schweiz hatte in der Spitze, gemessen am Bruttosozialprodukt, einen Überschuss der Exporte über die Importe von über zehn Prozent. Ist das richtig oder falsch? Welche Theorie sagt uns etwas darüber? Gleichzeitig wurde die Währung dieses Landes über einige Jahre an den Devisenmärkten abgewertet, so dass die Schweizer noch wettbewerbsfähiger wurden, als sie ohnehin schon waren. Ist das in Ordnung? Zuletzt wurde nun der Schweizer Franken so stark aufgewertet, dass die schweizerische Zentralbank intervenierte und die Aufwertung verlangsamte. Ist das erlaubt? Und was geschieht eigentlich mit den Unternehmen, die erst von einer Abwertung profitieren und dann unter einer Aufwertung leiden? Ist das effizient?

Wir wissen auf all diese Fragen keine Antworten, wenn wir nur die Lupe der komparativen Vorteile in die Hand nehmen. Und das ist ein gewaltiges Problem in der globalisierten Wirtschaft. Wir haben eine Wissenschaft, die sich weigert, bessere und feinere Instrumente zu nehmen, um, ergänzend zum Markt, auch Machtfragen und Fragen von Marktversagen oder falschen Märkten oder Märkten, die falsch reagieren, überhaupt in Angriff zu nehmen.

Das ist das zentrale Problem, unter dem die Entwicklungsländer leiden. Man hat ihnen 20, 30 Jahre lang eingeredet, sie müssten nur alles das machen, was ihnen die herrschende Lehre der Ökonomik erzählt, und dann würde schon alles gut. Nichts ist gut geworden, und deshalb wenden sich so viele Länder ab von dieser Lehre. Zu Recht, wie ich denke. In Genf kann man das tagtäglich erleben, wenn Vertreter der Entwicklungsländer zusammenkommen. Sie glauben nicht mehr an diese einfachen, harmonischen Zusammenhänge, weil es sie ganz offensichtlich nicht gibt. Bietet uns etwas Neues, sagen sie, denkt kritischer nach über das, was in der Welt passiert. Denkt kritischer nach über die komplexe, globalisierte Welt. Und ich meine, das sollten wir tun.

»Euroland ist abgebrannt«[4]

Am 31. Oktober 1997 veröffentlichte ich in der *Frankfurter Rundschau* einen Artikel zum Thema Europäische Währungsunion. Darin kam ich zu folgendem Ergebnis:

> »Dass die Befürworter der Währungsunion unter den deutschen Ökonomen zu diesen Fragen (Auseinanderlaufen der Lohnstückkosten war gemeint) ebenso schweigen wie die Politiker, ist schwer nachzuvollziehen. Gefahr ist nämlich im Verzug. Deutschland verletzt mit seiner Politik forcierter Kostensenkung die zentrale Spielregel für eine Währungsunion, die ohne Transfers auskommen und stabile Preise garantieren soll, in mehrfacher Weise. Die Anhänger der Währungsunion müssten alarmiert sein. Stattdessen predigen sie die Vorzüge der endgültigen Fixierung der Wechselkurse und die Stabilität des Euro, beschwichtigen aber hinsichtlich der Transfers. So gerät am Ende eine vernünftige Idee in höchste Gefahr, weil selbst ihre Anhänger die fundamentale Logik des von ihnen gepriesenen Systems dem Volk und den Politikern nicht erklärt haben.«

Das Versagen der herrschenden Volkswirtschaftslehre zeigt sich nirgendwo besser als am Beispiel des Euro. Die Europäische Währungsunion (EWU) hat am 1. Januar 2009 erst ihren zehnten Geburtstag gefeiert, und schon stellt sich die Frage, wie viele runde Geburtstage dieser Vereinigung noch beschert sein werden. In einer dramatischen Rettungsaktion musste Anfang Mai 2010 die Währungsgemeinschaft stabilisiert werden, doch an den Finanzmärkten brodelt es trotz des Krisenpakets und des unkonventionellen Eingreifens der Zentralbank weiter. Nach Griechenland sind andere Länder in den Fokus der »Märkte« geraten. Die Zinssätze, die von Mitgliedsstaaten wie Spanien und Griechenland auf ihre Staatsschulden bezahlt werden müssen, liegen immer noch weit über den deutschen.

Offensichtlich ist die EWU in einer veritablen Krise, die nicht mit kurzfristigen Hilfspaketen bereinigt werden kann. Wer versuchen will zu verstehen, was so fundamental schiefgelaufen ist, muss aber etwas weiter ausholen, weil man – was den meisten Politikern und auch Notenbankern fehlt – sich ganz grundlegend darüber im Klaren sein muss, wozu man eine Währungsunion braucht, bevor man sich der Frage zuwendet, wie man sie retten kann.

Was hatte man sich also von der Gründung der EWU versprochen? Manche sahen durch den Wegfall der verschiedenen europäischen Währungen Erleichterungen im Reiseverkehr und vereinfachte Vergleichbarkeit von Güterpreisen als wichtigen Vorteil für die Verbraucher an. Andere argumentierten aus Unternehmersicht, dass eine einheitliche Währung den innereuropäischen Handel fördere, was mit mehr Wettbewerb, dadurch erhöhter Effizienz auf den Gütermärkten und einer entsprechenden Angleichung der Preise einhergehen werde. Viele Volkswirte glaubten, dass die Vereinfachung des Kapitalverkehrs einen verstärkten Wettbewerb um Kapital und, daraus folgend, eine höhere Verfügbarkeit von Kapital in den ärmeren Regionen auslösen werde. Denn – so die neoklassisch inspirierte Sicht dieser Ökonomen – dort bestünden wegen des niedrigeren Ausgangsniveaus beim Kapitalstock überdurchschnittliche Renditeaussichten für Sachinvestitionen. Diese Idee war eng mit der Vorstellung verknüpft, durch die Währungsunion ein höheres Wachstum innerhalb Europas erreichen zu können.

Die von vielen Bürgern erhoffte und von den meisten Fachleuten und Politikern verbreitete Erwartung Nummer eins aber war, dass die einheitliche Geldpolitik zu hoher Geldwertstabilität in allen teilnehmenden Ländern führen werde. Dafür hatten die Väter der EWU zum einen das Ziel einer niedrigen Inflationsrate im Regelwerk der Europäischen Zentralbank (EZB) als absolut vorrangige

Aufgabe der Geldpolitik verankert und zum anderen einer der vermeintlichen Quellen von Inflation, der öffentlichen Verschuldung, durch den Vertrag von Maastricht mit dem 3-Prozent-Limit für laufende Staatshaushaltsdefizite und der 60-Prozent-Grenze für den öffentlichen Schuldenberg eine starke Bremse auferlegt.

Nur wenige Experten beschäftigten sich mit der Frage, warum man das Europäische Währungssystem (EWS), das vor der EWU bestand und innerhalb dessen nach jahrelangen Anpassungsbemühungen seit den 1990er Jahren relativ stabile Währungsverhältnisse zwischen den großen europäischen Staaten mit der D-Mark als Ankerwährung herrschten, gegen eine Währungsunion eintauschen sollte. Was war der zentrale Unterschied? Da sich die meisten europäischen Staaten seit den 1980er Jahren mit zunehmendem Erfolg bemühten, ihre Inflationsraten den niedrigen deutschen Werten anzunähern und so ihre Währungen gegenüber der deutschen stabil zu halten, konnten die oben genannten Argumente einer Vertiefung der Handelsbeziehungen und einer besseren Kapitalversorgung ärmerer Regionen durch den Wegfall von Wechselkursschwankungen nicht viel Bedeutung für sich beanspruchen. Auch die Vorteile für die Verbraucher gaben bei näherer Betrachtung nicht viel her: Welcher Verbraucher ist im Computerzeitalter nicht in der Lage, Preise unterschiedlicher Währungen schnell zu vergleichen?

Auch dem Argument einer Preisangleichung auf den Gütermärkten innerhalb der Mitgliedsstaaten konnte eine sachliche Analyse nicht viel Gewicht beimessen: Für die Preisangleichung war und ist der Grad des Wettbewerbs entscheidend. Soweit er nicht durch Wechselkursschwankungen beeinträchtigt wird, spielt es für den Wettbewerbsdruck auf die am internationalen Handel beteiligten Unternehmen keine Rolle, ob noch ein währungsbedingter Umrechnungsfaktor auf die Preise der von ihnen angebotenen Güter draufgerechnet werden muss oder nicht. Da aber die Wechselkursschwankungen innerhalb des EWS erfolgreich gebändigt worden waren, konnte hier logischerweise kein größeres Wettbewerbspotenzial mit zusätzlichen Wachstumchancen realisiert werden.

Und was war von der Erwartung zu halten, dass eine gemeinsame Geldpolitik Preisstabilität oder sogar mehr Preisstabilität für alle Mitgliedsstaaten mit sich bringen würde, als es zuvor innerhalb des EWS der Fall war? Das monetaristische Weltbild der Wirtschaftsexperten, die die Blaupausen für die EWU entworfen hatten, wiegte diese Fachleute in der Gewissheit, dass letzten Endes die institutionelle Absicherung eines von der EZB maßgeschneiderten Geldmantels für die Union dafür sorgen werde, dass sich die gewünschte Preisstabilität überall quasi von allein einstellen werde. Denn der Quelle von Inflation, dem öffentlichen und privaten Über-die-Verhältnisse-Leben, also mehr-nachzufragen als zu produzieren oder überteuert anzubieten, glaubte man mit dem Vertrag von Maastricht und dem Wettbewerbsdruck einen bedeutenden Riegel vorgeschoben zu haben.

Diese letzte Vorstellung ist allerdings ein grandioser Irrtum. Die entscheidende Frage, wie man in einem Wirtschaftsraum Preisstabilität bzw. eine Zielinflationsrate von zwei Prozent erreicht, hängt nicht davon ab, ob für das ganze Gebiet bei einheitlicher Währung die gleiche strenge Geldpolitik betrieben wird (der EWU-Fall) oder bei unterschiedlichen Währungen nur für ein Teilgebiet, an dem sich die restlichen Gebiete geldpolitisch orientieren, um ihre Wechselkurse stabil zu halten (der EWS-Fall). Vielmehr ist entscheidend, wie der Mechanismus in einer Marktwirtschaft funktioniert, über den sich eine mehr oder weniger konstant niedrige Inflationsrate ohne permanenten restriktiven Druck von Seiten der Geldpolitik realisieren lässt.

Dieser Mechanismus läuft immer über die Lohnstückkosten: Das Verhältnis der Nominallöhne zur Produktivität ist die Größe, die vornehmlich darüber bestimmt, wie sich die Güterpreise bei funktionierendem Wettbewerb entwickeln. Wachsen die Nominallöhne im Durchschnitt einer Volkswirtschaft mit der Rate der durchschnittlichen Produktivitätssteigerung plus der Zielinflationsrate der Zentralbank, dann steigt das Preisniveau – abgesehen von Abweichungen bei Importpreisschocks – bei hohem Wettbewerbsgrad an den Gütermärkten um ebendiese Zielinflationsrate. Dieser Zusammenhang wird empirisch seit Jahrzehnten eindrücklich bestätigt. Mit einem wie auch immer gearteten »Geldmantel« hat das – anders als monetaristisch argumentierende Ökonomen glauben – nichts zu tun.

Die Geldpolitik nimmt nur indirekt Einfluss auf die Preisentwicklung, indem sie durch die Zinspolitik die Investitionstätigkeit stimuliert oder bremst und so die Auslastung und das Wachstum des Kapitalstocks mitbestimmt. Auslastung und Umfang des Kapitalstocks sind aber die zentralen Faktoren, von denen die Produktivitätsentwicklung abhängt. Begeht die Lohnpolitik den Fehler, mehr (weniger) als das durchschnittliche Produktivitätswachstum plus die Zielinflationsrate zu vereinbaren, bremst (stimuliert) die Geldpolitik durch Zinssteigerungen (Zinssenkungen) die Nachfrage. Dann können die Unternehmen im Inflationsfall die lohnbedingten Preissteigerungen am Markt nicht durchsetzen und fahren insgesamt ihre Investitionstätigkeit, die Beschäftigung und die Produktion zurück. Im Deflationsfall versucht man, die Unternehmen durch expansive Geldpolitik dazu anzuregen, die Preise nicht unter das Inflationsziel zu senken, wie es von der Kostenentwicklung her angelegt ist.

Was bedeutet der Preismechanismus via Lohnstückkosten einerseits für die Geldwertstabilität und andererseits für das Funktionieren einer Währungsunion? Die Geldwertstabilität kann bei insgesamt inflationärer Lohnpolitik in einer Währungsunion genau wie bei nationaler Geldpolitik nur um den Preis verringerten Wachstums durchgesetzt werden. Ist die Lohnpolitik jedoch nur in einzelnen Mitgliedsländern inflationär, kann die Geldpolitik ihre Zielinflationsrate dennoch im Durchschnitt aller Unionsländer erreichen, wenn andere Mitgliedsstaaten von der Zielrate deflationär nach unten abweichen. Genau das war in den letzten zehn Jahren in der EWU der Fall: Die deutsche Preisentwicklung blieb weit hinter der der übrigen Europartnerländer zurück. Die logische Folge dieser Inflationsdifferenzen zwischen den Mitgliedsstaaten ist, dass sich wegen der auseinander laufenden Angebotspreise der Unternehmen die Marktanteile im internationalen Handel laufend zugunsten der stabileren Länder, hier also vor allem Deutschlands, verschieben. Dieser Prozess kann zwar durch ein Einschwenken aller Unionsmitglieder auf die genannte Lohnregel verlangsamt, aber niemals umgekehrt werden. Für ein Zurückgewinnen von Marktanteilen durch die zuvor instabileren Länder wäre ein entgegengesetztes Auseinanderlaufen der nationalen Inflationsraten notwendig, bis sich die Marktanteile wieder dem Ausgangswert angenähert haben.

Wohlgemerkt, das Zurückerobern von Marktanteilen durch die Defizitländer ist unumgänglich, da zwar Unternehmen pleite gehen können, nicht aber ganze Gesellschaften. Können Staaten die Herausforderungen nicht mehr bewerkstelligen, wandert die Bevölkerung ab oder hängt am Transfertropf der im Wettbewerb überlegenen Regionen. In dieser Gefahr steht die EWU. Das können auch solche Experten, die allein dem Wettbewerbsdruck statt einer koordinierten Lohnpolitik als Inflationszügler und gerechtem Verteiler des Geldmantels vertrauen, nicht leugnen, haben wir doch mit der deutsch-deutschen Währungsunion genau dieses Desaster erlebt. Der einzige Unterschied zur EWU war, dass sich der Verlust an Wettbewerbsfähigkeit nicht über zehn Jahre erstreckte, sondern durch die Währungsumstellung und den folgenden raschen Lohnangleichungsprozess Ostdeutschlands an Westdeutschland viel schneller ereignete.

Hätte man den Teilnehmern der EWU 1999 gesagt, dass es die zentrale Voraussetzung für die Lebensfähigkeit jeder Währungsunion ist, dass sich jedes Mitgliedsland um die Einhaltung der Lohnregel bemüht, hätte man sich die übrigen Maastricht-Kriterien sparen und die fatalen Handelsungleichgewichte vermeiden können, vor denen die EWU heute steht. Stattdessen hätte man eine Art Belohnungssystem einführen sollen für die Länder, die ihre Lohnpolitik wie etwa Frankreich so steuern, dass sie das Inflationsziel der Zentralbank von zwei Prozent dauernd erfüllen. Solche Länder hätten von einem Fonds profitieren sollen, in den diejenigen Länder hätten einzahlen müssen, die das Inflationsziel *unter*schreiten. Denn diese unter ihren Verhältnissen lebenden

Länder wie Deutschland verschaffen sich auf Kosten der anderen Währungspartner Marktvorteile, anstatt selbst ein angemessenes Binnenwachstum durch eine produktivitätsorientierte Lohnpolitik zu generieren. Die das Inflationsziel überschreitenden Staaten sind durch den Marktanteilsverlust geschädigt genug und bedürften daher keiner zusätzlichen »Strafe«.

Der tiefere wirtschaftspolitische Sinn einer Währungsunion liegt einzig und allein darin, dass sie Wechselkurse endgültig stabilisiert und in ihr eine Geldpolitik betrieben werden kann und muss, die sich nicht allein an den nationalen Belangen des inflationsstabilsten Landes orientiert, sondern an der wirtschaftlichen Situation aller Teilnehmerstaaten. Dadurch können die Zinsbedingungen für einen wesentlich größeren Kreis von Sachinvestoren konjunkturgerecht gestaltet werden. Nur in diesem größeren geldpolitischen Wirkungsgrad liegen die höheren Wachstumschancen, die einem größeren Währungsraum gegenüber einem kleineren beschieden sind. Das setzt allerdings voraus, dass die Geldpolitik diesen Spielraum auch systematisch nutzt und nicht – wie geschehen – auf der Grundlage eines neoklassisch-monetaristischen Weltbildes die konjunkturellen Zusammenhänge von vornherein als irrelevant betrachtet. Wer das tut, verspielt die zentrale Chance einer Währungsunion von vorneherein.

Die heute entstandenen Zinsdifferenzen löschen genau diesen Vorteil aus. Folglich muss man die fundamentale Fehlentwicklung, die dem zugrunde liegt, beseitigen. Das ist das außenwirtschaftliche Ungleichgewicht und nicht, wie in Deutschland behauptet, das Ungleichgewicht in den öffentlichen Haushalten. Das außenwirtschaftliche Ungleichgewicht lässt sich nur bereinigen über die Korrektur der lohnpolitischen Fehlentwicklungen. In Deutschland müssen die Lohnstückkosten über viele Jahre stärker steigen als in den anderen Ländern und auch, als das dem gemeinsamen Inflationsziel entspricht.

Im Verhältnis von Deutschland zu Frankreich lässt sich das ganz einfach bebildern. Lag in beiden Ländern im Jahre 1999 die Wertschöpfung pro Stunde mit 33 Euro etwa gleichauf und änderte sich das Verhältnis auch nicht sehr in den nächsten zehn Jahren, stiegen die Löhne in Frankreich von 18,5 Euro auf 27 Euro. Frankreich überholte damit Deutschland, wo der Lohn pro Stunde 1999 bei 20 Euro gelegen hatte und seitdem nur wenig stieg. Diese Verschlechterung der Lohnstückkosten (also der Relation von Produktivität zu Lohn) über die Zeit ist es, die den europäischen Währungsraum zerstören wird, wenn nichts geschieht.

Erfolgt die notwendige Korrektur nicht bald durch eine gemeinsame Kraftanstrengung der EWU-Mitglieder zur Koordinierung der nationalen Lohnpolitiken, ist ein Auseinanderbrechen der Union nicht zu vermeiden. Dann muss die neue deutsche Währung stark aufgewertet werden, um den Ausgleich der Wettbewerbsfähigkeit zwischen den Volkswirtschaften zu ermöglichen. Dass ein solches Auseinanderfallen mit gewaltigen politischen und wirtschaftlichen Verwerfungen einherginge, muss man allerdings nicht betonen.

Die Logik der Märkte und das Primat der Politik

Die Eurokrise zeigt, wie hilflos die Politik immer noch an die überlegene Weisheit der Märkte glaubt. Argumentiert wird nämlich überwiegend mit dem Vertrauen der Akteure an den Finanzmärkten. Erhielten die Südeuropäer keine Unterstützung der Währungspartner, würde das Misstrauen der »Märkte« unter Umständen so groß, dass diese Länder sich trotz hoher Zinsen nicht mehr refinanzieren könnten und aus dem Währungsverbund ausscheiden müssten. Die Rückkehr zu einer eigenen, gegenüber dem Euro stark abgewerteten Währung wäre dann wohl die zwingende Folge. Das Land würde seine auf Euro lautenden Altschulden nicht mehr vertragsgemäß bedienen, also einen echten staatlichen Konkurs erleben.

Die Frage allerdings, wieso im Jahr drei nach Beginn der schweren weltweiten Finanzkrise genau die Akteure, die diese Krise durch ihre eklatanten Fehleinschätzungen auslösten – Finanzspekulanten, Banken, Ratingagenturen –, als Sachverständige infragen der Kreditwürdigkeit ganzer Länder ernst genommen werden, wird nicht gestellt. Noch immer glauben die europäischen Politiker offenbar fest an die Urteilskraft dieser Akteure, da sie die durch Spekulationsgeschäfte und Ratingeinstufungen getriebenen Zinsdifferenzen und CDS Spreads (den Risikoaufschlägen in Versicherungsgeschäften gegen sovereign default) zwischen den EWU-Ländern als Maßstab für die Bonität einzelner Staaten heranziehen. Wer aber auf dieser Grundlage prozyklische Zwangsmaßnahmen verordnet, anstatt den Spekulanten, die diesen »Maßstab« konstruieren, das Handwerk zu legen, hat nichts verstanden oder will nichts verstehen.

Da der entscheidende Geburtsfehler des Euro die fast ausschließliche Konzentration auf die Staatsschulden war, muss man hier ansetzen. Dass von Anfang an dem Problem der Staatsschulden wesentlich mehr Aufmerksamkeit gewidmet wurde als dem weit wichtigeren Problem der Zahlungsbilanz und der Ungleichgewichte in der internationalen Wettbewerbsfähigkeit, lag sicher an den bekannten Vorurteilen der Masse der Politiker und ihrer Berater.

Die Argumente auf Basis der Staatsverschuldung stehen allerdings auf schwachen Füßen. Vergleicht man die Staatsschuldenstände der südeuropäischen Länder mit denen Japans oder der USA, sind die Zinsdifferenzen auf Staatsanleihen innerhalb der EWU geradezu grotesk: Während der japanische Staat bei seinen Bürgern mit fast dem Doppelten der jährlichen Wirtschaftskraft des ganzen Landes verschuldet ist (2009: 190 Prozent des Bruttoinlandsprodukts), musste er Mitte des Jahres 2010 an den Finanzmärkten weniger als ein Prozent Zinsen für seine zehnjährigen Staatsanleihen zahlen.[5] Zum Vergleich: Deutschland mit einer Schuldenstandsquote von 73 Prozent des Bruttoinlandsprodukts bezahlte Anfang des Jahres 3,3 Prozent Zinsen für zehnjährige Staatsanleihen. Der amerikanische Staat schuldet seinen Bürgern immerhin 83 Prozent des Bruttoinlandsprodukts, die Zinsen auf die entsprechenden amerikanischen Wertpapiere lagen bei 3,7 Prozent.

Wie sieht es in Südeuropa aus? Hier variierte der Schuldenstand 2009 zwischen 114 Prozent (Italien), 112 Prozent (Griechenland), 77 Prozent (Portugal) und 54 Prozent (Spanien). Die langfristigen Zinsen lagen vor der großen Krise zwischen vier Prozent (Spanien) und sechs Prozent (Griechenland). Mit anderen Worten, der im Vergleich zu Japan nur ungefähr ein Viertel mal so stark verschuldete spanische Staat zahlt den dreifachen Zinssatz. Griechenland, das nicht einmal doppelt so hoch verschuldet ist wie Deutschland, musste mit 276 Basispunkten im Vergleich zu Deutschland fast den doppelten Zinssatz für seine Staatsschulden aufbringen. Das noch stärker verschuldete Italien hingegen hatte nur 82 Basispunkte über dem deutschen Zinssatz zu schultern. Das lässt nur den Schluss zu, dass selbst im Urteil der »Märkte« öffentlicher Schuldenstand und Zinsdifferenzen viel weniger miteinander zu tun haben, als allgemein unterstellt.

Nun wird darauf hingewiesen, dass nicht allein die Höhe der öffentlichen Verschuldung eines Staates, sondern ihre Entwicklung, d. h. die Zu- oder Abnahme des Staatsdefizits, Einfluss darauf haben kann, wie an den Finanzmärkten die Bonität eines Landes eingeschätzt wird. Und tatsächlich, Griechenlands Staatsdefizit hat sich nominal gegenüber 2007 von 12 Milliarden Euro auf 34 Milliarden Euro fast verdreifacht, das der vier südeuropäischen Staaten (Griechenland, Spanien, Portugal und Italien) zusammen genommen ist im gleichen Zeitraum um mehr als das Zehnfache angeschwollen. Doch mit diesem Problem stehen die Südeuropäer keineswegs allein da: Deutschland hat sein Defizit 2009 gegenüber 2007 verfünfzehnfacht und liegt damit weit über der durchschnittlichen Defizitentwicklung im Euroraum.

Dem liegt allerdings, wie die deutsche Regierung nicht müde wird zu betonen, kein fahrlässiges Ausgabeverhalten zugrunde, sondern es beruht auf den zur Rettung systemrelevanter Banken und zur Finanzierung von Konjunkturpaketen aufgewendeten Mitteln sowie dem rezessionsbedingten Wegbrechen der Steuern und dem gleichfalls rezessionsbedingten Ansteigen der Ausgaben für Sozialleistungen. Die gleichen Argumente lassen sich jedoch auch für die südeuropäischen Staatshaushalte vorbringen. Zudem können diese Länder für den Zeitraum von 1999 bis 2007 auf Erfolge bei den Konsolidierungsbemühungen ihrer Staatshaushalte verweisen – der Verschuldungsgrad ging für die genannten vier Länder um 16 Prozentpunkte auf 77 Prozent des Bruttoinlandsprodukts zurück, während im gleichen Zeitraum Deutschlands Verschuldungsgrad um vier Prozentpunkte auf 65 Prozent zunahm. Wie man es auch dreht und wendet, aus dem Verhältnis von öffentlicher Schuldenstandsquote, Defizitentwicklung und Zinsdifferenz am Kapitalmarkt lassen sich keine sinnvollen Erkenntnisse für die Stabilitätsprobleme innerhalb der EWU gewinnen, und daher kann man daraus auch keine zweckmäßige Anleitung für ihre Lösung entwickeln.

Im Gegenteil, das nun von der Mehrheit der Eurozone angeordnete Sparen des griechischen Fiskus wird nicht, wie erhofft, zu einem ausgeglicheneren Staatshaushalt führen. Vielmehr werden die massiven Sparanstrengungen genau wie in Irland oder dem Baltikum die Rezession verschärfen und dadurch die öffentlichen Kassen weiter leeren, so dass der angebliche Grund für das Misstrauen der Finanzmärkte auf diesem Wege keineswegs beseitigt wird. Warum sollte im Norden Europas antizyklische Finanzpolitik die richtige Methode zur Überwindung der Rezession sein, im Süden aber prozyklische? Schlimmer noch, die wahre Ursache für die Probleme Griechenlands und der anderen südeuropäischen Länder wird durch eine fiskalpolitische Zementierung der Rezession ebenfalls nicht angegangen.

Das externe Ungleichgewicht ist der Schlüssel

Offensichtlich hat in Berlin mehr als zehn Jahre nach der Asienkrise immer noch niemand wahrgenommen, dass »Währung«, ob in Europa oder international, etwas mit Ausgleich zu tun hat. Währung und Wechselkursänderungen der Währungen braucht man, um einen Ausgleich zu schaffen zwischen Ländern mit hoher Inflation oder stärker steigenden Löhnen (in Relation zur nationalen Produktivität). Griechenland und ganz Südeuropa brauchen einen Ausgleich, weil sie zu Recht das deutsche Lohndumping der vergangenen zehn Jahre nicht mitgemacht haben. Diesen Ausgleich muss man auf mittlere Frist hinbekommen, sonst ist der Euro nicht zu halten, ganz gleich wie lange und wie hart man den Südeuropäern die Daumenschrauben anlegt. Wenn bei diesem Ausgleich nicht ganz Europa in Deflation versinken soll, muss er so gestaltet werden, dass nicht in Südeuropa die Löhne absolut sinken, sondern dass sie im Norden, das bedeutet vor allem in Deutschland, kräftig steigen müssen.

Das ist die Aufgabe, die von der Währungsunion erwartet wird, nichts anderes. Da das nicht schnell zu bewerkstelligen ist, muss man zwischenzeitlich den in Bedrängnis geratenen Ländern helfen. Das ist unter großen Schmerzen geschehen, und es ist gut, dass man nicht noch diejenigen, die den ganzen Schlamassel angerichtet haben, den Hedgefonds, Investmentbankern und Ratingagenturen das Feld und hohe Krisengewinne überlassen hat.

Da die deutsche Politik sich aber mit Unterstützung der Zentralbanken und der Presse (eine der wenigen konsistenten und rühmlichen Ausnahmen in der Einheitspresselandschaft ist Robert von Heusinger in der *Frankfurter Rundschau*, siehe zum Beispiel seinen Beitrag vom 27. April 2010) beharrlich weigert, über das eigentliche Problem der Handelsungleichgewichte zu reden, waren auch ihre Vorschläge, über Regeln für eine Insolvenz von Staaten zu reden, einen Europäischen Währungsfonds einzuführen oder die drängenden Fragen im Kreise von 27 EU-Ländern statt von 16 EWU-Ländern zu diskutieren, leicht zu durchschauende Ablenkungsmanöver. Europa braucht weder eine neue Institution noch eine Diskussion über Insolvenz oder gar eine Diskussion über Ausgleich außerhalb der Währungsunion. Die EWU braucht eine koordinierte Lohnpolitik.

Auf die einzig schlüssige und empirisch gut belegbare Erklärung für die Probleme der Eurozone stößt man auch, wenn man sich vor Augen führt, wovon Kreditwürdigkeit im Kern abhängt. Kreditwürdig ist, wer glaubhaft machen kann, dass er den ihm gewährten Kredit termingerecht verzinst und zurückzahlt. Gläubiger glauben einem Schuldner, wenn nach ihrer Einschätzung gute Aussichten bestehen, dass der Schuldner am Markt in Zukunft erfolgreich sein wird, also Einkommen erzielt, aus dem er den Kredit bedienen kann. Das gilt für eine einzelne Person genauso wie für ganze Unternehmen. Die Erwartungen über die zukünftige Gewinnentwicklung orientieren sich im Wesentlichen an der Wettbewerbsfähigkeit einer Firma, die sich in aktuellen und erwarteten Gewinnen sowie in aktuellen Marktanteilen und in deren Entwicklung niederschlägt.

Ganz anders ist die Bonität des Fiskus abzuschätzen. Gibt die öffentliche Hand mehr Geld aus, als sie durch Steuern und Abgaben von den Bürgern einnimmt, ist das wie bei einem sich zu Investitionszwecken verschuldenden Unternehmen völlig unproblematisch, sofern die getätigten Staatsausgaben die zukünftigen Einnahmemöglichkeiten des Fiskus stärken. Stellt der Staat etwa vermehrt öffentliche Güter bereit, die das Wachstum des privaten Sektors fördern, finanzieren sich die öffentlichen Ausgaben auf Dauer durch steigende Steuereinnahmen, ohne dass die relative Belastung der Bürger durch die öffentliche Hand zunimmt, sprich: die Steuer- und Abgaben*sätze* steigen müssten.

Anders verhält es sich zwar, wenn die Staatsausgaben auf Pump keine Aussicht auf Refinanzierung durch einen stimulierten privaten Sektor haben. Dann muss die Belastung der Bürger durch den Fiskus auf Dauer zunehmen, um den Schuldendienst zu gewährleisten. Doch selbst dann hilft die Parallele zur Unternehmenssicht nicht weiter. Denn ein Unternehmen muss sich auf Dauer am Markt bewähren, um Gewinne zu erzielen und kreditwürdig zu bleiben. Der Fiskus tritt gegenüber den Bürgern seines Hoheitsgebiets hoheitlich auf, das heißt, er fordert von ihnen die Steuern und Abgaben per Gesetz und Finanzverwaltung ein, die er unter anderem für die Bedienung seiner Kredite benötigt. Die Tatsache, dass ein Staat nicht pleite gehen kann, solange er arbeitende Bürger hat, sorgt für seine vorteilhafte Stellung an den Finanzmärkten im Vergleich zu privatwirtschaftlichen Schuldnern. Deswegen liegen die Zinsen für öffentliche Anleihen regelmäßig und zu Recht unter den Zinssätzen für die Privatwirtschaft.

Vollkommen anders ist die Kreditwürdigkeit zu beurteilen,

wenn man Privatwirtschaft und Fiskus zusammen betrachtet, also die gesamte Volkswirtschaft, und zwar in ihrem Außenverhältnis zum Rest der Welt. Wenn eine Volkswirtschaft in der Summe von Privatsektor und öffentlichem Sektor mehr ausgibt, als sie einnimmt, also »über ihre Verhältnisse lebt«, weil sie mehr verbraucht als produziert, verschuldet sie sich im Ausland. Gegenüber dem Ausland besteht aber keine permanente Refinanzierungsmöglichkeit, weder für die Bürger und Unternehmen noch für die öffentliche Hand dieser Volkswirtschaft. Denn das Ausland ist – anders als die Bürger des verschuldeten Landes – nicht dem staatlichen Zugriff dieses Landes auf seine Einkommen unterstellt. Das bedeutet, dass eine Volkswirtschaft gegenüber dem Ausland sehr wohl an Bonität einbüßen und letzten Endes sogar Konkurs gehen kann. Und weil das grundsätzlich möglich ist, ist eine Volkswirtschaft – anders als der Fiskus im Binnenverhältnis zu seinen Bürgern – ähnlichen Kreditwürdigkeitsgesichtspunkten unterworfen wie ein einzelnes Unternehmen: Das Land kann seinen Kreditverpflichtungen auf Dauer nur nachkommen, wenn seine Produkte im Ausland Absatz finden. Es geht um Wettbewerbsfähigkeit, aber nicht um die auf einem einzelnen Markt wie bei einzelnen Unternehmen, sondern um die internationale Wettbewerbsfähigkeit eines ganzen Landes.

Hier kommt allerdings wieder ein entscheidender Unterschied zwischen Unternehmen und Volkswirtschaft zum Tragen: Bei einem Unternehmen ist für die zukünftige Wettbewerbsfähigkeit vor allem seine Arbeitsproduktivität entscheidend. Da für das einzelne Unternehmen die Löhne eine gegebene Größe sind, die es bei einem funktionierenden Arbeitsmarkt nicht beeinflussen kann, unterscheidet es sich von seinen Konkurrenten durch seine Fähigkeit, schneller Verfahrensinnovationen umzusetzen oder neue Produkte auf den Markt zu bringen. Bei der gesamten Volkswirtschaft stimmt das nicht mehr.

In der gesamten Volkswirtschaft steigen nämlich die Löhne in der Regel, wenn die Produktivität steigt, oder die Währung wertet auf, wenn die Nominallöhne nicht in dem Tempo steigen wie im

Ausland (in Relation zur Produktivität). Folglich führt in einer Volkswirtschaft die relative Verbesserung in Sachen Produktivität nicht automatisch zu einer Verbesserung der Wettbewerbsfähigkeit. Anders gewendet: Während das einzelne Unternehmen am Arbeitsmarkt Preisnehmer ist, also den Marktpreis zu akzeptieren hat, setzt das Land als Ganzes den Preis, mit dem es auf den internationalen Märkten auftritt.

Die Volkswirtschaft braucht deswegen zur Vermeidung eines außenwirtschaftlich getriebenen Konkurses einen funktionierenden Ausgleichsmechanismus. Das kann das Ventil anpassungsfähiger Wechselkurse sein, wenn gewährleistet ist, dass die Wechselkurse in der Tat der relativen Position der Lohnstückkosten folgen. Das ist in der Regel nicht der Fall, wenn sie am Markt bestimmt werden, weswegen ein neues internationales Währungssystem unabdingbar ist (siehe dazu UNCTAD 2009).

Innerhalb einer Zone absolut fester Wechselkurse oder in einem einheitlichen Währungsraum wie der EWU muss von Anfang an dafür Sorge getragen werden, dass es nicht zu dauerhaften Divergenzen in der Wettbewerbsfähigkeit kommt. Dafür sind eine Angleichung der Nominallöhne an die nationale Produktivität und das gemeinschaftlich festgelegte Inflationsziel absolut unumgänglich (siehe Flassbeck/Spiecker 2005). Verstoßen ein oder mehrere Länder gegen diese Regel, die im Grunde nichts anderes bedeutet als die Übereinkunft, dass keiner über oder unter seinen eigenen Verhältnissen lebt, entsteht eine fast unlösbare Situation. Gibt es erst einmal eine erhebliche Wettbewerbsfähigkeitslücke, muss diese über einen langwierigen, von den Staaten genau kontrollierten Anpassungsprozess wieder geschlossen werden, der zudem unter der Restriktion steht, dass Deflation für die Union insgesamt und für jedes einzelne Mitglied vermieden werden muss. Dieser Anpassungsprozess ist aber unumgänglich, weil kein Land der Welt auf Dauer seine Kreditwürdigkeit aufrechterhalten kann, wenn es permanent absolute Nachteile gegenüber seinen wichtigsten Mitkonkurrenten hat und Marktanteile verliert.

Das ist unzweifelhaft die Situation in der Europäischen Währungsunion heute. Das Beispiel Frankreich zeigt das Dilemma in seinem ganzen Ausmaß. Frankreich war insgesamt innerhalb der EWU wirtschaftlich sehr erfolgreich. Es hat in den letzten zehn Jahren eine höhere Wachstumsrate als Deutschland, seine Investitionen sind stärker gestiegen, und seine Beschäftigungslage hat sich stärker verbessert. Das Land ist relativ mäßig öffentlich verschuldet (2009 Schuldenstandsquote 76 Prozent). Seine seit zehn Jahren mit ungefähr zwei Prozent stabile Inflations- und Lohnstückkostenrate entspricht exakt den Zielvorstellungen der Europäischen Zentralbank. Aber seit 2004 hat Frankreich 225 Milliarden Euro mehr im Ausland ausgegeben als eingenommen – deutlich mehr, als es in den zehn Jahren davor an Überschüssen im Ausland erzielte.

Obwohl das durchschnittliche Pro-Kopf-Einkommen Frankreichs inzwischen über dem deutschen liegt und es die Finanz- und Wirtschaftskrise weit besser überstanden hat als sein großer, exportabhängiger Nachbar (2009 sank das Bruttoinlandsprodukt »nur« um etwa zwei Prozent, in Deutschland hingegen um fünf Prozent), muss es dennoch einen höheren Zinssatz für seine zehnjährigen Staatsanleihen bezahlen als der deutsche Fiskus. Das kann nur damit erklärt werden, dass auch Frankreich eine massive Wettbewerbslücke gegenüber Deutschland aufweist.

Deutschland war seit Beginn der EWU bis 2006 Träger der roten Laterne in Sachen Wirtschaftswachstum innerhalb der EU, was zur wachsenden öffentlichen Verschuldung beitrug, baute aber ab 2002 enorme Leistungsbilanzüberschüsse auf, die 2007 mit 192 Mrd. Euro oder fast acht Prozent des BIP einen vorläufigen Höhepunkt erreichten. Grund für die binnenwirtschaftliche Schwäche und die außenwirtschaftlichen Erfolge war eindeutig die durch Lohndumping erzielte permanente Steigerung der Wettbewerbsfähigkeit der deutschen Wirtschaft, die sich in einem weit unterdurchschnittlichen gesamtwirtschaftlichen Lohnstückkostenwachstum der deutschen Volkswirtschaft im Vergleich zu allen anderen EWU-Ländern niederschlug. Die auf diesem Wege erreichte massive Gläubigerposition ließ und lässt Deutschland trotz schwacher Binnenkonjunktur als hoch kreditwürdig an den Finanzmärkten erscheinen: Wer international dauernd Marktanteile gewinnt, kann nicht Konkurs gehen, ob sich sein Staatsdefizit nun verfünfzehnfacht oder nicht.

Umgekehrt ist die Situation in Südeuropa: Die dort getätigten Lohnabschlüsse führten zu einer Lohnstückkosten- und damit Preisentwicklung, die immer ein paar Prozentpunkte über dem Zielwert der EZB lag, wodurch sich die internationale Wettbewerbsfähigkeit dieser Länder laufend verschlechterte. Dies allein hätte schon für auf Dauer sinkende und negative Handelsbilanzsalden in Südeuropa gesorgt. Doch in Verbindung mit dem in umgekehrter Richtung noch viel stärkeren Abweichen der deutschen Volkswirtschaft von der Zielvorgabe der EZB brachen die Marktanteile der Südeuropäer im internationalen Handel dramatisch ein. Seit Beginn der EWU hat sich bis zum Jahr 2009 der durchschnittliche Preisunterschied zwischen Deutschland und den südeuropäischen EWU-Handelspartnern auf insgesamt 25 Prozent aufgeschaukelt.

Das alles wissen in Brüssel und anderswo praktisch alle Verantwortlichen. Jean-Claude Juncker (in der *Süddeutschen Zeitung* vom 13./14. Februar 2010) hat es deutlich gesagt, andere wie die französische Finanzministerin haben ebenso klar darauf hingewiesen. Nur Deutschland weigert sich, offiziell und öffentlich darüber zu reden.

Die Kanzlerin stellte sogar im Bundestag fest, es sei absurd, so etwas wie deutsche Lohnzurückhaltung hinter den Schwierigkeiten in der Eurozone zu vermuten. Dumm nur, dass in Brüssel auch mindestens ein deutscher Minister der Erklärung der Eurogruppe vom 15. März 2010 zugestimmt hat, wonach »die Minister sich verpflichten, den Tatbestand der Unterschiede in der Wettbewerbsfähigkeit und der makroökonomischen Ungleichgewichte anzugehen und eine ambitiöse und umfassende Antwort zu finden, die auch die Bereiche der Lohnpolitik und des Arbeitsmarktes mit einschließt«.

Eine Studie der EU-Kommission kommt zu einem Ergebnis, das kein vernünftiger Mensch, der nicht einseitige Interessen verfolgt, bestreiten kann, dass nämlich auch die Überschussländer etwas tun müssen in Sachen Anregung der Binnennachfrage (EU-Kommission, 2010). Dass man in Brüssel nicht so weit geht, das einzig wirksame Mittel dazu ganz offen zu benennen, nämlich stärkere deutsche Lohnsteigerungen, ist damit zu erklären, dass in der Kommission und in der EZB viele Mehrheitsmeinungsökonomen sitzen, denen das gegen den Strich geht, weil sie über viele Jahre dogmatisch genau das Gegenteil vertreten haben.

Das Prinzip: Handel ist Geben und Nehmen

Die Eurolanddebatte hat die für den internationalen Handel entscheidende Frage hochgespült: Kann auch dasjenige Land, das tugendhaft war und gespart hat, Schuld tragen an der Krise der weniger tugendhaften Länder? Die Antwort ist: ja. Wenn in Deutschland auch in den nächsten Jahren die Löhne nicht steigen und seine Wettbewerbsfähigkeit sich weiter verbessert, ist die EWU zum Scheitern verurteilt. Deutschland wird dann nicht noch mehr exportieren und noch weniger importieren, sondern der freie Handel wird geopfert werden.

Länder können sich einmal irren und Schuldner werden, ohne zu erkennen, in welche Falle sie geraten. Länder, die in dieser Falle waren, werden nicht so schnell noch einmal hineingeraten. Zurückzahlen können sie ihre Schulden nur, sagt uns die Logik, wenn sie weniger ausgeben, als sie einnehmen. Im Verhältnis zu Deutschland bedeutet das logischerweise, dass sie selbst mehr dorthin exportieren müssen, als sie von dort importieren. Gibt ihnen Deutschland keine Chance, ihre Schulden zurückzuzahlen, weil es seine Überschüsse erfolgreich verteidigt, werden sie ihre Schulden nicht zurückzahlen können, und das Handelssystem ist in Gefahr zu kollabieren.

Das Prinzip ist leicht zu verstehen: Handel ist keine Einbahnstraße. Wer immerzu gewinnt, wird am Ende verlieren. Leben und leben lassen sind angesagt im Verhältnis von Nationen. In der globalisierten Wirtschaft wie im richtigen Leben muss, wer auf Dauer stark sein will, dem Schwachen eine reelle Chance geben.

Klimakrise

Dieses Buch handelt von Wachstum. Das erschreckt viele Menschen von vornherein, weil Wachstum in den Augen großer Teile der Bevölkerung inzwischen einen sehr negativen Beigeschmack bekommen hat. Ich verstehe Wachstum aber ganz anders. Wachstum soll in erster Linie heißen Wachstum von Ideen, also Wachstum von Vernunft, also Wachstum der Möglichkeiten, die sich die Menschen selbst schaffen, um Herausforderungen zu begegnen, die aus ihrem täglichen Miteinander entstehen und aus der Tatsache, dass sie auf einer Erde mit begrenzten Ressourcen leben.

Wachstum steht auch ganz oben auf der politischen Agenda. Kein Politiker, kein Präsident, der nicht Wachstum zum obersten wirtschaftspolitischen Ziel erklären würde. Aber was meinen die Politiker mit Wachstum? Meinen Sie einfach Weiterentwicklung dessen, was wir schon haben, oder meinen Sie etwas Neues, etwas, das es bisher noch nicht gegeben hat? Was brauchen die Menschen, um sich weiterzuentwickeln, ihre bisherigen Präferenzen zu überdenken und neuen Herausforderungen gegenüber offen zu sein?

Die herrschende ökonomische Lehre gibt darauf keine Antwort. Sie hat in ihrem Dogmenkanon ganz fest die Vorstellung eingebaut, dass die Präferenzen der Menschen quasi naturgegeben sind. Das wiederum unterstellt, dass sowohl die Unternehmer wie der Staat eine passive Rolle spielen bei der Befriedigung der gegebenen Präferenzen. Auf diese Art und Weise hat man die eigentlichen Akteure des Wirtschaftslebens, die Unternehmen und den Staat, zu schlichten Befehlsempfängern der Verbraucher gemacht. Das hatte fatale Auswirkungen auf die Entwicklung der Ökonomik und der Wirtschaftspolitik. Man hat mit dieser Vorstellung, die unter dem Begriff Konsumentensouveränität gefeiert wurde, eine jederzeit machtfreie Wirtschaft unterstellt.

Wirtschaft ist aber nicht machtfrei. Und der entscheidende Nexus, an dem man aufzeigen kann, dass sie nicht machtfrei ist und niemals sein kann, ist in der Tat die Konsumentensouveränität. Der souveräne Konsument, das klingt wie »der Souverän«. Das vermittelt von vornherein den Eindruck, dass der Bürger, dass jede Familie darüber entscheidet, was in der Wirtschaft passiert. Wären wir in einer Wirtschaft aufgewachsen, in der alle Beteiligten von vornerein unterstellt hätten, es gebe nur Unternehmenssouveränität, aber keine Konsumentensouveränität, dann hätten wir von vornherein viel mehr Zweifel, ob dieses System, das wir Marktwirtschaft nennen, den Menschen wirklich dient. Durch den Terminus »Konsumentensouveränität« sind wir aber von Kindesbeinen an auf die Fährte gesetzt worden, dass die Unternehmen den Menschen dienen und nicht umgekehrt.

Auf dieser Basis, auf der Basis der Konsumentensouveränität, wird uns Tag für Tag in den Medien eingetrichtert, dass wir, wenn wir nur wollten, die Welt verändern könnten. Das aber ist fundamental falsch. Die Konsumenten, selbst wenn sie zu einem erheblichen Teil von bestimmten Zielen überzeugt wären oder werden könnten, sind nicht in der Lage, die Welt zu ändern. Denn sie sind Teil eines Systems, das gar nicht in erster Linie dafür gemacht ist, ihre Wünsche zu erfüllen. Richtiger gesagt, das System muss erst so gestaltet werden, dass es die Wünsche der Menschen erfüllt; die Marktwirtschaft als solche tut das nicht.

Wir sind als Konsumenten keineswegs souverän, weil uns die meisten der Wünsche, die wir scheinbar haben, von den Unternehmen anerzogen werden. Niemand ist mit einer Präferenz für Computer oder Handys auf die Welt gekommen. Außer den unmittelbar der Lebenserhaltung dienenden Präferenzen wie Essen und Trinken gibt es wenig, was wir »souverän« nachfragen würden. Auch die allgemein anerkannten öffentlichen Güter wie Bildung oder innere Sicherheit sind Ergebnis von Erziehung, die uns eingetrichtert hat, dass wir so und nicht anders leben sollen. Würde der Staat uns jetzt anerziehen, dass wir im Einklang mit der natürlichen Welt zu leben haben, wirft das keineswegs die bisherige, scheinbar freiheitliche Lebensweise über Bord, sondern ändert nur die Richtung dieser Lebensweise, so wie das ohnehin zehntausend Mal jeden Tag infolge von Manipulation durch Unternehmen oder den Staat geschieht.

Neben der Fiktion der Konsumentensouveränität ist es die Fiktion, dass die gesamte Wirtschaft so funktioniert wie ein einzelner Haushalt, die uns glauben macht, wir steuerten die Wirtschaft. Aber auch diese zweite Hypothese ist falsch. Die gesamte Wirtschaft funktioniert völlig anders als ein einzelner Haushalt, und deswegen, auch deswegen, kann der einzelne Haushalt, kann der Konsument nicht die Richtung bestimmen, die die Wirtschaft nimmt.

Ein vollständiges Weltbild ergibt sich erst, wenn man die Fiktion der Konsumentensouveränität fallen lässt. Nur wenn man konsequent eine Wirtschaft analysiert, in der es weder Konsumentensouveränität gibt noch die Übereinstimmung von einzelwirtschaftlichen und gesamtwirtschaftlichen Zielen und Ergebnissen, kann man ein realistisches Bild von Wirtschaft entwerfen. Nur auf dieser Basis kann die Wirtschaftspolitik gezielt und zielgenau eingreifen, um das System den wohlverstandenen Wünschen der Menschen und den von der Natur gesetzten Grenzen anzupassen. Nur so wird die Marktwirtschaft zu einen System, das den Menschen dient und das es ihnen erlaubt, neuen Herausforderungen zu begegnen, wie wir sie durch die Endlichkeit der Erde vor uns sehen.

Das ist die Herausforderung zu Beginn des 21. Jahrhunderts. Nicht mehr und nicht weniger. Wenn wir nicht bald beginnen, uns Gedanken um die realistischen Verhältnisse in einem System zu machen, das durch das Wechselspiel von Staat und Markt, durch das Verhältnis von Bürger und Unternehmer, durch wirtschaftliche und staatliche Macht gekennzeichnet ist, dann werden wir im 21. Jahrhundert noch weniger als im vergangenen Jahrhundert erreichen, dass die Menschheit in Harmonie mit der Natur ihre Lebensbedingungen verbessern kann und auch die Ärmsten dieser Welt die Chance haben, ein Leben in Würde zu führen.

Der Konflikt, der keiner ist

Ökonomie und Ökologie verbindet eine lange und unfruchtbare Feindschaft. Anfang der 1970er Jahre entbrannte zum ersten Mal eine heftige Diskussion über den Konflikt zwischen Ökonomie und Ökologie im Gefolge einer Studie des Club of Rome, die behauptete, die Menschheit könne nicht so weitermachen wie bisher, weil die Rohstoffe auszugehen drohten und die Umweltverschmutzung unerträglich werde.

Schon Anfang der 1980er Jahre hatte es die breite Mehrheit der Ökonomen in Deutschland und anderswo geschafft, dieses relativ einfache Problem in einen generellen gesamtwirtschaftlichen Konflikt zwischen Ökonomie und Ökologie hochzustilisieren mit der Folge, dass alle Politiker schon damals fest davon überzeugt waren, dass sie wählen müssten zwischen mehr Umweltschutz und mehr Arbeitsplätzen bzw. mehr Wachstum.

Das ist falsch. Schon Anfang der 1970er Jahre war abzusehen, dass die Menschen und die Politik genau dann mehr für die Natur tun würden, wenn die Versorgung mit herkömmlichen Konsumgütern so weit gedeckt ist, dass gesunde Umwelt zu einem begehrenswerten Gut wird. Die Politik hätte diesen Prozess jederzeit beschleunigen können, wenn sie aus tieferer Einsicht in die natürlichen Zusammenhänge der Meinung gewesen wäre, dass ihre Bürger mehr Umweltschutz nachfragen sollten – genauso wie sie ihnen vorschreibt, mehr Bildung zu konsumieren, als es diese sonst vielleicht tun würden.

Sieht man die Dinge so, erkennt man sofort, dass der große Konflikt eine Scheinkontroverse ist, weil selbstverständlich auch der Schutz der natürlichen Umwelt Arbeitsplätze schafft und es ja keine feststehende Definition der Güter gibt, deren Produktion wir zum Wachstum zählen müssten oder nicht. Wachstum ist das, was die Gesellschaft wünscht. Wünscht sie mehr Umweltschutz, führte auch das ohne Zweifel zu Wachstum und schafft Arbeitsplätze.

Gleichwohl ist der Scheinkonflikt für die meisten Menschen und auch Politiker einsichtig, weil sie nur in einzelwirtschaftlichen Kategorien denken und die gesamtwirtschaftlichen Rückwirkungen nicht sehen und nicht verstehen. Ob irgendwo ein Naturschutzgebiet erhalten oder eine Straße gebaut werden soll, immer kommt das Argument mit den Arbeitsplätzen, dem die Verteidiger der Natur – also eines übergeordneten Wertes, dessen Nutzen nicht direkt messbar ist – nichts Konkretes entgegenzusetzen haben. Das heißt nicht, dass es gar keinen Konflikt gibt zwischen den Wünschen der Menschen und denen der »Natur«. Die Straße durch das Naturschutzgebiet ist ein solcher Konflikt, der kleine Konflikt sozusagen. Entscheidend ist aber die Einsicht, dass das nichts mit Arbeitsplätzen zu tun hat. Den behaupteten generellen, großen Konflikt zwischen Wirtschaft und Natur, in dem es um Arbeitsplätze und Wohlstand im Allgemeinen geht, den gibt es nicht – so lange jedenfalls nicht, wie die Menschen und die sie Regierenden souverän genug sind zu entscheiden, was sie in einer gemischten Wirtschaft von Markt und Staat nachfragen wollen.

Der Kampf gegen den Klimawandel und die Umweltverschmutzung im Allgemeinen beginnt also – wie alles – im Kopf. Der kleine Konflikt ist der erste Test. Wenn die Menschen sich nicht abgewöhnen, auch die kleinsten Annehmlichkeiten ihres Lebens als das Wichtigste überhaupt anzusehen, wird es schwer, Lösungen zu finden. Doch hier kann man mit steigendem Wohlstand auf Einsicht hoffen. Niemandem schadet es, im Winter sich auch zu Hause etwas wärmer anzuziehen. Niemand erleidet einen dauerhaften Glücksverlust, wenn er nicht mit einem Unmengen an Sprit verschlingenden Monsterauto durch die Gegend fährt. Und kein Land vernichtet seine Automobilindustrie, wenn es strengere Emissionsregeln oder ein Tempolimit auf Autobahnen durchsetzt. Praktisch immer gibt es Alternativen zu dem, was wir gerade tun, die uns genauso glücklich machen, aber dem Globus, wenn wir ihn denn erhalten wollen, eine Chance geben.

Die Fiktion des großen Konflikts ist viel schwerer zu überwinden als der kleine Konflikt, weil sie scheinbar bestätigt wird durch den kleinen Konflikt, durch die alltägliche Erfahrung jedes Einzelnen also. Der Bau einer Straße schafft ganz konkret Arbeitsplätze, Löhne und Gewinne, während der Erhalt der Natur nur den Status quo und damit aus Sicht der Betroffenen den Mangel an Arbeitsplätzen zementiert. In einer gesamtwirtschaftlichen Perspektive ist das allerdings ganz anders. Gibt der Staat das Geld, das er bei der Straße gespart hat, für Bildung und Wissenschaft aus, mag der positive Effekt auf Arbeitsplätze und Einkommen am Ende viel größer sein als beim Bau einer Straße. Auch die Investoren suchen ihre Chancen da, wo es sie in dem Rahmen, den die Gesellschaft setzt, konkret gibt, und nicht da, wo es sie auch geben könnte.

Eine offene, marktwirtschaftlich organisierte Gesellschaft kennt nicht nur einen Weg in die Zukunft. Sie kennt nahezu beliebig viele. Es ist ja gerade der entscheidende Vorteil der Marktwirtschaft im Gegensatz zur Planwirtschaft, dass sie die Phantasie und das Wissen vieler Menschen nutzt, um – durch Versuch und Irrtum – immer neue Wege zu entdecken, wie die Lebensumstände verbessert werden können. Erweist sich ein Weg als Sackgasse, weil der Markt anders reagiert, als der Investor erwartet hatte, oder weil die Gesellschaft seinem Projekt einen Riegel vorschiebt, werden – von ihm oder von anderen – neue Wege gesucht und auch gefunden, um Gewinn zu erzielen. Das bedeutet natürlich auch, dass jeder arbeitsfähige und arbeitswillige Mensch jederzeit einen Arbeitsplatz haben sollte, dass aber nicht jeder beanspruchen kann, jederzeit seinen Arbeitsplatz zu behalten, ohne dass das gesamte System fundamental infrage gestellt wird.

Eine Wirtschaftspolitik, die sich an dem Konflikt zwischen Arbeitsplätzen und Umwelt orientiert, hat nicht verstanden, was ihre Aufgabe ist. Den einen Arbeitsplatz zu retten und den anderen zu fördern, mag medienwirksam sein. Wer dabei aber den Blick für das Ganze verliert, schadet den Arbeitsplätzen mehr, als er ihnen nutzt.

Die Aufgabe einer Politik für Arbeitsplätze muss gesamtwirtschaftlich ausgerichtet sein. Weil sie den einzelnen Arbeitsplatz ebenso wenig wie eine Schlüsseltechnologie oder eine »falsche« Umwelttechnologie kennen kann, muss sie sich darauf konzentrieren, einen gesamtwirtschaftlichen Rahmen für Investoren zu schaffen, der auch dann zu genügend Arbeitsplätzen im Ganzen führt, wenn die Gesellschaft entscheidet, bestimmte Wege von Forschung und Technik oder bestimmte Wege der Produktion aus ethischen oder aus Umweltgründen zu untersagen.

Was also ist Wachstum? Noch einmal, Wachstum ist, was von den Wünschen der Menschen realisierbar ist. Wachstum kann sich durchaus aus »mehr sauberer Luft« oder »mehr sauberem Wasser« oder »weniger Chemie in den Lebensmitteln« ergeben. Wie man das effektiv erreicht, ist ein anderes, aber unter ökonomischen Aspekten prinzipiell lösbares Thema. Wie man solche Lösungen in einer Lobbydemokratie mit Zeithorizonten von kaum vier Jahren bewerkstelligen will, ist eine schwierigere Frage. Der Staat muss ja in der Tat als Pionierunternehmer für das Produkt Umweltschutz auftreten und unter Umständen andere privat hergestellte Produkte verdrängen. Das fordert immer sehr viel mehr Widerstand heraus, als wenn eine private Firma eine andere verdrängt. Niemand spricht darüber, wie viele Arbeitsplätze in anderen Sektoren die Umstellung der Wirtschaft auf Informationstechnologie gekostet hat, und niemand versucht auch nur, diese Kosten zu errechnen. Wenn es allerdings der Staat ist, der den Strukturwandel vorantreibt, schreien alle negativ Betroffenen Zeter und Mordio: Das Totschlagargument ist regelmäßig der Verlust von soundsoviel Arbeitsplätzen.

Darüber hinaus steht einem Mehr an Umweltschutz aber auch unser Unvermögen, allgemeine wirtschaftliche Probleme zu lösen, jeden Tag im Wege. Solange wir aber das ökonomische System insgesamt nicht verstehen und daher auch nicht zurück in vernünftige Bahnen lenken können, brauchen wir uns eigentlich der Frage von mehr Umweltschutz gar nicht erst zuzuwenden. Dann sind wir nämlich so sehr mit der Bewältigung der Folgen von immer neuen Schocks beschäftigt, dass für anderes weder Zeit noch Geld noch politische Energie übrig bleibt. Das ist dann genauso wie in vielen Entwicklungsländern, die sich auch keine nachhaltige Wirtschaftsweise leisten können, weil ihnen täglich das Wasser bis zum Halse steht und sie ohne Rücksicht auf die zukünftigen Folgen ihres gegenwärtigen Handelns erst ihre gegenwärtigen Probleme lösen müssen.

Beschäftigung und Strukturwandel

Strukturwandel und Beschäftigung sind ein Thema, das die Menschen ganz ungeheuer bewegt. Was tue ich, wenn meine Qualifikation nicht mehr zählt, weil meine Beschäftigung nicht mehr fortzuführen ist? Diese Frage ist, wie oben schon einmal erwähnt, eine der zentralen, die sich in einem Menschenleben stellt. Wenn durch ein von mir nicht zu verantwortendes Ereignis mein Arbeitsplatz gefährdet ist und schließlich wegfällt, wird, ganz gleich wo ich gearbeitet habe, ein Stück meiner Identität zerstört. Es ist nun mal so, dass sich sehr viele Menschen, auch wenn sie einfachen Tätigkeiten nachgehen, mit ihrer Arbeit identifizieren, ja ihre Arbeit »lieben«.

Ohne dass ich im Einzelnen versuchen wollte, dieses Phänomen hier zu erklären, ist es doch sehr offensichtlich, dass die berufliche Anerkennung für Menschen, die ja immer in einem sozialen Umfeld leben, von ungeheurer Bedeutung ist. Berufliche Anerkennung ist ein entscheidender Teil der Anerkennung, die der Mensch in seinem Leben sucht. Diese berufliche Anerkennung, das ist nun mal eine Tatsache, ändert sich aber sehr stark, wenn der Arbeitsplatz verloren geht, auch ohne dass der Einzelne sich irgendetwas hat zuschulden kommen lassen. Noch dramatischer ist es natürlich, wenn der Arbeitsplatzverlust zugleich existenzbedrohend ist, was generell für Geringverdiener gilt.

Selbst Menschen, die in ihrem Leben nie für eine politische Sache auf die Straße gehen würden, bringt man von einer Stunde auf die andere genau dazu, wenn es um ihren Arbeitsplatz geht. Deswegen ist es nicht die von vielen an die Wand gemalte Technikfeindlichkeit oder die mangelnde Mobilitätsneigung, die eine defensive Haltung zum Strukturwandel erklärt, sondern es ist die Angst davor, dass eine ganze Lebensplanung zerstört wird, die den Menschen in die Defensive treibt. Das muss man unglaublich ernst nehmen. Wer das nicht ernst nimmt, wird am Ende scheitern mit seinem Versuch, einen großen Strukturwandel, wie den hin zu einer nicht-fossilen Energiewirtschaft, auf den Weg zu bringen.

Um den in manchen Fällen unumgänglichen Strukturwandel möglichst reibungslos über die Bühne zu bringen, ist ein festes soziales Netz unabdingbar. Nichts aber ist wichtiger als eine Politik, die dafür sorgt, dass sich die Wirtschaft nahe der Vollbeschäftigung bewegt. Denn nur Vollbeschäftigung, das heißt ein konjunkturell leergefegter Arbeitsmarkt, schafft die Voraussetzung dafür, dass Menschen, die ihren Arbeitsplatz zum Beispiel verlieren, sehr schnell wieder einen neuen Arbeitsplatz finden. Nicht nur irgendeinen Arbeitsplatz, sondern möglichst einen, der ihren beruflichen Qualifikationen entspricht und der nicht allzu weit weg von ihrem Wohnort ist. Deswegen ist das, was ich hier über Strukturwandel und Beschäftigung sage, immer an die Voraussetzung geknüpft, dass eine Wirtschaftspolitik betrieben wird, bei der man den Strukturwandel durch ein soziales Netz einerseits, aber vor allem durch eine konsequente Vollbeschäftigungspolitik andererseits unterstützt – ein Punkt übrigens, den, soweit ich sehe, keine einzige grüne Partei in Europa begriffen hat.

Bei Vollbeschäftigungspolitik ist der Strukturwandel beschäftigungsneutral. Es gibt keinen Strukturwandel, der systematisch in die Arbeitslosigkeit führt, aber auch keinen, der systematisch aus der Arbeitslosigkeit herausführt. Es herrscht in dieser Frage eine ganz unglaublich große Konfusion bei Ökonomen und bei Nichtökonomen. Besonders beliebt ist die Überlegung, dass es arbeitsintensive und weniger arbeitsintensive Tätigkeiten gibt und dass arbeitsintensive Tätigkeiten solche sind, mit denen man Arbeitslosigkeit eher beseitigen kann als mit kapitalintensiven Tätigkeiten. Das ist die einzelwirtschaftliche Sicht – die uns auch hier erneut in die Irre führt.

Wenn zwei Arbeitskräfte, die bisher in einem relativ arbeitsintensiven Betrieb gearbeitet haben, entlassen werden, lassen sich die Folgen leicht überschauen. Bieten sich im Strukturwandel neue Arbeitsplätze an, die wesentlich kapitalintensiver sind, kann das bedeuten, dass von den zwei Entlassenen nur noch einer einen Arbeitsplatz findet. Die hohe Kapitalintensität des neuen Arbeitsplatzes bedeutet aber, dass der eine Arbeiter eine wesentlich höhere Wertschöpfung erbringt als vorher. Was geschieht mit dieser Wertschöpfung? Bietet das Unternehmen seine Produkte zu einem wesentlich geringeren Preis an, als es sonst möglich wäre, und bleibt der Nominallohn des Arbeiters, der von dem arbeitsintensiven in den kapitalintensiven Betrieb gewechselt ist, unverändert (was eine vernünftige Annahme ist, weil sich die potenziell steigende Arbeitslosigkeit nicht so schnell auf die Löhne auswirkt), entstehen wegen des geringeren Preises des neuen Produktes irgendwo in der Volkswirtschaft höhere Realeinkommen, und mit diesen höheren Realeinkommen wird in der Regel mehr nachgefragt. Um irgendwo mehr zu erzeugen, muss aber in der Wirtschaft zusätzliche Arbeitskraft nachgefragt werden. Die könnte dann unserem entlassenen Arbeiter, den wir natürlich nicht vergessen haben, zugute kommen.

Nun mag man einwenden, dass dieses Beispiel nicht sehr realistisch ist. Das ist richtig. Die Elastizität von Betrieben hinsichtlich des Produktionsumfanges ist auch mit unveränderter Arbeiterschaft viel größer als hier unterstellt. Es gibt eben niemals Vollbeschäftigung aller Faktoren. Auch muss man dem entlassenen Arbeiter vorübergehend von Seiten des Staates oder von Seiten einer Arbeitslosenversicherung eine Absicherung geben, die nahe an seinem ursprünglichen Gehalt liegt, damit nicht durch seinen eigenen Nachfragerückgang die Möglichkeit, zu einem neuen Arbeitsplatz zu kommen, verbaut wird. Dennoch, dieses Beispiel zeigt das Prinzip, auf das man bauen kann, wenn große Bewegungen im Strukturwandel erfolgen.

Das Prinzip ist, dass man dafür sorgt, dass sich die Einkommenssituation der vom Strukturwandel Betroffenen auch kurzfristig so wenig wie möglich ändert. Das ist, wie man leicht feststellen kann, genau das Gegenteil dessen, was in den vergangenen zehn Jahren unter dem Motto des »Förderns und Forderns« von einer rot-grünen Regierung in die Welt gesetzt worden ist. Man ging damals von der These aus, dass zur Überwindung der Arbeitslosigkeit nicht die Situation der Nachfrageseite der Volkswirtschaft entscheidend sei, sondern die der Angebotsseite. Die allem zugrunde liegende Hypothese war, dass die Arbeiter gar nicht arbeiten wollen. Weil sie aber nicht arbeiten wollen, muss man von ihnen fordern, Arbeit zu suchen. Wie macht man das? Nun, indem man dafür sorgt, dass die Arbeitslosigkeit eine Zeit der Härte ist und nicht eine Zeit des Ausruhens in der bequemen sozialen Hängematte.

Wer das Hauptrisiko, dass sich Arbeitslosigkeit verfestigt, dagegen auf der Nachfrageseite, in den Gütermärkten sieht, denkt ganz anders. Er versucht, dafür zu sorgen, dass durch Umstellung der Produktion bedingte temporäre Arbeitslosigkeit nicht zu einer dauernden Verschlechterung der Nachfrage- und Gewinnsituation der Unternehmen führt. Wer fördert und fordert, nimmt das hin, weil er fest daran glaubt, dass es nicht mangelnde Nachfrage und mangelnde Kapazitätsauslastung der Unternehmen ist, die zu Arbeitslosigkeit führt oder Arbeitslosigkeit verhärtet, sondern das individuelle Fehlverhalten der Arbeitslosen. Insofern war der vielfach gegen die rot-grüne Regierung verwendete Slogan, nicht die Arbeitslosen, sondern die Arbeitslosigkeit sollt ihr bekämpfen, vollkommen richtig.

Ein durch soziale Absicherung und durch Vollbeschäftigungspolitik abgefederter Strukturwandel muss den Beschäftigten zugemutet werden. Wenn sich die Gesellschaft zum Beispiel entschließt, ihre Energiewirtschaft konsequent weg von fossilen Energieträgern und hin zu erneuerbaren Energieträgern umzubauen, dann geht an solchem vom Staat verursachten Strukturwandel kein Weg vorbei. Dann muss der Staat aber dafür sorgen, dass dieser Wandel schnell und möglichst reibungslos verläuft. Das geht nur unter den oben genannten Voraussetzungen, aber nicht dann, wenn man das Entstehen von temporärer Arbeitslosigkeit als den Versuch deutet, das soziale Netz auszunutzen. Insofern ist es paradox: Die Modernisierer in der rot-grünen Regierung, die neben der Flexibilisierung des Arbeitsmarktes nichts anderes im Sinn hatten, als die Wirtschaft zu erneuern und den Strukturwandel zu beschleunigen, haben sich mit ihrer Sozialpolitik in den eigenen Fuß geschossen.

Das gilt übrigens auch für den anderen Aspekt der Flexibilisierung der Arbeitsmärkte, nämlich die Frage, für wie wichtig man den Flächentarifvertrag hält. Ich will darauf an dieser Stelle nicht im Einzelnen eingehen. Ich habe das zusammen mit Friederike Spiecker in unserem Buch über »Massenarbeitslosigkeit« in aller Ausführlichkeit getan. Nur soviel dazu: Die von den Modernisierern angestrebte Arbeitsmarktflexibilität schädigt unmittelbar die Innovationskraft der Volkswirtschaft. Die Unternehmen müssen einen Wettbewerbslohn bezahlen, der nicht von den Bedingungen im Betrieb, sondern von den Bedingungen in der Gesamtwirtschaft abhängig ist.

Hier kann man sehr schön erkennen, wie unterschiedliche theoretische Ansätze in der Ökonomik durchwirken bis ins letzte Detail der Sozialpolitik und Umweltpolitik. Was man in den vergangenen zehn Jahren getan hat, natürlich beeinflusst von den Einflüsterungen der Unternehmen, war nicht nur für die Menschen schlecht, es war auch für die Unternehmer am Ende schädlich. Der gefährliche, volkswirtschaftlich falsche Slogan »Sozial ist, was Arbeit schafft« hat dieser unsinnigen Politik Vorschub geleistet. Sie hat Deutschland zurückgeworfen auf ein äußerst primitives Modell des Standortwettbewerbs der Nationen. Statt dafür zu sorgen, dass die Bedingungen gut sind, bei denen innovative Unternehmen den Strukturwandel selbst vorantreiben und vom Staat induzierten Strukturwandel umsetzen, haben wir nichts anderes im Sinn gehabt, als uns mit extrem defensiver Politik, nämlich mit Lohnsenkung, um die alten Märkte zu schlagen, anstatt die neuen Märkte zu schaffen.

Das Prinzip: Strukturwandel und Investitionen Hand in Hand

Um in Sachen Umwelt- und Klimaschutz erfolgreich zu sein, muss man Strukturwandel erlauben und fördern. Aber der Struktur-

wandel muss durch eine offensive makroökonomische Politik er-
leichtert werden. Es geht nicht ohne eine hohe Dynamik der Investitionen insgesamt und die volle Beteiligung der Menschen an
den wirtschaftlichen Chancen, die durch die Dynamik der Investitionen und den Strukturwandel entstehen.

Schuldenkrise

Sparen ist immer gut, Schulden sind immer böse. Das ist das
zentrale einzelwirtschaftliche Vorurteil. Damit könnte man leben. Aber im Zuge der konservativ-liberalen Revolution, die in
Deutschland mit Helmut Kohl begann, in den USA mit Ronald
Reagan und in Großbritannien mit Margaret Thatcher verbunden ist, sind das souveräne Umgehen mit diesem Vorurteil und
das Verständnis für komplexe wirtschaftliche Zusammenhänge
verloren gegangen. Die fundamentale gesamtwirtschaftliche Logik sagt uns nämlich, dass immer dann, wenn ein einzelner mehr
ausgibt, als er einnimmt, also sich verschuldet, ein anderer genau das Gegenteil tun muss, damit der Erste über seine Verhältnisse leben kann.

Wenn einer also Schulden macht, muss ein anderer sparen. Es
gilt auch umgekehrt: Wenn einer oder eine Gruppe systematisch
spart, geht es nicht, ohne dass ein anderer verschuldet ist. Wenn
wir diesen einfachen Zusammenhang begriffen, könnte man sich
die Masse der wirtschaftspolitischen Diskussionen über Staatsverschuldung und deren Gefahren schlicht sparen.

Wir können auf dieser Erde immer nur verbrauchen, was wir
haben. Wer mehr verbrauchen will, als er hat, muss einen anderen
finden, der weniger verbraucht, als er hat. Das versteht jeder sofort. Das Umgekehrte ist schon schwerer zu verstehen, es ist aber
genauso zwingend: Ich kann nicht sparen – und auch noch hoffen,
dass meine Ersparnisse Zinsen abwerfen –, wenn nicht jemand bereit ist, das Geld, das ich zur Bank trage, aufzunehmen, als Schulden natürlich, um mit diesen Schulden Ausgaben zu tätigen, am

besten zu investieren. Geschieht das nicht, werde ich am Ende feststellen, dass ich gar nicht gespart habe.

Wenn meine Ersparnis nur dazu führt, dass bei irgendeinem Unternehmen dieser Welt weniger Nachfrage ankommt, dann wird dieses Unternehmen weniger investieren. Dann wird auch wiederum irgendwo auf der Welt ein Arbeiter seinen Arbeitsplatz verlieren, wird noch weniger konsumieren, und ein anderes Unternehmen wird Verluste machen. Auf diese Weise kommt früher oder später meine Sparentscheidung wieder zu mir zurück, in der Form nämlich, dass die Erwartungen bezüglich meines Einkommens, die meiner Sparentscheidung zugrunde lagen, falsch waren. Meine Sparentscheidung basierte nämlich auf der Hoffnung, dass sie selbst, die Sparentscheidung also, die Welt nur im positiven Sinne ändern könnte, niemals aber im negativen Sinne. Das ist fundamental falsch.

Doch beginnen wir die jüngste Geschichte noch einmal von vorne. Warum gibt es jetzt eine »Schuldenkrise« der Staaten, wie das gerne von den Ideologen des Marktes genannt wird? Offenbar, weil der Staat von Privaten die schlechtesten aller Schulden übernommen hat: Wettschulden. Weil der Staat glaubte, für die Zocker an den Finanzmärkten einstehen zu müssen, und er die Konjunktur stützte, die ebenfalls wegen der Verluste der Zocker einbrach, sind weltweit die Staatsschulden auf neue Rekorde gestiegen.

Kein Zweifel, es war richtig, dass die Politik weltweit so energisch eingegriffen hat. Doch kaum war es getan, da haben unsere Politiker ihr eigener Mut und ihre plötzliche Weitsicht so nervös gemacht, dass sie sofort – in einer überparteilichen Kommission sogar – zusammenarbeiteten, um ihre Weitsicht wieder zu kassieren. Deswegen hat inmitten der schwersten Wirtschaftskrise der letzten 80 Jahre eine Kommission von CDU und SPD herausgefunden, es sei jetzt an der Zeit, in Deutschland eine Schuldenbremse einzuführen. Von allen Seiten wurde dieser Plan, einen jahrhundertealten Menschheitstraum in die politische Realität umzusetzen, heftig umjubelt. Kaum jemand hat gefragt, ob das denn überhaupt geht, welche Folgen das für die Wirtschaft hat, oder gar, welche Folgen es für die anderen Länder dieser Welt hat, wenn ein Land plötzlich beschließt, zwar keine Schulden mehr zu machen, sich in Sachen Ersparnis aber keinerlei Zwänge aufzuerlegen.

Wie gesagt, das ist umso bemerkenswerter, als sich während der Krise, die von den Häusermärkten in den USA ausging und inzwischen sogar den hintersten Zipfel Bayerns erfasst hat, weltweit eigentlich herumgesprochen hatte, dass am Ende nur der Staat helfen kann. Gerade im angelsächsischen Sprachraum, den wir doch seit Jahrzehnten für seinen festen Glauben an die Selbstheilungskräfte des Marktes und das dauernde Versagen des Staates bewundern, ist im Gefolge der Jahrhundertkrise an den Finanzmärkten ein dramatisches Umdenken im Gang, das auch unserer Wirtschaftspolitik zu denken geben sollte.

Rekapitulieren wir noch einmal: Warum braucht man den Staat als Retter in der Not? Weil überschuldete Individuen, und davon gab es ja eine ganze Menge auf der Welt, nur drei Möglichkeiten haben, sich aus ihrer misslichen Lage zu befreien. Sie können ihre Ausgaben unter ihre Einnahmen senken, sie können versuchen, die letzten Anlagen, die sie haben, an jemand anderes zu verkaufen, oder wenn alles nicht mehr hilft, müssen sie Bankrott anmelden, also ihre Schulden einfach nicht zurückzahlen. Das alles klingt vernünftig, hilft aber in der Gesamtwirtschaft überhaupt nicht.

Die Schulden eines Menschen sind nämlich immer die Vermögen eines anderen, die Ausgaben eines Haushalts sind die Einkommen eines anderen, und der Bankrott eines Schuldners ist der Vermögensverlust eines Gläubigers. Wenn viele zu hoch verschuldet sind und zur gleichen Zeit versuchen, ihre Schulden herunterzubringen, reißen sie das System noch weiter in die Tiefe, und die Anpassungsreaktion derer, die bisher noch gut dastanden, wird die Spirale nach unten weiter verstärken. Nur massive Zinssenkungen durch die Notenbank und höhere Schulden des Staates können eine Volkswirtschaft stabilisieren, die auf diese Weise das Gleichgewicht verliert.

Die Schlussfolgerung aus einer so einfachen Überlegung kann eigentlich nicht bestritten werden: Eine Volkswirtschaft kann man nicht mit guter Kenntnis in Betriebswirtschaftslehre oder guter privater Haushaltsführung steuern, weil sie völlig anderen Gesetzen folgt. Doch genau dieser Satz ist es, der seit Jahrzehnten in Deutschland nicht nur ignoriert, sondern mit allen Mitteln politischer und medialer Kriegsführung aufs heftigste bekämpft wird. Wie sonst könnten wir so fest glauben, dass staatliche Schulden zukünftige Generationen belasten oder dass wir unsere Ersparnisse in die Zukunft transportieren können, um gegen die Folgen der Alterung vorzusorgen?

Landläufig sagt man, das Gute an der Krise sei, dass sie die Lernbereitschaft auch der verbohrtesten Hirne erhöht oder bei vielen doch zumindest eine wachsende Bereitschaft entsteht, die eigenen Vorurteile infrage zu stellen. Die Diskussion über die Schuldenbremse beweist das Gegenteil. Zwar haben die Politiker unter dem Druck der Verhältnisse einsehen müssen, dass sie nicht mit Sparen der Krise begegnen können, aber ihr Vorurteil, dass staatliche Schulden von Übel sind, wurde dadurch nicht angetastet.

Toll im wahrsten Sinne des Wortes ist aber, dass ein Teil der Politiker, die über die Schuldenbremse jubelten, auch sofort wieder allgemeine Steuersenkungen versprachen. Da war klar, was uns erwartet, sobald gespart würde, und das 80-Milliarden-Sparpaket vom Juni 2010 hat das Muster klar gezeigt. Man erklärt das Soziale an der Marktwirtschaft zum entscheidenden Ballast, der den Ballon am Aufsteigen hindert – und wirft es konsequent über Bord. Das heißt, dass man all denjenigen, die von staatlichen Leistungen im weitesten Sinne abhängig sind, die Last der Schuldenbremse aufbürdet, so wie man ihnen schon die Last der Konsolidierung der öffentlichen Haushalte in den letzten Jahren aufgebürdet hat.

Übrigens, es gab schon einmal ein Land, das nach einer schweren Krise nichts anderes im Sinn hatte, als seinen Staatshaushalt schnell wieder auszugleichen. Japan hatte nach dem Platzen seiner Spekulationsblase im Jahre 1991 viele halbherzige Versuche gemacht, die Konjunktur anzuregen, war aber wieder umgeschwenkt auf Sparen, sobald es die ersten Anzeichen einer Besserung gab.

Nach zehn Jahren dieser Art von schuldenfixierter Wirtschaftspolitik hatte Japan, insgesamt gesehen, gerade einmal zehn Prozent Wachstum erzielt, was nach Adam Riese weniger als ein Prozent pro Jahr sind. Keines seiner Probleme war gelöst, und die Deflation war selbst mit Nullzinsen nicht mehr aus dem System zu drücken. Das Irre aber war, dass die Verschuldung des Staates in dieser Zeit von unter 50 Prozent in Relation zum Bruttoinlandsprodukt (1991) zehn Jahre später auf 130 Prozent gestiegen war und bis 2008 weiter auf unglaubliche 190 Prozent hochgeschnellt ist.

So geht das mit dem Schuldenbremsen. Je mehr man bremst, umso mehr Schulden wird man am Ende haben, weil dann weder die privaten Haushalte noch die Unternehmen dem Staat das Schuldenmachen abnehmen. An der alten Weisheit nämlich, dass dort, wo gespart wird, auch Schulden gemacht werden müssen, geht überhaupt kein Weg vorbei.

Dass die Schuldenstory des Staates viel weniger dramatisch zu sehen ist, zeigt sich, wenn man staatliche Schulden und staatliches Vermögen gegenüberstellt. Selbst die Deutsche Bundesbank hat kürzlich darauf hingewiesen (Monatsbericht vom April 2010), dass das Nettovermögen des Staates immer noch nahe null liege. Wenn man vom Anlagevermögen des Staates die Schulden abzieht, gerät man nicht in den negativen Bereich. Dann hat man aber noch immer nicht berücksichtigt, dass der Staat natürlich auf das riesige Reinvermögen der Privaten zugreifen kann.

In der Tat zeigt die Grafik, dass das Reinvermögen der privaten Haushalte mit fast 8000 Milliarden ungeheuer groß ist und die gesamten staatlichen Schulden von über 1000 Milliarden ohne Weiteres abdeckt. Ähnliche Größenordnungen herrschen auch in anderen Ländern vor. Insofern ist das Gerede von staatlicher Pleite ungerechtfertigt und gefährlich. Wer suggeriert, ein solventer Geschäftspartner sei pleite, hat vielleicht anderes im Sinn, als dem Geschäftspartner etwas Gutes zu tun.

Der Staat als Bankrotteur und die Bank als Retter?

Nichts ist in der großen Krise um Griechenland mehr missverstanden worden als die Frage, wann und warum Staaten bankrott gehen. Über Wochen wurde ein unsinniges und unwürdiges Schauspiel darüber vorgeführt, wie wenig von der Politik bis zum Boulevard, aber auch bis in die Wissenschaft hinein von der Frage verstanden wird, wann Staaten bankrott sind.

Die Griechenland-Krise hat sehr klar gezeigt, warum man den Staat (wobei ich immer die Zentralbank mit einschließe) in einem marktwirtschaftlichen System so dringend braucht. Dem Wahn der Märkte droht nämlich alles anheim zu fallen, was nicht niet- und nagelfest ist. Damit die Märkte sich in ihrer Panik nicht selbst und die gesamte Gesellschaft über die Klippe stürzen, braucht man den Staat, für nicht mehr und für nicht weniger.

Zunächst hätte es klar sein sollen, dass Griechenland, auch nachdem die Fehler in der Statistik aufgedeckt waren, keineswegs pleite war. Pleite ist man dann, wenn das Vermögen, das man besitzt, die Schulden nicht mehr deckt. Davon konnte in Griechenland überhaupt nicht die Rede sein. Nicht nur, dass der Staat normalerweise selbst ein erhebliches Vermögen besitzt, das, wie im Falle Deutschlands gezeigt, in der Regel die Schulden abdeckt. Der Staat kann darüber hinaus auch auf das Vermögen und das Einkommen seiner Bürger zurückgreifen und dadurch sozusagen sein eigenes Vermögen erhöhen.

Ein Land, das wie Griechenland eine Verschuldung von etwa 110 Prozent seines laufenden Einkommens aufweist (nichts anderes als das laufende Einkommen ist das Bruttoinlandsprodukt, zu dem wir in der Regel die Staatsschuld in Beziehung setzen), ist nach normalen Maßstäben leicht verschuldet. Jeder, der ein Haus kauft und dabei eine Hypothek aufnimmt, ist weit mehr verschuldet als zu 100 Prozent seines laufenden Einkommens. Der Staat, dem normalerweise große Teile der Infrastruktur gehören, hat einen enormen Spielraum, sich zu verschulden. Klassisch ist der oben erwähnte Fall Japans, das eine gesamte Staatsschuld in

Die deutsche Vermögensbilanz 2007

Verteilung des Sachvermögens [1] auf Sektoren

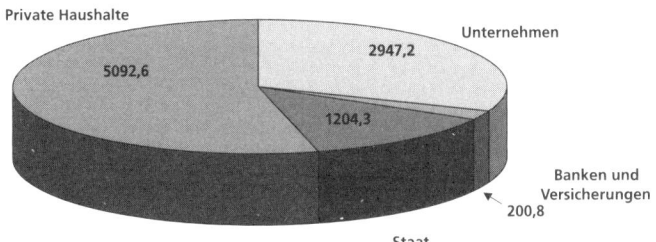

[1] Anlagegüter und Bauland in Mrd. Euro Anfang 2007.
Quelle: Deutsche Bundesbank und Statistisches Bundesamt nach Schmalwasser/Müller »Gesamtwirtschaftliche und sektorale nichtfinanzielle Vermögensbilanzen« in: Wirtschaft und Statistik 2/2009, S.146.

Verteilung des Reinvermögens [1] auf Sektoren

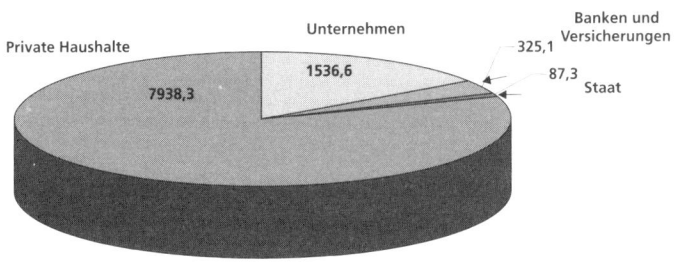

[1] Sach- und Geldvermögen abzüglich Verbindlichkeiten in Mrd. Euro Anfang 2007.
Quelle: Deutsche Bundesbank und Statistisches Bundesamt nach Schmalwasser/Müller »Gesamtwirtschaftliche und sektorale nichtfinanzielle Vermögensbilanzen« in: Wirtschaft und Statistik 2/2009, S.146.

Höhe von mittlerweile knapp 200 Prozent des Bruttoinlandsprodukts aufweist, aber von niemandem für bankrott erklärt wird.

Das Phänomen, das in Griechenland aufgetreten ist, hat nichts mit einem Bankrott zu tun, sondern allein mit der Panikmache von Märkten, die von unwissenden Politikern und schlechten Beratern durch die Medien extrem verstärkt wurde. Dieses Phänomen ist sehr häufig in der Finanzgeschichte aufgetreten, und es hat regelmäßig dazu geführt, dass die Märkte, die Finanzmärkte also, vollkommen falsche Preise produziert haben. Wann immer ein Land in die Schusslinie der Märkte geriet, sei es in Argentinien 2002, sei es Brasilien 1999, sei es Russland 1997, sei es Korea 1997, entstanden falsche Preise, die nur dadurch wieder korrigiert werden konnten, dass die internationale Gemeinschaft mit oder ohne den Internationalen Währungsfonds einschritt.

Das wäre auch vollkommen in Ordnung, würden nicht der Internationale Währungsfonds und nun auch die Europäische Union fest daran glauben, dass man die Märkte, um wieder richtige Preise zu erzielen, davon überzeugen muss, dass das Land, das ins Schussfeld geraten ist, das Vertrauen genau dieser Märkte verdient. In vielen Fällen war es aber so, dass das Land gerade deswegen in eine Krise geraten ist, weil die gleichen Märkte meist nur ein bis zwei Monate vorher zu viel Vertrauen in dieses Land hatten. Nehmen wir Island, ein Land, das von Spekulation wie kein zweites überzogen wurde. Diese Spekulationen, an anderer Stelle in diesem Buch als carry trade beschrieben, waren gerade dadurch gekennzeichnet, dass man quasi ein unendlich großes Vertrauen in das Land hatte. Wie hätte man sonst bei 15 Prozent Zinsen, die Island deswegen anbot, weil es 12 Prozent Inflation hatte, über Jahre damit spekulieren können, dass die isländische Währung sich aufwertet und nicht abwertet?

Das berühmte confidence game, das der Internationale Währungsfonds regelmäßig mit solchen Ländern durchexerziert, ist deswegen so absurd, weil es darum geht, ein Vertrauen wiederzugewinnen, das dadurch verloren wurde, dass das Vertrauen der Märkte vorher so übermäßig war. Daran zeigt sich, dass diese ganze Terminologie und die dahinter stehende Denkweise kompletter Blödsinn sind. Es geht nicht um Vertrauen, nicht darum, die Märkte von irgendetwas zu überzeugen, sondern einfach darum, in einer solchen Situation den Märkten einen so kräftigen Schuss vor den Bug zu geben, dass sie sich nicht mehr aus der Deckung hervortrauen.

Wäre im Falle Griechenlands die europäische Gemeinschaft sehr schnell und sehr energisch auf den Plan getreten und hätte klargemacht, dass nicht damit zu rechnen ist, dass Spekulation gegen ein einzelnes Land auch nur im Ansatz erfolgreich sein kann, weil dann die Gemeinschaft sofort unmissverständlich und hart mit dem Mittel einer Euroanleihe dagegenhalten würde, hätte es das ganze Spektakel vom Frühjahr dieses Jahres nicht gegeben.

Was immer vergessen wird: Die Märkte haben keine Alternative. Es wird oft so getan, wenn Laien oder Mainstreamökonomen über diese Fragen sprechen, als ob die Märkte, wenn sie keine Kredite mehr an Staaten vergeben, diese Kredite woanders unterbringen könnten. Ist die Bonität der Privaten eine echte Alternative, wenn man schon Staaten misstraut? Das ist überhaupt nicht einleuchtend, weil der Staat auf privates Vermögen zurückgreifen kann und es außerhalb dieser Welt noch immer keine Institution, weder privat noch staatlich, gibt, die Kredite nachfragen würde. Wenn also Japan, die USA und Europa hohe Defizite in ihren Staatshaushalten haben, beweist jeder, der von einem Bankrott der Staaten spricht, dass er von Ökonomie keinerlei Ahnung hat. Denn wer sind die Staaten?

Nun, diese Staaten, das sind die Zentralbanken, die auf dieser Welt erst die Liquidität schaffen, mit denen die Märkte herumjonglieren. Zu sagen, die Märkte würden den Staaten keine Liquidität mehr zur Verfügung stellen, ist so, als ob der Wirt eines Gasthauses, der sein Bier von einer einzigen großen Brauerei bezieht, sagt, er würde diesen Bierbrauern kein Bier mehr verkaufen. In Wirklichkeit sind es die Staaten, die Staaten mit ihren Zentralbanken ganz alleine, die dafür sorgen, dass das System einer Papiergeldwirtschaft überhaupt funktionieren kann.

Nehmen wir doch einmal den wunderbaren Fall an, dass sich die Banken und die Hedgefonds weigern würden, Staatspapiere zu kaufen. Nun, dann wäre es das Einfachste von der Welt, darauf zu reagieren, indem die Notenbank aufhört, all diesen Spielern direkt und indirekt Liquidität zur Verfügung zu stellen. Die Notenbank würde stattdessen dem Staat direkt seine Anleihen abkaufen beziehungsweise diese Anleihen in ihr Portfolio nehmen und den Staat dadurch mit Liquidität ausstatten.

Dann wäre der ganze Spuk mit einem Schlag beendet. Man würde dann sehen, dass man das Bankensystem und das ganze obendrauf gebaute Kartenhaus von zum Teil gemeingefährlichen Finanzinstitutionen überhaupt nicht braucht. Man würde sehen, dass die Wirtschaft natürlich mit Liquidität versorgt wird, schließlich könnte die Notenbank auch dazu übergehen, großen und gesunden Firmen Direktkredite zu geben. Auf diese Weise würde die Notenbank den gesamten Service der Kreditvergabe übernehmen. Das, werden viele entrüstet sagen, wäre ja ein verstaatlichtes Bankensystem. Das stimmt ganz genau. Und das wäre in keiner Weise problematisch.

Wir sollten langsam wieder zur Kenntnis nehmen, dass das, was Banken tun, überhaupt nichts Großartiges, nichts Innovatives, überhaupt nichts Besonderes ist. Banken haben eine reine Servicefunktion. Sie sind Kreditvermittler im Auftrag des Staates. Sie haben dafür zu sorgen, dass die von der Zentralbank zur Verfügung gestellte Liquidität für Kredite an wirkliche Investoren weitergegeben wird. Mehr braucht man einfach nicht. Auch die Frage, ob die Einlagen der Bürger bei einer privaten Bank liegen, dort aber vom Staat ohnehin abgesichert werden, wie wir das im Herbst 2008 erlebt haben, oder ob sie direkt Zentralbankguthaben halten, ist nur eine Formalie, inhaltlich läuft es auf das Gleiche hinaus.

Wir sind im Zuge dieser Finanzkrise, die nun auf Staaten übergegriffen hat, an einen Punkt gelangt, wo es notwendig sein wird, diese einfachen Wahrheiten den Banken von Seiten des Staates um die Ohren zu hauen. Damit die »master of the universe« wieder lernen, was ihre Aufgabe ist.

In einer Marktwirtschaft ist der Staat sowieso immer das, was man im Englischen »lender of last resort« nennt, also derjenige, der dafür zu sorgen hat, dass auch dann noch Kredite vergeben werden können, wenn das aus dem normalen Banksystem heraus nicht mehr möglich ist. Wenn also in einer Panikattacke der Märkte die Kreditvergabe durch Banken an andere Akteure nicht mehr funktioniert, kann der Staat über die Zentralbank jederzeit eingreifen und diese Funktion übernehmen. Ja, das nennt man dann »Geld drucken«, aber genau dieses Gelddrucken ist notwendig, um den Absturz des Systems zu vermeiden (Martin Wolf von der *Financial Times* hat darauf hingewiesen, dass es Milton Friedman war, der genau das in einer Krise empfohlen hat. Wolf, 2010).

Der Staat ist aber auch, um es einmal so zu sagen, »borrower of last resort«, er muss nämlich in dem Falle, dass niemand sich mehr verschulden will, dafür sorgen, dass die Ausgaben einer Volkswirtschaft nicht zusammenbrechen. Das ist die keynesianische Funktion des Staates, also die Stabilisierung der Realwirtschaft durch höhere öffentliche Defizite. Diese Funktion ist besonders dann notwendig, wie mein japanischer Kollege Richard Koo (Koo, 2009) sehr schön gezeigt hat, wenn wir es nicht nur mit einer normalen Rezession zu tun haben, sondern mit einer Situation, in der weltweit die meisten der privaten Akteure ihre Bilanzen nur auf dem Wege wieder in Ordnung bringen können, dass sie ihre Ausgaben einschränken und ihre Schulden vermindern.

Genau dieses Szenario ist nach der Finanzkrise eingetreten. Weil die privaten Akteure zu erheblichen Teilen wegen ihrer Wettschulden überschuldet waren, gerieten sie in eine Situation, aus der es ohne den Staat keinerlei Ausweg mehr gab. Weil überschuldete Akteure aus den privaten Sektoren sofort dazu übergehen, ihre Ausgaben einzuschränken, was die Wirtschaft weiter nach unten treibt, oder dazu übergehen, noch vorhandene Aktiva zu verkaufen, was die Preise dieser Aktiva nach unten treibt, oder dazu übergehen müssen, reihenweise den Bankrott zu erklären, was die noch gesunden Gläubiger in Bedrängnis bringt, gibt es in einer solchen Situation keinen anderen Ausweg, als dass ein Akteur, der außerhalb des privaten Geschehens steht und Einsicht in die Zusammenhänge hat, mit genau gegenteiligem Verhalten eingreift. Damit ist die antizyklische Aufgabe des Staates sehr genau beschrieben. Er kann eingreifen, indem er seine Ausgaben erhöht und die Konjunktur stabilisiert, er kann auch eingreifen dadurch, dass er selbst beziehungsweise die Zentralbank Aktien oder Anleihen aufkauft, um deren Preisverfall zu stoppen. Er kann auch dafür sorgen, dass Konkursverfahren verschoben werden, indem er überschuldete Akteure herauskauft.

Alles das hat der Staat in der großen Finanzkrise der Jahre 2008 bis dato getan. Der Aberwitz begann aber, als im Frühjahr 2010 die gleichen Akteure, die mit ihren Wettschulden den Staat in höhere Defizite getrieben hatten, begannen, über den Bankrott von Staaten zu philosophieren. Es ist ein Witz, nein, ein Skandal ohnegleichen, dass sich in Deutschland Bankvolkswirte, also Volkswirte, die von eben den Banken bezahlt werden, die von Staaten gerettet wurden (was die Deutsche Bank einschließt, die vom amerikanischen Staat gerettet wurde), unverfroren hinstellen und darüber schwadronieren, wann denn die Staaten pleite gehen würden.

Dass sich erwachsene Politiker so etwas gefallen lassen und auch noch den Vorstand einer großen deutschen Bank regelmäßig zu Hilfe rufen, wenn Banken den Staat in Bedrängnis bringen, zeigt, wohin wir geraten sind. Vom Staat wird zwar all das verlangt, was man in einer so schlecht funktionierenden Wirtschaft wie der »freien Marktwirtschaft« erwarten kann, man gönnt dem Staat aber weder die Mittel noch die Personen, die solche Aktionen des Staates auch wirklich umsetzen könnten (in diesem Sinne kürzlich auch Dani Rodrik in einem sehr guten Artikel über die Europäer in der *Financial Times Deutschland*, 16. Juli 2010).

Bei dieser Konstellation stößt jedes gesellschaftliche System an seine Grenze: Wenn die Menschen beginnen zu begreifen, dass es hier nicht um eine faire Arbeitsteilung geht, sondern nur darum, wie einige Wenige, die den Staat als Geisel genommen haben, sich weiter bereichern dürfen, dann werden sie früher oder später aufbegehren. Wir stellen nicht nur die Demokratie, sondern ganz fundamental das vernünftige, also von der Vernunft geleitete Miteinander der Menschen infrage.

Viele Linke (siehe zum Beispiel Nachdenkseiten.de unter dem Stichwort Kontroverse Flassbeck/Hickel) haben die »Umschuldung Griechenlands für unvermeidbar« erklärt und meine Kritik an der Staatsbankrott-These zurückgewiesen. Viele haben nicht gesehen, dass das eine Frage ist, die man nicht einfach, weil man die Gläubiger (»die Banken«) gerne treffen würde, übers Knie brechen kann.

Zunächst gibt es, anders als viele suggerieren, keine »gängige Definition« von »Staatspleite«. Es gab eine über 20 Jahre dauernde internationale Diskussion um neue Regeln zum »sovereign default« von Entwicklungsländern, die zu Beginn dieses Jahrhunderts begraben wurde, weil es nicht einmal im Ansatz gelang, sich auf eine vernünftige Definition zu einigen.

Hier liegt der Knackpunkt: Eine solche Definition konnte man nicht finden, weil schon die Grundvoraussetzung für einen Default bei Staaten normalerweise niemals gegeben ist. Staaten können nicht zahlungsunfähig im Sinne von illiquide werden, solange sie Schulden in ihrer eigenen Währung haben. Zahlungsunfähig wird man als Unternehmen oder Privatperson nämlich genau dann, wenn man nicht mehr mit allgemein anerkanntem Geld bezahlen kann, weil man dieses Geld nicht drucken kann. Das aber ist das unerhörte Privileg von Staaten, sie können ihr eigenes Geld drucken!

Ein Staat, besser wäre es hier zu sagen, ein Land, wird deshalb nur dann zahlungsunfähig, wenn die Liquidität in fremder Währung (also einer Währung, die der Staat in diesem Land nicht selbst drucken kann) knapp wird, das Land als Ganzes aber wegen eines großen Leistungsbilanzdefizits kurzfristig auf genau diese fremde Währung angewiesen ist. Diese oft »fiskalische Notlage« genannte Situation, die aber gar keine »fiskalische Notlage« ist, wird, wie oben gezeigt, üblicherweise durch Spekulanten hergestellt.

Das geschah in den meisten Fällen von Finanzkrisen (nicht Staatsschuldenkrisen!) in der Vergangenheit dadurch, dass Spekulanten über Jahre die Währungen von Ländern aufwerteten, die eigentlich wegen ihrer relativ hohen Inflation hätten abwerten müssen. Argentinien, Brasilien, Korea, Mexiko und Russland sind klassische Fälle, Island und Ungarn sind Fälle neueren Datums. Dort hatte die Spekulation mit Zinsdifferenzen (carry trade) zunächst zu einer Überbewertung der Währungen dieser Länder geführt, dies wiederum hatte wegen des andauernden Verlusts von Marktanteilen unhaltbare Leistungsbilanzdefizite entstehen lassen, die dann zur Spekulation auf eine Abwertung den entscheidenden Anlass gaben.

In diesen Fällen von Devisen- oder Reservenknappheit muss die internationale Gemeinschaft in der Tat helfen, weil sonst die Währung des betroffenen Landes ins Bodenlose stürzt und die zumeist externe Verschuldung ins Unermessliche treibt (in heimischer Währung gerechnet). Hätte man allerdings ein vernünftiges internationales Währungssystem, das die Wettbewerbspositionen von Volkswirtschaften quasi automatisch ausgleicht (UNCTAD 2009), bräuchte man diese Hilfe nicht.

Man bräuchte dann auch die Konditionen nicht, die üblicherweise an die Hilfe geknüpft werden. Alle in Bedrängnis geratenen Länder bräuchten zwar eine Abwertung, um ihre hoffnungslose außenwirtschaftliche Situation zu bereinigen, nicht aber einen Forderungsverzicht, der sie vor dem Mangel an internationalen Reserven bewahrt oder die in Bedrängnis geratenen »Konditionalität«, die der IWF üblicherweise mit seiner Hilfe verbindet.

Länder, die wie Griechenland und die anderen Südeuropäer ein außenwirtschaftliches Problem haben, aber nicht abwerten können und auch das Geld, das sie zum Zahlen brauchen, nicht mehr alleine und autonom drucken können, sind wiederum in einer anderen Situation. Sie brauchen zunächst den lender of last resort, also die Notenbank, die ihnen hilft, die Spekulationswelle ohne große Blessuren durchzustehen. Der im Mai beschlossene Ankauf von Staatsanleihen durch die EZB war folglich die vollkommen systemgerechte Lösung, weil man damit anerkannte, dass die EWU in dieser Frage einem Nationalstaat gleichzusetzen und die EZB lender of last resort ist.

Nur wer das außenwirtschaftliche Problem innerhalb der EWU für vollkommen unlösbar hält, kann überhaupt zu dem Schluss kommen, ein Land in der Eurozone sollte einen radikalen (und für sein gesamtes Bankensystem extrem gefährlichen) Schritt wie »staatliche Umschuldung« in Erwägung ziehen. Aber selbst das wäre nicht zielführend, weil es ja die Lösung des außenwirtschaftlichen Problems nicht vorantreiben, sondern bestenfalls vertagen würde. Wer das außenwirtschaftliche Problem für unlösbar hält, muss in der Tat das Ausscheiden aus der EWU empfehlen. Nur wer ausscheidet und abwertet, kann sein Kernproblem lösen, wie hoch im Übrigen auch immer die Kosten einer solchen Aktion wären. Ausscheiden müssten dann aber alle Länder, die einen Mittelmeerstrand haben. Es wäre allerdings ein Armutszeugnis ersten Ranges, wenn Europa nicht ein einziges Mal – bevor es zusammenbricht – versuchen würde, dieses Problem auf rationale Weise zu lösen.

Im Euroraum sollte man überhaupt nicht leichtfertig von einem Bankrott eines Staates der Eurozone, von einem »haircut« oder einer Umstrukturierung von Staatsschulden sprechen. Zudem ist die Fokussierung auf ein einzelnes Land wie Griechenland grundfalsch. Gemessen am Gesamtproblem des Euroraumes ist Griechenland nur eine Fußnote. Wer ein Griechenland fallen lässt, schafft sofort ein neues. Zudem, wer immer sich mit Verve auf das kleine Griechenland stürzt, spielt dem Boulevard und den primitivsten Vorurteilen an den Stammtischen und an den Finanzmärkten in die Hände. Für jedes Land der Welt lassen sich Informationen finden, die schrecklich klingen, aber, in einen größeren Zusammenhang eingeordnet, vollkommen unproblematisch sind. Man erinnere sich, dass der globale Boulevard vor einigen Jahren noch das Ende Deutschlands als Exportnation ausgerufen hatte, weil die Arbeitnehmer nicht genügend lange arbeiteten, die Lohnnebenkosten zu hoch seien und zu viele Vorschriften den deutschen Unternehmen die Luft zum Atmen nähmen. Dagegen wird die einfache, aber für die Beurteilung der Seriosität von Verschuldung absolut zentrale Tatsache, dass Griechenland in den letzten zehn Jahren weit höhere Zuwächse der Investitionen in Maschinen und Ausrüstungen aufwies als alle übrigen Länder des Euroraumes, einfach unter den Tisch gekehrt.

Bei der Beurteilung dessen, was souveräne Staaten in einer schwierigen Lage tun sollten, ist es meist hilfreich, so wenig über das Land zu wissen, dass man erst gar nicht in Versuchung gerät, sich mit einem Schein- und Detailwissen hervorzutun. Das profunde Wissen der Menschen und der Politiker von ihrem eigenen Land in den Schatten stellen zu wollen, führt regelmäßig in die Irre. Der Internationale Währungsfonds ist mit seinen Programmen à la Washington Consensus in der Vergangenheit so oft gescheitert und hat immense Schäden über Jahrzehnte hinterlassen, weil er sich auch auf der Mikroebene kompetent fühlte und folglich immer ganz genau »wusste«, was schiefgelaufen war und was nun gemacht werden müsste. Da mussten in Lateinamerika natürlich die Versorgungsunternehmen privatisiert werden, Asien musste sein »verrottetes Bankensystem« über Bord werfen und jede Form von sozialer Absicherung in den Betrieben sowieso, bevor die Gelder fließen konnten. Korruption war natürlich fast überall außer in Washington der Hauptgrund für die Misere von Ländern. In den Vereinten Nationen und in der ganzen internationalen Gemeinschaft hat man, um dieses Mikrounwesen zu kennzeichnen, dafür seit Jahrzehnten den schönen Ausdruck »no one size fits all« geprägt. Das heißt, überlasst die Entscheidung, wie im Einzelnen mit einer solchen Situation umgegangen wird, gefälligst dem Land und seinen gewählten Vertretern.

Griechenland und alle übrigen Länder, die noch in Schwierigkeiten geraten könnten, haben als Mitglieder der Eurozone natürlich Anspruch darauf, dass ihnen die Europäische Zentralbank in einer Notlage mit direkten Interventionen in die Märkte und damit als lender of last resort zur Seite springt. Dass diese Selbstverständlichkeit in der EWU erst in einem schmerzhaften und für die Griechen entwürdigenden politischen Prozess zugestanden wurde, wird als ein großes Versagen der europäischen Institutionen in die Geschichte eingehen. Hätte man rechtzeitig interveniert, wäre der Zins niemals so hoch gestiegen, dass Griechenlands Glaubwürdigkeit in Sachen Konsolidierungschance gefährdet gewesen wäre. Dass aber schon lange vor der Rettung durch die Zentralbank die Geier des Boulevards über das Land herfielen und viele Ökonomen das Lied vom Bankrott mitsangen, wird in anderen Büchern des Versagens festgehalten werden müssen.

Zu bedenken ist auch, dass der Gläubiger eines Staates in der Regel kein Spekulant ist. Wer bis Oktober 2009 griechische Staatsanleihen gekauft hat, wollte damit Geld fest anlegen und hat auch keine extrem hohen Zinsen kassiert. Im Gegenteil, er hat durch die Spekulation bereits Geld verloren, weil der Wert seiner Anleihen deutlich gesunken ist. Es ist leider eine Unsitte in Deutschland und vermutlich in ganz Europa, dass die »modernen Banken« dem Publikum Staatsanleihen äußerst selten und äußerst ungern direkt anbieten und verkaufen. Stattdessen halten sie die Anleihen selbst und konstruieren »sichere Produkte« auf der Basis von Staatsanleihen, die dann dem Publikum angeboten werden (wobei die »Produkte« natürlich einen geringeren Zins bieten). Das aber bedeutet, dass die Tatsache, dass bei Banken viele Staatsanleihen in den Büchern stehen, nichts darüber sagt, wer bei einem Ausfall von Staatsanleihen wirklich am Ende in Mitleidenschaft gerät. In einer Situation, wo gerade viele relativ seriöse Banken (im Gegensatz zu den Zockerbanken) noch in Schwierigkeiten sind oder schnell in neue Schwierigkeiten geraten können, wäre der Ausfall auch nur eines Staates ein enormes Risiko und müsste absurderweise wiederum die »bankrotten« Staaten auf den Plan rufen. Auch für die Bürger und Kleinsparer wäre der Ausfall ihres eigenen Staates ein gewaltiger Schock, der mit großer Sicherheit Panikreaktionen nach sich zöge, die wiederum staatliche Bankenrettung erforderlich machten.

Insgesamt gesehen sollten wir uns der Ungeheuerlichkeit widmen, dass von denjenigen Finanzmarktakteuren, die mit ihren geplatzten Spielschulden die Verschuldung der Staaten in die Höhe getrieben haben, nun der Bankrott von Staaten ausgerufen wird. Griechenland war in dieser Strategie der Ablenkung von den eigentlichen Problemen ein willkommenes Opfer, weil die vorherige Regierung so tölpelhaft gefälscht hat. Wer aber auf Griechenland einschlägt, ist auf die Strategie der Täter, die Opfer zu Tätern zu machen, schon hereingefallen.

Die Leistungsträgerlüge[6]

Man kann ein Kapitel über die Schulden des Staates oder der Staaten nicht beenden, ohne über die Ideologie zu sprechen, mit der man in den vergangenen 30 Jahren den Staat in die Defensive gedrängt hat. Die wirkungsvollste Geschichte war die vom »Leistungsträger«, den der Staat durch sein Handeln und seine Abgaben systematisch in die Enge drängt und schließlich gar zum Aufgeben zwingt.

Die Geschichte ist so wirkungsvoll, weil es eine schöne Geschichte ist, mit der sich fast jeder identifizieren kann und die man unmittelbar versteht. Die Zuhörer dieser Geschichte beginnen jedes Mal von neuem zu träumen von einer heilen Welt, in der ein wunderbar freundlicher Herrscher nur an einem einzigen kleinen Schräubchen dreht, und schon fließt der Honig in Strömen, und die Tauben braten sich im Fluge selbst. Auch im Zusammenhang mit dem 80-Milliarden-Sparpaket ist diese Geschichte wieder bis zum Abwinken erzählt worden.

Seitdem das Wirtschaftswunder Anfang der 1970er Jahre brutal sein Ende fand, werden von unseren Politikern Wahl für Wahl magisch Steuersenkungen beschworen. Man müsse nur die Steuern für die »Leistungsträger« senken, und schon sei alles gut. Leistungsträger, das sei nämlich die Spezies von Mensch, die – gut ausgebildet und leistungsfähig – gerne ihr Bestes geben würde, aber unter der Abgabenlast des Staates so ächzt, dass sie viel weniger »Leistung« erbringt, als eigentlich von ihr zu erwarten wäre. Nähme der Staat seine Last nur weg, wäre der Rest ein Leichtes, und die Wirtschaft florierte.

Die Geschichte ist auch deswegen so schön, weil sie immer funktioniert, ganz gleich wie viel Last der Staat schon weggenommen hat. Immer wird es einen Politiker oder einen besonders klugen Philosophen wie Peter Sloterdijk geben, der sagt »es ist immer noch zu viel« (Sloterdijk, 2009). Da die Mehrheit der Politiker seit vielen Jahren an die Geschichte glaubt, haben sie die Steuerbelastung für die Leistungsträger schon mächtig reduziert, also etwa von einem Steuersatz für die Menschen mit den höchsten Einkommen von 56 Prozent auf 42 Prozent. Da ächzt der Leistungsträger zwar etwas weniger, aber die Bürde des Staates drückt noch immer schwer.

Also weiter runter mit den Sätzen. 35 Prozent will die Partei der Leistungsträger jetzt, aber warum soll das reichen? Wer »Leistung« bringt, wird immer noch bestraft mit dem Höchstsatz! Wo ist die Logik? Warum sollen diejenigen, die schon die »Leistung« bringen, auch noch die größte Last für den Staat tragen? Der Leistungsträger trägt doch schon die Gemeinschaft, die in der sozialen Hängematte also, warum sollte er noch mehr tun? Nein, der Leistungsträger muss richtig entlastet werden, und das heißt, er muss weniger zahlen als diejenigen, die keine »Leistung« bringen. Eigentlich muss er absolut entlastet werden, weil er ja schon die »Leistung« trägt.

Wenn man aber die vollkommen entlastet, die »Leistung« bringen, woher bekommt der Staat dann das Geld für die Justiz, für die Polizei, für die Verteidigung, für die Straßen und für die Bildung? Offenbar von den anderen. Wer aber sind die anderen? Die Nicht-Leistungsträger! Die haben dummerweise aber keine Einkommen, weil sie ja keine »Leistung« erbringen. Dann gibt es aber keinen Staat, jedenfalls gibt es niemand, der die Polizei, die Verteidigung, die Straßen oder die Bildung kostenlos zur Verfügung stellt. Das müssen die Leistungsträger dann einzeln bezahlen, wenn sie es haben wollen, und die anderen gucken in die Röhre.

Welchen Anteil von ihrem Einkommen zahlen dann die Leistungsträger für ihre Justiz, ihre Verteidigung, für ihre Straßen, ihre Polizei und die Bildung ihrer Kinder, nicht zu vergessen der Preis für die hohen Mauern, die sie bauen müssen, um sich und ihre Kinder vor denen zu schützen, die keine »Leistung« bringen und kein Einkommen haben? 35 Prozent oder 42 oder doch gar

53 Prozent? Wie ist das dann mit der zusätzlichen Belastung für die privaten Justiz-, Sicherungs- und Bildungsdienste? Kommt dann Sloterdijk und spendet Trost nach dem Motto: Niemand nimmt dir, Leistungsträger, etwas unter Zwang und ungerechtfertigt ab, also ertrage die Kosten ohne zu klagen?

An dieser Stelle spätestens erkennt auch der vorletzte Philosoph, wie dumm und falsch das Bild von den Leistungsträgern ist. Eine moderne marktwirtschaftliche Ordnung ist nämlich gerade kein System, das davon lebt, dass eine »Handvoll Leistungsträger« Spitzenleistungen erbringt und daraus sich die Einkommen aller anderen ergeben. Eine moderne Marktwirtschaft ist ein System der Arbeitsteilung, der Spezialisierung des einzelnen also, in dem das Gesamtergebnis keineswegs mehr der Leistung eines einzelnen oder einiger weniger zugerechnet werden kann. Praktisch alles, was produziert wird, ergibt sich aus einem komplexen Zusammenspiel vieler Leistungen, die zum Teil in der Gegenwart, zum Teil aber auch in der Vergangenheit erbracht worden sind. Dass die Leistungen unterschiedlich entgolten werden, hängt allein mit der Knappheit der »Leistungsträger« oder ihrer Marktmacht zusammen, in einer Marktwirtschaft aber gerade nicht mit ihrer »Leistung« in irgendeinem vernünftig zu interpretierenden Sinne.

Wer Tennisbälle sicher über ein Netz schlagen kann, schnell mit einem Auto im Kreis fährt oder populäre Liedchen trällert, wird in der »Leistungsgesellschaft« schon vor Erreichen des dreißigsten Lebensjahres mit einem ungeheuren Vermögen entlohnt. Wie sinnvoll diese »Leistung« ist, wird nicht einmal gefragt, weil sich die westliche Gesellschaft, freilich ohne zu wissen, was sie tut, im Zuge der neoliberalen Revolution für ein Knappheitsprinzip ohne Wenn und Aber entschieden hat. Derjenige dagegen, der sein Leben lang die Böden in Universitäten und Betrieben schrubbt, muss, statt eine ordentliche Rente zu erhalten, am Ende zum Sozialamt betteln gehen.

Noch schlimmer, wer für die Gesellschaft vollkommen unproduktive Geschäfte tätigt, also zum Beispiel auf den Finanzmärkten die Preise für Rohstoffe oder Währungen hochtreibt, weil er und viele seiner Kumpane darauf mit Schulden gewettet haben, erbringt offenbar eine »Leistung« in der Sloterdijk'schen FDP-Welt. Auch wenn dabei schließlich das gesamte System zu kollabieren droht und der kleine Putzmann für die Verluste haften muss, ist der Spieler nach Sloterdijk ein Leistungsträger, weil er an dem von ihm selbst aufgeblasenen Spekulationsballon so viel verdient hat, dass er – selbst wenn er brav seine Steuern bezahlt – danach nie wieder arbeiten muss. Das ist nicht die Leistung, die eine Gesellschaft trägt! Weil in einer Marktwirtschaft gerade nicht Leistung belohnt wird, ist es gerechtfertigt und notwendig, dass der Staat wesentlich mehr von denen verlangt, die durch glückliche Umstände, Privilegien oder die inhärente Knappheitslogik des Systems überdurchschnittlich »entlohnt« worden sind.

Unabhängig davon ist der Staat einer der wichtigsten Vorleister des Systems. Ganz gleich, ob er durch verbesserte Infrastruktur, Rechtssicherheit, mehr Bildung, äußere Sicherheit oder auch durch sozialen Frieden mithilfe einer menschenwürdigen sozialen Absicherung zur Gesamtleistung beiträgt, er ist ein Vorleister wie alle anderen und muss vernünftig bezahlt werden. Bei keinem anderen Vorleister kämen Philosophen und andere Ideologen auf die Idee, die Bezahlung generell infrage zu stellen, ohne über den Wert und die Qualität der Vorleistung zu reden. Nur beim Staat wird die einfache, aber fundamentale Tatsache der Vorleistung in einer arbeitsteiligen Gesellschaft ignoriert oder von ideologischen Debatten überlagert. Sloterdijk hat es nun sogar geschafft, Freiwilligkeit der Leistungen der Leistungsträger an den Staat ins Spiel zu bringen (*Süddeutsche Zeitung* vom 5. Januar 2010). Klar, in der Zukunft gehen wir zur Bank und bieten eine freiwillige Spende für die dort erbrachten Dienstleistungen an, oder wir finanzieren Professoren nur noch aus Spendengeldern. Fragt sich nur, wer den Beruf des Professors noch ergreifen würde, wenn dessen Entlohnung von der Lust und Laune irgendwelcher »Leistungsträger« abhinge?

Leistungsträger in einem funktionierenden und auf lange Sicht erfolgreichen Team sind alle, selbst wenn ab und an der eine oder

der andere einen besonders guten Tag hat. Wer die Beiträge der einzelnen zur Bezahlung der Vorleistungen des Staates in einer arbeitsteiligen Gesellschaft diskutieren will, sollte ehrlich sein und offen die Frage stellen, ob die Armen oder die Reichen – absolut und proportional – mehr beitragen sollen. Daran werden sich sicher die Geister scheiden. Die dümmliche Phrase von den »Leistungsträgern«, die ja nur zur Verteidigung der Reichen vorgebracht wird, kann man sich dann aber getrost schenken.

Das Prinzip: Der Staat wird gebraucht

Die deutsche Wirtschafts- und Finanzpolitik hat sich in den letzten 25 Jahren als nicht lernfähig erwiesen. Trotz massiver Rückschläge und der großen Krise folgt die Mehrheit der Politiker unbeirrt dem liberalen Credo und der uralten neoklassischen Theorie: Die staatliche Verschuldung ist immer zu hoch, und die Abgabenlast, insbesondere die der Unternehmen, belastet immer die Wettbewerbsfähigkeit.

Das Sparpaket 2010 ist, würde man bei jedem Versuch einer sachlichen Diagnose feststellen, in einer Wirtschaft mit schon wieder boomendem Export und noch immer daniederliegendem Konsum exakt das Gegenteil dessen, was geboten ist. Geht man zum Arzt mit einer gebrochenen Zehe und einer Grippe und er empfiehlt, bei kaltem Wetter leicht bekleidet Fußball zu spielen, erklärt man denjenigen für verrückt und fragt bei der kassenärztlichen Vereinigung an, wann man gedenkt, diesem Quacksalber die Zulassung zu entziehen. Was geschieht in der Finanzpolitik? Warum gelingt es den Politikern über Jahrzehnte nicht, ihren gesunden Menschenverstand zu gebrauchen? Wie kann eine große Administration unfähig sein, wenigstens die richtige Art des Medikaments auszuwählen, von der angemessenen Dosis ganz zu schweigen?

Solch ein Fehlverhalten ist nicht mehr allein mit schwachen Beamten und schlecht ausgebildeten Politikern zu erklären. Hier geht es offenbar nicht einmal um Macht, weil man politische Macht in einer Demokratie nicht dadurch erhält, dass man etwas offensichtlich Falsches tut. In Deutschland wird derzeit nur die

Partei wiedergewählt, die auch wirtschaftlich Erfolg hat. Selbst platte Interessenvertretung kann solches Fehlverhalten nicht erklären, weil sogar halbwegs intelligente Interessenvertreter der Unternehmerseite erkennen müssten, dass ihren Interessen nicht gedient ist, wenn die deutsche Wirtschaft wieder und wieder nur vom Export getragen wird.

Hier geht es um etwas anderes. Hier geht es um Ideologie, die jedes nüchterne Nachdenken unmöglich macht und die am Ende diejenigen zuerst bedient, die am lautesten schreien, und das sind ohne Zweifel die Unternehmerverbände. Hier geht es um die große ideologische Auseinandersetzung um Markt oder Staat, der sich die herrschenden Politiker nicht entziehen können. Hier wollen große und geldmächtige Interessengruppen die aus ihrer Sicht ein für allemal entscheidende Schlacht gegen den Staat schlagen. Und diese Ideologie ist Argumenten nicht zugänglich, weil sie ja nicht wissen will, was richtig und falsch ist, sondern nur, was dem vermeintlichen Sieg dient und was nicht.

Doch machen wir uns nichts vor. Es sind nicht nur die mächtigen Interessenvertreter, die die Politik vor sich hertreiben. Der Quelle und den Wurzeln dieser Ideologie ist so schwer beizukommen, weil sie in allen gesellschaftlichen Schichten auf einen fruchtbaren Nährboden fällt. Alle Bevölkerungsgruppen sind letztlich anfällig, ihrem Alles-oder-nichts Anspruch zu verfallen. Jeder, der seine Steuererklärung nur widerwillig vollständig ausfüllt; jeder, der sich fragt, wie sein arbeitsloser Nachbar das Auto finanziert; jeder, der doch lieber seine Rente von der Bank bekommen würde statt vom Staat; jeder, der darüber schimpft, dass der Staat ihm selbst oder anderen Auflagen in Sachen Umweltschutz oder Verkehr macht; jeder, der die vielen faulen Beamten und die Macht der Bürokratie lauthals beklagt; jeder, der in Staatsschulden das Böse schlechthin sieht: Jeder trägt seinen Teil dazu bei, dass Politiker fast aller Couleur fundamentale Fehler in der Finanzpolitik machen, weil sie glauben, dieser alles umfassenden Ideologie nicht widerstehen zu können.

Ideologie scheitert nicht an Argumenten. Ideologie scheitert an der Wirklichkeit. Das, was die Politik jetzt tut, ist falsch, aber in seiner Falschheit hilft es, das Scheitern der Ideologie an der Wirklichkeit zu beschleunigen. Wie viele deutsche Finanzminister werden noch behaupten können, zur unbedingten Konsolidierung der Staatsfinanzen durch harte Eingriffe gebe es keine Alternative, wenn auch der jetzige wie sein ehrgeiziger Vorgänger als Schuldenminister endet? Für diese Legislaturperiode ist es schon zu spät, da steht der Zug schon auf der falschen Schiene. Danach gibt es vielleicht Hoffnung auf eine Besserung der Verhältnisse, wenn mehr und mehr Menschen klar wird, dass die ideologischen Vorbehalte gegen den Staat in einer funktionierenden Demokratie auf den Müllhaufen der Geschichte gehören.

Die Ökonomen finden niemals die richtigen Antworten

Viele Menschen, denen ich solche Gedanken vortrage, wie sie im ersten Teil des Buches zu finden sind, fragen: Warum begreifen das unsere Politiker nicht, es ist doch so einfach, so einleuchtend, man muss nur logisch denken, und schon hat man es begriffen. Die zweite Frage ist dann regelmäßig: Wollen die Politiker es vielleicht nicht begreifen, vertreten sie einfach Interessen, scheren sie sich einen Dreck um die Logik? An Letzterem ist sicher etwas dran, die Politik steht heute unter dem massiven Einfluss von Einflüsterungen aus der Wirtschaft. Alleine reicht das aber nicht zur Erklärung aus. Das merkt man daran, dass auch viele wohlmeinende Politiker jeder Couleur, denen man sicher keine Abhängigkeit von Wirtschaftsinteressen vorwerfen kann, sich nicht von den unternehmerischen, von einzelwirtschaftlichen oder einfach primitiv-marktwirtschaftlichen Ideen lösen können.

Das gilt sogar für sogenannte linke Wissenschaftler. Auch hier trifft man häufig auf das erstaunliche Phänomen, dass sie sich nicht emanzipieren können von den neoklassischen Ideen des immer überlegenen Marktes, weil ihnen schlicht die Alternative fehlt. Zwar würden sie hie und da Abstriche machen von der Hoffnung auf den alles regelnden Markt, sie würden aber nie die Marktlösung so radikal infrage stellen, wie es notwendig wäre, wenn man ein realistisches Weltbild entwickeln will.

Dass das Funktionieren einer marktwirtschaftlich verfassten Volkswirtschaft nicht dadurch garantiert wird, dass man dem Wettbewerb auf Märkten möglichst freien Lauf lässt, ist den meisten gutwilligen Wissenschaftlern zwar normativ einleuchtend beim Blick auf die reale Welt. Aber wo der Haken auf der logischen Ebene liegt, wie das »Bändigen« der Märkte systemgerecht zu schaffen ist, anhand welchen theoretischen Maßstabs man praktische Richtlinien entwickeln könnte, denen durch die logische Fundierung nicht das Odium der Willkür anhaftet, kurz: wie man eine marktwirtschaftliche Ordnung im 21. Jahrhundert generell konzipieren muss, das ist den meisten nicht klar. Deswegen muss man das unglaubliche und vollständige Versagen der Volkswirte mit ins Bild nehmen, wenn man zu einer realistischen Einschätzung hinsichtlich der Möglichkeit der Überwindung des liberalen Dogmas kommen will.

Der heilige Freihandel

Nehmen wir als erstes Beispiel das oben schon beschriebene Dogma des freien Handels, basierend auf dem Theorem der komparativen Kosten, das der englische Ökonom David Ricardo vor 200 Jahren entwickelt hat.

Wie sehr die Ökonomen den internationalen Handel als heilige Kuh betrachten, kann man sehr schön an einem Beispiel belegen. Vor einigen Jahren entdeckte ein amerikanischer Wirtschaftsprofessor, dass ungefähr mit dem Beginn der Europäischen Währungsunion der Handelsaustausch in dieser Union deutlich zugenommen hatte. Das widersprach natürlich der herrschenden Doktrin der effizienten Märkte, weil auf effizienten Märkten der Handel auch schon vor Beginn der Währungsunion optimiert gewesen sein müsste. Wenn es also einen Sprung im Handelsaustausch zwischen Ländern gab, die vorher schon lange feste Wechselkurse hatten und nun dies nur formal besiegelten, musste es eine unbekannte Kraft geben, die dafür sorgte, dass der Austausch mit dem Beginn der Währungsunion schlagartig stieg.

Der erste Artikel, der dazu geschrieben wurde, führte sofort zu einer großen Kontroverse, der Art von Kontroversen allerdings, wie sie Ökonomen lieben. Sie ist völlig politikfrei, also vollkommen irrelevant für die Gesellschaft, sie stellt ein kleines Schräubchen im herrschenden Modell, dem Standardmodell, infrage und verspricht hohe akademische Weihen dem, der diese neue Laus im Fell der dicken heiligen Handelskuh gefunden hat. In dieser Kontroverse, die ich nur deswegen gelesen habe, weil ich herausfinden wollte, ob irgendeiner der herrschenden Ökonomen auf die naheliegende Lösung kommen würde, ging es hoch her.

Während die einen darauf beharrten, dass die Statistik richtig sei, dass der Anstieg des Handels also nicht ein rein statistisches Phänomen sei, und alle möglichen Erklärungen aufboten, warum in einer neu gegründeten Währungsunion der Handel plötzlich zunehmen könnte, lehnten die anderen entweder die statistischen Ergebnisse oder die Erklärungen der Entdecker dieses Phänomens komplett ab. Man bekriegte sich mit unendlich vielen Worten und Daten, ohne sich auch nur einen Millimeter an die nahe liegende Erklärung heranzubewegen.

Nun will ich gar nicht behaupten, dass meine Erklärung die allein richtige sei. Worauf es ankommt, ist hier nur festzustellen, dass eine mögliche Lösung von den Ökonomen vollständig übersehen wird, wenn bzw. weil sie nicht in ihr Standardmodell passt. Die aus meiner Sicht einfachste und beste Erklärung für den »handelschaffenden« Effekt des Euro hat sehr viel mit den heutigen Schwierigkeiten im Euroland zu tun. Unmittelbar vor Beginn der Währungsunion hatte Deutschland nämlich damit begonnen, enormen Druck auf die Gewerkschaften auszuüben, um die Lohnzuwächse unter dem Produktivitätsfortschritt zu halten. Der Beginn dieser Politik lässt sich sehr genau datieren: In einem Bündnis für Arbeit im Frühjahr 1996, also noch unter Helmut Kohl, beschloss man, »die Beschäftigungslage dadurch zu verbessern, dass man die Produktivität für die Beschäftigung reservierte«. Ich habe zu dieser Politik im Buch *Das Ende der Massenarbeitslosigkeit* mit Friederike Spiecker und in *Gescheitert* ausführlich Stellung genommen und will das hier nicht wiederholen.

Fakt ist jedenfalls, dass Deutschland mit dem Jahr 1997 begann, seine Löhne nicht mehr wie bisher um die Produktivität plus einer Zielinflationsrate zu erhöhen, sondern die Nominallöhne stiegen nur noch etwa im Ausmaß der Produktivität. Für die Arbeitgeber ergab das die schöne Formel, die Löhne steigen – wie immer – mit der Produktivität. Der feine Unterschied, dass zwischen 1950 und 1980 immer die Reallöhne mit der Produktivität gestiegen waren (siehe Grafik Seite 43 und die dortigen Erläuterungen), fiel dabei natürlich unter den Tisch.

Diese Politik, und es war eindeutig Politik, führte dazu, dass unter Mithilfe der Gewerkschaftsführungen, die sich dazu hatten überreden lassen, die Löhne systematisch nur noch halb so stark stiegen wie vorher. Da die Wechselkurse zwischen wichtigen Ländern in der Eurozone auch schon vor Beginn der Eurozone absolut fixiert waren und die anderen Länder keineswegs eine solche Politik verfolgten, entstand eine mit den Jahren immer größer werdende Lücke in der Wettbewerbsfähigkeit in der Eurozone zugunsten Deutschlands.

Das schaffte natürlich Handel. Wenn ein Land, weil es seine Wettbewerbsfähigkeit massiv durch Lohndumping erhöht, anderen in erheblichem Maße Produktion abnimmt, wird man natürlich in der Statistik mehr Handel als zuvor messen. Wenn Güter, die vorher in den anderen Ländern produziert wurden, jetzt in Deutschland produziert, aber womöglich immer noch in Frankreich konsumiert werden, hat sich der Handel ausgeweitet, aber die gesamte Produktion natürlich nicht. Das ist ein einfacher Fall, in dem die Ausweitung des Handels keineswegs einen Wohlfahrt schaffenden Effekt hat. Im Gegenteil, weil Deutschland nicht durch höhere Produktivität oder bessere Produkte, sondern durch sein Lohndumping in die günstige Lage geraten ist, ist das Gesamtergebnis dieser Entwicklung eindeutig negativ.

Nehmen wir an, meine Erklärung für die Ausweitung des Handels nach der Einführung des Euro wäre richtig, dann läge die gesamte Wissenschaft, die über Jahre hinweg dieses Phänomen diskutiert hat, vollkommen falsch. Aber schon die Tatsache, dass in der gesamten Diskussion zu diesem Phänomen die Möglichkeit eines solchen den Handel verzerrenden Effekts durch Veränderung der Wettbewerbsfähigkeit ganzer Volkswirtschaften niemals auftaucht, zeigt, dass mit dieser Art von Wissenschaft kein Staat und keine Wirtschaft zu machen sind. Statt mit einem umfassenden und vorurteilslosen Blick die relevanten Fragen zu analysieren, starrt der Standardökonom auf sein Standardmodell und versucht, durch Manipulationen am Standardmodell das Auftreten von Tatsachen, die im Standardmodell nicht vorgesehen sind, zu erklären. Das ist nicht nur ein unwissenschaftliches Vorgehen, das ist dumm und politisch extrem gefährlich. Wenn nämlich die Politiker – und vieles spricht dafür, dass sie das in Europa in den letzten zehn Jahren getan haben – glauben, dass die herrschende Diskussion in der herrschenden Wissenschaft der Ökonomie ihnen Hinweise dafür gibt, welche Probleme politisch relevant sind oder werden könnten, könnten sie nicht stärker fehlgeleitet sein als derzeit.

Falsche Preise und die kognitive Dissonanz der Ökonomen

Auch zu der Frage, was in den vielen Finanzkrisen der Vergangenheit schiefgelaufen ist, haben die allermeisten Ökonomen, und unter ihnen viele Linke, ein gebrochenes Verhältnis. Da sie niemals glauben können, dass der Markt die Preise fundamental falsch gesetzt hat, müssen sie in institutionellen oder solchen Erklärungen Zuflucht suchen, die im weitesten Sinne auf das Fehlverhalten des Staates zurückzuführen sind. Die These, Mr. Greenspan sei Schuld an der großen Finanzkrise der vergangenen Jahre, ist hier an vorderster Stelle zu nennen. Aber auch für die Entstehung der Asienkrise Ende der 1990er Jahre, die eindeutig eine Währungskrise war, wurden fast nur institutionelle Gründe genannt. Das asiatische Bankensystem sei »verrottet«, war eine der beliebtesten Thesen damals (Flassbeck, 1999). Dass das immer noch »verrottete

Bankensystem« es unmittelbar nach der Krise schaffte, einen der stärksten Aufschwünge der Geschichte zu finanzieren, während das »überlegene« westliche Bankensystem vollständig den Geist aufgab, wurde dann aber schnell wieder vergessen.

Das gleiche Muster findet sich in der Diskussion um den Bankrott von ganzen Volkswirtschaften in Süd- und Osteuropa, wie sie zurzeit geführt wird: Die Frage, ob vielleicht die Preise falsch sind, wird ausgeblendet bis auf die wirklich nicht mehr bestreitbare Tatsache, dass sich an einigen Vermögensmärkten, den Immobilienmärkten insbesondere, spekulative Blasen gebildet haben. Die viel wichtigere Frage, ob es systematisch wirkende Kräfte gibt, die für die Volkswirtschaft entscheidende Preise in eine falsche Richtung treiben, wird nicht gestellt.

Diese kognitive Dissonanz der Ökonomen, also ihr unbewusster Unwille, bestimmte pathologische Phänomene des von ihnen doch so geliebten Marktes zur Kenntnis zu nehmen, schlägt sich am deutlichsten in der Frage der Wettbewerbsfähigkeit ganzer Volkswirtschaften nieder. Auf der Rechten lehnt man die Auseinandersetzung damit von vorneherein ab, weil in ihren Augen natürlich »Wettbewerbsfähigkeit« ein allein auf Unternehmensebene anzusiedelndes Konzept ist. Dagegen bezieht sich Standortwettbewerb von Staaten nur auf günstige Rahmenbedingungen, die von den Unternehmen genutzt werden und, das würden immerhin die klügeren Vertreter der neoklassischen Theorie betonen, nur für die Wohlstandsmehrung eingesetzt werden, aber nicht zur direkten Auseinandersetzung der Staaten um Marktanteile auf den wichtigsten Märkten der Welt. Die Linke lehnt es ab, sich mit dem Konzept überhaupt auseinanderzusetzen, weil sie den Wettbewerb von Staaten aus guten ideologischen Gründen a priori ablehnt. Tatsächlich aber ist die Frage des Wettbewerbs von Staaten und der Folgen dieses Wettbewerbs eine der wichtigsten für die internationale Staatengemeinschaft überhaupt.

Dominiert wird diese Frage von der Wahl des richtigen Lohnregimes auf der einen Seite und von der Wahl des richtigen Währungsregimes auf der anderen. Beide Systeme werden mehrheitlich von links wie von rechts dem Markt bzw. autonomen Verhandlungen der Tarifpartner überlassen, ohne dass der Staat einen direkten Einfluss ausüben sollte.

Die deutsche Wirtschaftspolitik hat sich in den vergangenen 20 Jahren als vollkommen unfähig erwiesen, mit einem dieser Probleme angemessen umzugehen. Sie hat es geschafft, in 20 Jahren eine Währungsunion, die deutsch-deutsche nämlich, an die Wand zu fahren, und eine zweite, die europäische nämlich, an den Rand des Abgrunds zu führen.

Der fundamentale Fehler der deutsch-deutschen Währungsunion, ich habe es in meinem Buch *Gescheitert* ausführlich dargelegt, war die Ignoranz hinsichtlich des Verlusts von Wettbewerbsfähigkeit der ostdeutschen Volkswirtschaft. Neben einem falschen Wechselkurs führte der rasche Lohnanpassungsprozess in Ostdeutschland dazu, dass sehr viel mehr Unternehmen, als zu erwarten gewesen wäre, die Segel streichen mussten und aus dem Markt ausschieden. Die Folge war, dass Ostdeutschland vollkommen abhängig wurde von Transferzahlungen aus dem Westen. Zudem wurde der Region als Ganzes und allzu vielen Menschen die Möglichkeit genommen, das neue System auf eine erfolgreiche Art und Weise zu nutzen.

Aus dieser gescheiterten Währungsunion hat die deutsche Politik mitnichten gelernt. Genau das Gegenteil ist der Fall. Mit dem Beginn der Europäischen Währungsunion im Jahr 1999 wurde ein Kurs der Lohnsenkungen – das heißt des Zurückbleibens der Reallöhne hinter der Produktivität –, den Kohl begonnen hatte, mit Verve fortgesetzt. Die rot-grüne Bundesregierung verschwendete nach dem Ausscheiden von Oskar Lafontaine keine Sekunde darauf, darüber nachzudenken, wie dieser Kurs mit den Ideen der anderen Partner in Europa in Übereinstimmung gebracht werden könnte. Im Jahr 2010 dann, in der großen europäischen Krise, als alle Welt dieses Problem sah und diskutierte, zeigte sich, dass auch die neue schwarz-gelbe Regierung nicht im Traum daran dachte, diese fatale Fehlentscheidung zu korrigieren, geschweige denn die Frage offen zu diskutieren.

Auch hier ist die Schuld natürlich in erster Linie bei der Ökonomik zu suchen. Gäbe es dort eine intensive und konkrete Auseinandersetzung um die Frage, wie die Wettbewerbsfähigkeit von Nationen ausgeglichen werden kann und warum das notwendig ist, könnte sich die Politik einer solchen Diskussion nicht entziehen. Es gibt aber dergleichen Auseinandersetzungen nicht. Es gibt nicht einmal den Versuch zu klären, ob und in welcher Weise reiche und arme Nationen auf der einen Seite oder Nationen mit vollkommen unterschiedlicher Wirtschaftsstruktur auf der anderen Seite Freihandel vereinbaren können. Man redet einfach nicht darüber, weil man herausfinden würde, dass die herrschende Lehre von der Volkswirtschaft keine Ahnung davon hat, ob das von ihr in den Himmel gehobene Modell des Freihandels überhaupt auf einer rationalen Grundlage steht.

Rational wäre es hingegen, den Zusammenhang zwischen einer einigermaßen freiheitlichen Existenzberechtigung ganzer Staaten respektive ihrer Bürger und ihrer Fähigkeit, am Prozess und den Vorteilen der internationalen Arbeitsteilung teilnehmen zu können, zu diskutieren. Wenn ein Land mangels Wettbewerbsfähigkeit durch das Diktat des Freihandels dazu gezwungen wird, sich von ausländischem Güterangebot dermaßen überschwemmen zu lassen, dass seine eigenen Produktionsstrukturen zusammenbrechen, muss es die Möglichkeit haben, sich entweder auf eine autarke Position zurückzuziehen oder einen Schlussstrich unter seine Auslandsverschuldung zu ziehen durch eine Abwertung seiner Währung, d. h. eine Entwertung seiner Auslandsschulden. Anderenfalls kann ein Land die Versklavung seiner Bürger durch unumkehrbare Verschuldung im Ausland nicht verhindern. Der Vorschlag von Finanzminister Schäuble im Zuge der Griechenlandkrise, Defizitländern Stimmrechte innerhalb der EU zu entziehen, weist in genau diese Richtung eines Neokolonialismus.

Auch wenn es viele Ökonomen in Deutschland und noch mehr Wirtschaftspolitiker hierzulande nicht wahrhaben wollen: Wettbewerbsfähigkeit ist kein Konzept, das ein Land für sich allein regeln kann. Es ist und bleibt ein relatives Konzept, das für ein Land nur dann aufgeht, wenn es nicht systematisch von anderen daran gehindert wird, sich zu verbessern. Solange Handels«partner« alles tun, um das Aufholen eines Defizitlandes in Sachen Wettbewerbsfähigkeit zu torpedieren, kann kein Defizitland auf den Weg der Entschuldung gelangen. Man denke an einen Wettbewerb im Sport, sagen wir einen Hundert-Meter-Lauf: Jeder Wettbewerbsteilnehmer kann versuchen, seine Bestzeit zu steigern. Gelingt ihm das, dann verbessert er sich, absolut gesehen (das wäre, in wirtschaftliche Kategorien übersetzt, eine Verbesserung der Produktivität). Aber das heißt noch lange nicht, dass dieser – für sich betrachtet erfolgreiche – Wettbewerbsteilnehmer auch im Wettbewerb selbst erfolgreich ist. Denn ob er erster wird, hängt nicht nur von seiner eigenen Leistung ab, sondern auch davon, wie die anderen Teilnehmer gelaufen sind. Haben sie sich noch mehr gesteigert als er (übersetzt: haben sie ihre Produktivität stärker gesteigert als er), kann er trotz seiner Anstrengung nicht gewinnen.

Das ist nicht schlimm, solange er durch den verlorenen Wettkampf nicht automatisch so in den Ruin getrieben wird, dass er beim nächsten Wettkampf nicht mehr antreten kann. Das ist auch nicht demotivierend, solange der Läufer sich durch die Leistung der anderen angespornt fühlt und ihnen Tricks und Kniffe beim Training abschauen kann, um sich selbst erneut zu verbessern. Schlimm ist es aber, wenn die ihm überlegenen Läufer nicht tatsächlich besser sind als er, sondern gedopt haben (übersetzt: Sie haben keine größere Steigerung ihrer Produktivität zustande gebracht, sondern eine Kostensenkung durch Lohndumping). Denn dann kann der »ehrliche« Läufer entweder niemals gewinnen oder, wenn er seine Ehrlichkeit aufgibt und selbst dopt, auf Dauer nicht gesund bleiben. Natürlich werden auch die vermeintlichen Sieger durch das Doping krank werden (übersetzt: Alle geraten in eine Deflationsspirale). Aber bis es so weit ist, haben sie immer wieder gesiegt, Siegerprämien kassiert, die Verlierer belächelt und belehrt und stehen vor aller Welt als die Könner da, deren Erfolg ihrer Methode Recht zu geben scheint, die daher ihre Methode als nachahmenswert anderen überstülpen dürfen (übersetzt: Die Lohndrücker schreiben den anderen das Lohndrücken vor, wie es ja im Falle der Südeuropäer gelungen ist).

Der falsche Lohn

Die gesamte Ideologie, die sich an den Löhnen in einer Marktwirtschaft festmacht, wird von einem extrem simplen Modell beherrscht. In diesem Modell, wie es auch Keynes dummerweise in einer Fußnote seiner *General Theory* unkritisch verwendet hat, arbeiten, sagen wir, zehn Arbeiter den ganzen Tag und produzieren eine bestimmte Menge Güter. Kommt ein elfter Arbeiter hinzu und soll auch beschäftigt werden, muss man in der Regel davon ausgehen, dass der elfte Arbeiter weniger produziert (eine geringere Grenzproduktivität hat) und so weniger zum Gesamtergebnis beiträgt. Das liegt einfach daran, dass die Ökonomen üblicherweise unterstellen, es herrschten »sinkende Skalenerträge«, was bedeutet, dass bei gegebenem Kapitalstock der letzte Arbeiter weniger produktiv ist als der erste (eine Vorstellung, die ursprünglich aus der Landwirtschaft stammt und für moderne von Maschinen getriebene Prozesse kaum eine Bedeutung hat).

Setzt man dieses einfache Modell in einen wettbewerblich organisierten Arbeitsmarkt ein, dann müssen mit dem Eintritt des elften Arbeiters auch die anderen zehn Arbeiter einen Lohnverzicht hinnehmen. Es ist nämlich in diesem Modell unterstellt, was Ökonomen sonst nicht gern unterstellen, dass nämlich das Gesetz des »gleichen Lohns für gleiche Arbeit« herrscht.

Bei gleichem Lohn für gleiche Arbeit und einer gesunkenen Grenzproduktivität kommt man also zum schlichten Ergebnis, dass der elfte Arbeitnehmer nur eingestellt werden kann, wenn alle anderen darauf verzichten, den gleichen Lohn wie vorher zu verlangen. Hinzu kommt, es ist nicht nur der Verzicht der Arbeiter auf Lohn, den die Anpassung an die neue Grenzproduktivität verlangt, diese Anpassung führt auch dazu, dass die Unternehmen mehr als vorher verdienen. Weil nämlich die Produktivität der ersten zehn Arbeiter gleich bleibt, nun aber alle wegen der gesunkenen Grenzproduktivität weniger Lohn erhalten, steigt der Gewinn der Unternehmen.

Das ist das Modell, auf dem alle neoklassisch argumentierenden Ökonomen das Argument aufbauen, nur bei sinkenden Löhnen beziehungsweise bei Löhnen, die hinter der Produktivität zurückbleiben, könnten Arbeitsplätze geschaffen werden. Wie immer in diesen Fällen fragt niemand, ob dieses Modell realistisch ist. Wie immer unterstellen die neoklassischen Ökonomen, dass man ohne Weiteres von der Einzelwirtschaft auf die Gesamtwirtschaft schließen kann. Das ist aber keineswegs gerechtfertigt. Zum einen gibt es fast nirgendwo diese einfache Produktionsweise mit sinkenden Skalenerträgen, zum andern gibt es in kaum einem Unternehmen eine derart homogene Tätigkeit, dass neu eingestellte Arbeiter auf jeden Fall mit den schon vorhandenen konkurrieren würden.

Vor allem aber kann man nicht unterstellen, dass Angebot und Nachfrage am Arbeitsmarkt in der Gesamtwirtschaft genauso funktionieren wie auf einem Kartoffelmarkt. Angebot und Nachfrage auf dem Kartoffelmarkt funktionieren nämlich nur, wenn man unterstellt, dass dort Angebots- und Nachfrageentscheidungen vollkommen unabhängig voneinander getroffen werden. Ist diese Unabhängigkeit nicht gegeben, hängt also das Angebotsverhalten in der Gesamtwirtschaft oder auf einem einzelnen Markt auch vom Nachfrageverhalten der gleichen Wirtschaftssubjekte ab, dann kann man aus logischen Gründen den einfachen Markt und die harmonische Ausgleichsfunktion der Preise nicht mehr als realistischen Fall unterstellen. Weil in der Gesamtwirtschaft bei einem Rückgang der Löhne auch sofort und unmittelbar die Nachfrage fällt, darf man nicht annehmen, der Gewinn der Unternehmen steige, im besten Fall bleibt er nämlich nur konstant (siehe Flassbeck/Spiecker 2007, Seite 77 ff.).

Solche kleinen logischen Probleme stören unseren Standardökonomen aber nicht. Wie sollten sie auch! Würde er zugestehen, dass der Arbeitsmarkt nicht wie ein normaler Markt funktioniert, würde sein ganzes schönes Weltbild zusammenbrechen. Er müsste dann zugestehen, dass die Dinge nicht so einfach sind. Er müsste im Ernst überlegen, ob man in einer Rezession einfach auf Lohnsenkung vertrauen darf oder ob man den bösen Staat nicht doch mit ins Boot nehmen muss. Er müsste zugeben, dass die Geldpolitik nicht allein für Preisstabilität verantwortlich sein kann, weil es sonst in einer Rezession keine Mittel gibt, um die Investitionen wieder zu beleben und neue Arbeitsplätze zu schaffen. Noch schlimmer, er müsste zumindest indirekt einräumen, dass Gewerkschaften durchaus eine Funktion haben. Er müsste zugeben, dass die Stabilisierung der Löhne eine wichtige gesamtwirtschaftliche Bedeutung hat. Wie könnte er das alles zugeben? Sobald er diesen Schritt macht, ist das ganze harmonische und kleinräumige Weltbild zerstört. Seine einfache Rollenverteilung, bei der der Staat weitgehend der Stabilisierungsaufgabe entbunden ist, bei der die Zentralbank vollkommen autonom und unabhängig sein kann und bei der die ungeliebten Gewerkschaften fast immer die Rolle des Schurken im Stück übernehmen müssen, wäre dahin.

Was sind gegen alle diese schrecklichen Kröten, die er schlucken müsste, die kleinen logischen Probleme, mit denen sein Weltbild verbunden ist. Er ignoriert sie, und er ignoriert genauso die Fakten, die seit vielen Jahren und unglaublich eindeutig zeigen, dass sein Weltbild falsch ist. Wie so oft machen es ihm aber seine Gegner auch sehr leicht. Sie verzichten in der Regel auf eine explizite Auseinandersetzung mit der Theorie, und beklagen lieber, dass seine Ansichten unsozial sind, dass die Arbeitslosigkeit nicht sinkt und dass der soziale Ausgleich in der Gesellschaft fehlt. Das aber spornt den neoklassischen Arbeitsmarkttheoretiker eher an, als dass es ihn abschreckt. Niemand hat es schöner und klarer gesagt als Keynes in seiner *General Theory*:

»Ein klassischer Ökonom mag mit den Arbeitern sympathisieren, die einen Lohnverzicht ablehnen, und er mag erkennen, dass dieser in der gegenwärtigen Situation gar nicht klug ist, aber die wissenschaft-

liche Integrität zwingt ihn nichtsdestotrotz zu erklären, dass die
mangelnde Bereitschaft der Arbeiter, auf Lohn zu verzichten, der
Kern des Problems ist.« (Seite 16, eigene Übersetzung)

Der Vorwurf des Unsozialen, der den Standardökonomen regelmäßig trifft, bestätigt ihn geradezu in seiner Auffassung, wissenschaftlich zu argumentieren. Sie bestärkt ihn darin, an seiner »tugendhaften« Argumentation festzuhalten, weil er doch weiß, dass es nur diese »Gutmenschen« sind, die ihn mit Gewalt von seinem in der Wissenschaft verankerten Pfad abbringen wollen. Deswegen ist es, wie ich in dem Buch *Gescheitert* gezeigt habe, gerade die Argumentation mit dem Sozialen, die hier das Gegenteil dessen auslöst, was man sich wünscht. Der berühmte Satz »sozial ist, was Arbeit schafft« muss eben vollständig ausgehebelt werden, wenn man konsequent argumentiert. Man muss ihn umdrehen, so dass er heißt »was sozial ist, schafft Arbeit«, weil man nur dann in der Lage ist, dem neoklassischen Weltbild ein anderes, ein konsistentes Weltbild entgegenzusetzen.

Dass die Linke seit Keynes darauf verzichtet hat, dieses andere konsistente Weltbild auf dem Arbeitsmarkt zu schaffen, hat sie bitter bereuen müssen. Sie musste mit ansehen, wie ihren eigenen Protagonisten, vor allem solche, die sich im soziologischen oder politischen Milieu bewegen, keine andere Wahl blieb, als dem Neoliberalismus in so vielen Fragen zu folgen, dass kein eigenständiges wirtschaftlich politisches Profil entstehen konnte.

Der falsche Wechselkurs

Auf keinem Gebiet hat die herrschende Ökonomie mehr versagt als auf dem Gebiet der Außenwirtschaftstheorie, insbesondere ihrer monetären Variante. Nicht nur, wie ich zu Beginn dieses Buches gezeigt habe, hat man ein harmonisches Weltbild des internationalen Handels geschaffen, das nichts mit der Wirklichkeit zu tun hat. Darüber hinaus hat man ein monetäres Komplement dieser realen Theorie des Handels entwickelt, das in den letzten 40 Jahren einen enormen Schaden in der Weltwirtschaft angerichtet hat.

Ziemlich von Anfang an, das heißt seit Beginn der neuen Zeitrechnung in der Wirtschaftsgeschichte am Ende des Zweiten Weltkrieges, haben die Ökonomen in Deutschland und international nichts anderes im Sinn gehabt, als das vor allem von Herrn Keynes geschaffene internationale Währungssystem zu demontieren. Schon in den 1950er Jahren war Milton Friedman damit hervorgetreten, dass er vorschlug, die Wechselkurse der Währungen von den Märkten bestimmen zu lassen. Dafür gab es zwar keine guten Argumente, aber wie immer in der Ökonomie reicht es aus zu sagen, der Markt sei dem Staat überlegen, um ein neues Dogma zu schaffen.

Wie heute im Europäischen Währungssystem geriet das System von Bretton Woods schon bald nach seiner Gründung von verschiedenen Seiten unter Druck. Ich will nicht im Einzelnen darauf eingehen, von wem wann oder wo die Regeln des Systems so falsch interpretiert wurden, dass nur die Schlussfolgerung übrig blieb, es aufzugeben. Sicher ist in jedem Fall, dass ohne die Fiktion der Ökonomen, es gebe eine einfache Alternative, nämlich den Wechselkurs dem Markt zu überlassen, die politische Demontage des Systems nicht so schnell gegangen wäre. Nach zwei Jahrzehnten einer unglaublich stabilen und herausragend guten wirtschaftlichen Entwicklung schlug schon Anfang der 1970er Jahre die letzte Stunde dieses genial erdachten Währungssystems.

Weil immer mehr Politiker glaubten, dass der Wechselkurs ein Preis sei, den man wie andere Preise auch dem Markt überlassen müsse, hatte ein Währungssystem keine Chance, bei dem die Staaten entscheiden sollten, wie sich die Wechselkurse entwickeln. Das wäre alles nicht sonderlich problematisch gewesen, wenn man nur – statt blind dem neuen Dogma des vom Markt bestimmten Wechselkurses zu folgen – bereit gewesen wäre, schon in den Anfangsjahren die offen zutage tretenden Mängel des Systems flexibler Wechselkurse zur Kenntnis zu nehmen. Aber nein, so funktioniert Volkswirtschaftslehre nicht. Nach der unglaublich hitzigen Debatte in den 1960er Jahren über die Ablösung des alten Währungssystems schlossen die Ökonomen sofort die Augen und vernagelten ihre Hirne, sobald man das Endziel erreicht hatte, die Wechselkurse dem Markt zu überlassen.

Man muss sich im Klaren darüber sein, dass hier ein Grundmuster des Verhaltens der herrschenden Ökonomik zutage tritt: Man tritt für eine Sache ein genau bis zu dem Zeitpunkt, an dem man dem Markt zur Herrschaft über den Staat verholfen hat. Über das, was dann am Markt geschieht, muss man keine Sekunde mehr nachdenken. Denn der Markt macht ja immer alles richtig. Schon die schlichte Tatsache, dass in den 1970er Jahren der Wechselkurs des Dollar gegenüber den europäischen Währungen Achterbahn fuhr, wurde vollständig ignoriert. Für mich war das damals schon unbegreiflich. Ich dachte, naiv wie ich war, es müssten doch Wissenschaftler, jedenfalls Menschen, die sich vom Staat als Wissenschaftler bezahlen lassen, bereit und in der Lage sein, die Ergebnisse ihres eigenen Tuns und ihrer eigenen Ratschläge wenigstens zur Kenntnis zu nehmen. Weit gefehlt.

Selbst als es noch viel schlimmer wurde und der Dollar in der Euphorie über den Sieg des Super-Konservativen Ronald Reagan in den Vereinigten Staaten fast zurückkehrte zu dem Wert, den er in den 1950er Jahren gegenüber der D-Mark gehabt hatte, kam kaum jemandem in den Sinn, dass der Markt vollkommen falsch liegen könnte. Selbstverständlich wurden die Versuche einiger Politiker, in der zweiten Hälfte der 1980er Jahre den absolut absurden Wechselkurs des Dollar durch Interventionen am Markt wieder auf ein vernünftiges Niveau zu bringen, von der Zunft der Ökonomen heftig kritisiert.

Mein Erstaunen über die Ignoranz der Ökonomen schlug aber in Verachtung um, als ich mit ansehen musste, wie das Währungssystem in den 1990er Jahren unglaublich große Krisen produzierte. In vielen Entwicklungsländern brach die helle Verzweiflung darüber aus, wie sie bei offenen Kapitalmärkten, die man ihnen abverlangt hatte, jemals vernünftig Handel miteinander treiben könnten, solange die Wechselkurse Jojo spielten. Es kam, wie es kommen musste. Die Währungsrelationen gerieten vollends auf die schiefe Bahn, als sich mehr und mehr Hedgefonds und die zu »Meistern des Universums« aufgestiegenen Banken daran machten, mit Währungsspekulation auf dem Rücken der Entwicklungsländer systematisch Geld zu verdienen.

Wenn es jemals einen Offenbarungseid einer ganzen Wissenschaft gegeben hat, dann war es dieser. Mit dem primitivsten aller Mittel, Zinsarbitrage, also dem Versuch, Zinsdifferenzen zwischen Ländern durch kurzfristige Geldanlage auszunutzen, gelang es den großen Herden, ich sollte besser Horden sagen: von solchen »Investoren« nicht nur kleine und arme Länder dazu zu bringen, extrem hohe Zinsen für vollkommen nutzlose kurzfristige Gelder aufzubringen. Es gelang diesen Horden auch, die Währungen der Hochzinsländer systematisch nach oben zu treiben. Um es kurz zu schildern: Man leiht sich Geld zu einem Prozent in Japan (wo Deflation herrscht und die Zinsen von der Notenbank extrem niedrig gehalten werden), tauscht die japanischen Yen in isländische Kronen und legt diese in Island zu zehn Prozent Zinsen an. Das gelingt, weil die isländische Notenbank den Zins hoch hält, da die isländische Inflationsrate hoch ist. Weil das viele »Investoren« mit großen Summen tun, steigt der Wechselkurs der isländischen Krone zum Yen. Das macht den Rücktausch des Geldes von Kronen zu Yen nach drei Monaten noch attraktiver, als es schon wegen der Zinsdifferenz der Fall gewesen wäre.

Genau an dieser Stelle hätte es einen Aufschrei in der gesamten Wissenschaft geben müssen. In jedem Lehrbuch der Ökonomie steht nämlich schon im ersten Kapitel über Währungsfragen, dass sich die Wechselkurse systematisch nach den Inflationsdifferenzen richten müssen. Ein Land mit hoher Inflation sollte also abwerten, ein Land mit niedriger Inflation aufwerten. Die oben beschriebene Zinsarbitrage aber, neudeutsch carry trade genannt, basiert genau auf dem gegenteiligen Mechanismus. Was uns zu dem einfachen Ergebnis führt, dass mit systematischer Spekulation zur Ausnutzung der Zinsdifferenz absolut unhaltbare Ergebnisse für die beteiligten Volkswirtschaften produziert werden.

Wenn die Währung eines Hochzinslandes, das, wie gesagt, auch ein Hochinflationsland ist, systematisch und über Jahre hinweg aufgewertet wird, ist das ein absolutes Katastrophenszenario. Die Wettbewerbsfähigkeit des Landes ist ja ohnehin gefährdet. Wer über ein paar Jahre hohe Inflationsraten hat, kommt nicht umhin, auch für seine Exporte auf den internationalen Märkten hohe Preise verlangen zu müssen. Genau deswegen steht ja in den Lehrbüchern der Ökonomen, dass ein solches Land abwerten muss. Denn nur durch die Abwertung, die natürlich von den Bürgern dieses Landes ein Opfer verlangt, können die Produzenten des Hochinflationslandes wieder wettbewerbsfähig anbieten. Wird die Währung dagegen von der Spekulation aufgewertet, verschärft das den Verlust von Wettbewerbsfähigkeit fast aller Produzenten des Landes in dramatischer Weise. Das Land gerät in eine Schieflage, seine Defizite in der Leistungsbilanz steigen, und früher oder später ist seine internationale Reputation dahin und es muss durch eine massive Krise, die praktisch immer mit einer Abwertung verbunden ist, um das verlorene Terrain wiederzugewinnen.

Wie gesagt, man konnte es wissen und beobachten: Die Märkte, die berühmten Finanzmärkte also, haben genau das Gegenteil von dem getan, was man von ihnen erwartet, doch die Ökonomen schweigen. Sie haben Angst, dass ihr ganzes Kartenhaus zusammenstürzt, wenn sie auch nur ein einziges Mal zugeben würden, dass der Markt nicht das richtige Ergebnis hervorbringt.

Was sollen in einer solchen Situation die Politiker tun? Können sie sich gegen den Mainstream in der Wissenschaft stellen, können sie sagen, dass 80 Prozent der Ökonom Ignoranten sind, können sie sagen, ich, der Politiker, kann mit meinem gesunden Menschenverstand die Welt viel besser erklären als Ökonomen mit ihren komplizierten Modellen? Nein, normalerweise können sie das nicht. Es gibt meines Erachtens nur ein einziges Beispiel, wo sich Politiker konsequent über diese herrschende Meinung der

Ökonomen hinweggesetzt haben, und das war die Entscheidung von Helmut Schmidt und Valéry Giscard d'Estaing Anfang der 1980er Jahre, in Europa auf eine Währungszusammenarbeit zu setzen, anstatt den Wechselkurs den Märkten zu überlassen.

Schlimmer noch, in den meisten Krisen der Vergangenheit, so in der Asienkrise Ende der 1990er Jahre, der Lateinamerikakrise Anfang des ersten Jahrzehnts des Jahrhunderts und in der großen Finanzkrise der Jahre 2008 und 2009 haben es weder die Ökonomen noch die Politiker geschafft, die Bedeutung der Währungsfrage für die Krisen deutlich zu machen. Zwar hat man nach der Asienkrise von der Notwendigkeit einer neuen globalen Finanzarchitektur gesprochen, geschehen ist aber nichts. Sobald sich die Länder, die in Schwierigkeiten waren, dem IWF ergeben hatten und durch massive Abwertung eine Lösung ihrer wirtschaftlichen Probleme in greifbarer Nähe rückte, war das Thema international durch. Weder intellektuell noch politisch wurde versucht zu verstehen, was passiert ist, oder gar der Versuch unternommen, globale Lehren zu ziehen.

Auch wurde die Bedeutung der europäischen Währungszusammenarbeit, die bis hin zu einer Währungsunion führte, nicht verstanden. Nur deswegen konnte es passieren, dass wir heute in der größten Krise Europas seit den 1950er Jahren sind. Die Ökonomen haben sich von Anfang an konsequent geweigert, eine ökonomische Ratio in dieser Lösung der Währungsfrage zu sehen, sie haben sie stattdessen als bloßes politisches Abenteuer abgetan.

Der falsche Zins

Es gibt eine schöne Geschichte, die ich in Afrika erlebt habe. Ich war in Ghana und las im Wirtschaftsteil einer Zeitung, dass zum ersten Mal in der Geschichte Ghanas überhaupt die Zentralbank dazu übergegangen war, die Zinsen, die die privaten Banken von ihren Kunden verlangten, zu veröffentlichen. Das Ergebnis war verheerend. Die Zentralbank berichtete, dass die sieben privaten Banken, die es in dem Land gab, im Schnitt zwischen 25 und 36 Prozent Zinsen von ihren Kunden verlangten. Und das in einem Land, in dem damals, es war 2008, die Inflationsrate bei etwa zehn Prozent lag und der von der Zentralbank von den Banken verlangte Zins bei etwa zwölf Prozent. Was einfach bedeutet, dass in Ghana zu diesem Zeitpunkt die Zinsen für jede Art vernünftiger Investition prohibitiv hoch waren. Kein Kleinbauer, kein Handwerker, kein normaler kleiner Betrieb kann unter solchen Umständen einen Kredit aufnehmen.

Ich fragte dann ein bisschen in dem Land herum, unter anderem sprach ich mit Bankern, um herauszufinden, was diese sieben privaten Banken eigentlich machten. Das Ergebnis war einfach und so, wie man es erwarten konnte: Die einzige Tätigkeit dieser sieben Banken bestand darin, dem Staat Geld zu leihen und gleichzeitig ein wenig Wohnungsbau zu finanzieren, wobei jeder sagte, dass die Auflagen, unter denen die Banken Wohnungsbaukredite überhaupt vergäben, extrem restriktiv seien. Man muss nur noch anmerken, dass die Habenzinsen deutlich unter zehn Prozent lagen, um zu wissen, welch wunderbares Business das Bankgeschäft in einem solchen Land ist.

Man nimmt das Ersparte der Bevölkerung, man nimmt Geld von der Zentralbank, also vom Staat, beides zu relativ günstigen Zinsen, und verleiht das Geld zu doppelt so hohen Zinsen oder mehr wieder an den Staat, von dem man es bekommen hat, oder an die wenigen Bauprojekte, die es im Land gibt. Auf meine auch an Politiker gestellte Frage, wie es denn sein könne, dass man erst 2008 darüber etwas erfahren konnte und wie die Politik hinnehmen kann, dass solche Zustände am so wichtigen Finanzmarkt herrschen, bekam ich immer nur eine ganz einfache Antwort. Die Antwort war, das Bankwesen sei schließlich privat, da herrsche Wettbewerb, man habe westliche Banken, was solle man sonst noch tun?

Das einzige sachliche Argument, das mir vorgehalten wurde, war die Aussage, man könne kaum Kredite an die übrige Wirtschaft vergeben, und wenn, dann nur zu so hohen Zinsen, weil das Ausfallrisiko so hoch sei. Der Ghanaer sei einfach nicht bereit – wie ein ordentlicher Westeuropäer –, seine Zinsen zu bezahlen. Das ist wirklich das tollste aller Argumente. Und es ist sogar vollkommen richtig. Wer nämlich 30 Prozent Wucherzinsen bezahlen soll, kann in der Regel nicht bezahlen. Aber nicht, weil er ein schlechter Schuldner ist, sondern weil er einfach im Durchschnitt einer Volkswirtschaft, die real mit fünf Prozent, nominal mit 15 Prozent wächst, unmöglich 30 Prozent Zinsen bezahlen kann.

Was war geschehen in Ghana? Nun, die Erklärung ist ganz einfach. In dem Land waren der Internationale Währungsfonds und die Weltbank vor einiger Zeit eingefallen und hatten ihm verordnet, ein ordentliches Bankensystem einzuführen. Dieses Bankensystem musste natürlich aus westlichen Banken bestehen, weil man den heimischen Banken nicht trauen konnte. Die Tatsache, dass von den sieben westlichen Banken fünf über die Eigentümerstruktur miteinander verbunden waren, nahm niemand zur Kenntnis. Auch die Frage, die nahe liegt, wenn man einem Land ein völlig neues Bankensystem verordnet, ob dieses Bankensystem tatsächlich im Sinne von Investitionsförderung funktioniert, wurde niemals gestellt.

Das ist der springende Punkt, auf den ich oben schon hingewiesen habe: Weil die Ökonomen fest glauben, dass man nur die richtige Institution braucht, nämlich einen Markt, und schon sei jedes Problem gelöst, muss man auch gar nicht mehr hinschauen, was auf diesem Markt, den man da in die Welt gesetzt hat, geschieht.

Die Ignoranz, die in solchem Verhalten zum Ausdruck kommt, ist die logische Folge des herrschenden Denkens in der Ökonomie: Weil der Markt immer recht hat, muss man die Frage, ob der Markt vernünftige Preise hervorbringt, nämlich Preise, mit denen die Menschen leben können, überhaupt nicht stellen und schon gar nicht beantworten.

Das gilt übrigens nicht nur für Afrika. Nach Untersuchungen, die wir in Genf vorgenommen haben, gilt für den Großteil aller Entwicklungsländer außerhalb Asiens, dass die Zinsen systematisch zu hoch sind. Das gilt auch für die berühmten Mikrokredite. Vergleicht man Asien, also den wirklich erfolgreichen Teil der sich entwickelnden Welt, mit Südamerika, mit Osteuropa oder mit Afrika, kommt man zu dem einfachen Ergebnis, dass nur in Asien die monetären Bedingungen so sind, dass man mit einem wirtschaftlich nachhaltigen Aufschwung, mit Aufholen, also mit einer wirklich erfolgreichen wirtschaftlichen Entwicklung rechnen kann.

Spätestens seit dem Siegeszug des Monetarismus ging die kritische Auseinandersetzung mit diesen fundamentalen Fragen vollkommen verloren. Die Volkswirtschaftslehre hat damit ihr eigentliches Objekt aufgegeben und sich einer anderen, rein ideologischen Fragestellung zugewandt. Die Frage, die Ökonomen beantworten wollen, lautet nämlich: Wie kann es gelingen, praktisch alle Lebensbereiche von einem System namens Markt beherrschen zu lassen? Sobald dieses System seine Herrschaft angetreten hat, ist für den Ökonomen selbst der Blick auf die Ergebnisse, die das System generiert, vollkommen überflüssig. Er weiß ja, dass das Richtige herauskommt, und selbst wenn nicht das Richtige herauskäme, wüsste er, dass es keine andere Methode gibt, mit der man es besser machen könnte.

Insbesondere der Staat kann niemals etwas besser machen als der Markt. Wenn sich also in Ghana der Staat etwa entschließen würde, mit einer staatlich kontrollierten oder vom Staat in Eigentum gehaltenen Bank den privaten Banken Konkurrenz zu machen, wäre das natürlich schlecht. Wenn also der Staat, sagen wir, von den Kleinbauern und Handwerkern nur einen Zins von 12 oder 13 Prozent nähme und diese dann ihre Investitionen erfolgreich finanzieren könnten, wäre das schlecht. Denn dann hätte der Staat ja die Kleinbauern und Handwerker subventioniert. Dann hätte der Staat die Ressourcen falsch verteilt und folglich ein schlimmeres Ergebnis geschaffen, so müsste der herrschende Ökonom urteilen, als wenn die Handwerker und Kleinbauern niemals etwas investieren.

Noch schlimmer wäre es nach Ansicht der herrschenden Ökonomen, wenn der Staat den Banken in Ghana vorschreiben würde, niemals einen Zins zu nehmen, der um mehr als die Wachstumsrate der Volkswirtschaft insgesamt über dem Zins liegt, den die Banken bei der Zentralbank zu zahlen haben. Das wäre ein ganz unerhörter Eingriff in die »freie« Preisbildung des Marktes und natürlich vollkommen falsch und gefährlich. Ist es nicht in China eine kommunistische Partei, die sich anmaßt, darüber zu bestimmen, wie und auf welche Weise und mit welchem Zins die Banken Kredite vergeben dürfen, die das Land mit dieser falschen Politik weiter ins Elend treibt? Auch die Tatsache, dass Brasilien genau das Richtige mit einer staatlichen Bank tut, würde das Weltbild des Mainstream stören und bleibt ausgeblendet.

Sie sehen, liebe Leser, es ist ganz einfach. Sie müssen nicht studiert haben, um die Volkswirtschaft zu verstehen. Da der Markt immer recht hat, ist Volkswirtschaftslehre das einfachste aller Fächer. Man stellt einfach das Denken ein, sobald der Markt das Kommando übernommen hat. Da das in der Mehrzahl aller Fälle so zu sein hat, weil der Staat ja systematisch versagt, gibt es auch nicht viel zu denken. Im Gegenteil, der beste Ökonom ist der, der das Mantra des immer recht habenden Marktes laut und ohne den geringsten Zweifel vertritt. Dann wird man eingeladen auf die schönen Veranstaltungen der Unternehmer, wo es schöne Honorare gibt, wo das Buffet besonders gut ist und wo man die Kontakte knüpft, die dafür sorgen, dass man in die nächste Talkshow gehen darf. So haben wir ein einfaches System geschaffen, mit einfachen Menschen und einfachen Lösungen, die fast immer in die Hose gehen.

Sparen und Investieren und der Zins

Wir ahnen, mindestens so unsinnig wie die neoklassische Lohntheorie ist die neoklassische Zinstheorie. Selbstverständlich unterstellt der Neoklassiker, dass der Zins aus Angebot und Nachfrage an einem Markt gebildet wird. Dieser Markt ist der Kapital-markt. Dort trifft sich nach der Vorstellung des Neoklassikers das durch das Sparen der privaten Haushalte entstandene Angebot an Kapital mit der Nachfrage an Kapital, die vom Staat, vom Ausland und von den privaten Unternehmen ausgeht. Die privaten Haushalte sind dabei in einer Führungsrolle, weil es selbstverständlich die autonome, die völlig freie Entscheidung der privaten Haushalte ist, wie viel von ihrem Einkommen sie konsumieren und wie viel sie sparen wollen. Auch das ist die Konsumentensouveränität, die uns oben schon beschäftigt hat.

Auf diese Weise ist die Ersparnis der entscheidende Flaschen-hals für Investitionen. Nur was als Ersparnis der privaten Haushalte aufgebracht wird, kann als Investition Verwendung finden. Da der Zins Angebot und Nachfrage ausgleicht, bedeutet ein Mehr an Ersparnis eine Zinssenkung und folglich ein Mehr an Investitionen. Je mehr von diesem für Investitionen zur Verfügung stehenden Kapital der Staat an sich reißt, umso weniger steht für die Unternehmen zur Verfügung. Auch das Ausland kann im Prinzip, wie es die USA in den letzten 20 Jahren wegen ihrer hohen Konsumneigung getan haben, einen Teil der überschüssigen inländischen Ersparnisse absorbieren.

Es ist in der neoklassischen Welt also vor allem die Bereitschaft der Menschen, kurzfristig auf Konsum zu verzichten, die der Volkswirtschaft als Ganzes die Möglichkeit schafft, durch Investitionen den Lebensstandard langfristig zu verbessern. Nur solche Volkswirtschaften, in denen die Menschen bereit sind, den Gürtel eng zu schnallen, können prosperieren. Ein Staat, der sich massiv ausbreitet, der sich verschuldet, ist das Übel an sich. Er stört den Prozess, der automatisch über die Kapitalmärkte private Investitionen generiert.

Auch hier, wie meist bei neoklassischen Vorstellungen, geht es nicht konkret um eine Sequenz, die dem realen Leben abgeschaut ist. Würde man konkret fragen, wie es gehen soll, würde man die Absurdität sofort bemerken. Denn wie sollte der Anstieg der Spar-quote der privaten Haushalte, sagen wir von 10 auf 15 Prozent in einem Jahr, dazu führen, dass mehr Investitionen durchgeführt werden? Offensichtlich würde der Anstieg der Sparquote doch sofort bei den Unternehmen einen Nachfrageentzug mit sich bringen. Wenn dieser Anstieg aber einen Nachfrageentzug mit sich bringt, kann er unmöglich zur gleichen Zeit zu Investitionen anregen. In einer halbwegs realistischen Welt, einer Welt also, in der die Unternehmen Gewinne machen, würde der Zinsmechanismus deswegen niemals zum Tragen kommen. Weil die Unternehmen weniger Gewinne machen, sobald der Nachfrageentzug einsetzt, steigt nicht nur das Kapitalangebot am Kapitalmarkt, sondern auch die Kapitalnachfrage der Unternehmen, wenn diese auch nur ihre bisherige Investitionstätigkeit durchfinanzieren wollen, da die Unternehmen Eigenkapital durch Fremdkapital ersetzen müssen. Folglich bleibt der Zins konstant und dem Spar-Investitions-Mechanismus ist der Boden entzogen.

Die primitive Vorstellung der neoklassischen Theorie, der Zins gleiche automatisch Sparen und Investieren bei Vollbeschäftigung aller Produktionsfaktoren aus, erweist sich schon an dieser Stelle als falsch. Man muss wieder eine völlig abstruse Welt unterstellen, in der es keine Gewinne gibt, in der es keine Nachfrageschwankungen geben kann und in der Vollbeschäftigung von vornherein immer garantiert ist, um das neoklassische Modell zu »verstehen«. Doch verstehen kann ja nicht heißen, dass man dieses Modell zur Grundlage für politische Entscheidungen macht. Dazu ist es in keiner Weise geeignet.

Man mag einwenden, dass in der Tat nur wenige der Ökonomen, die praktische Ratschläge erteilen, ein solches Modell vollständig unterschreiben, sondern durchaus zugestehen würden, dass in der Wirklichkeit die Dinge nicht so glatt laufen, wie es das Modell unterstellt.

Doch ist es hier genauso wie an anderen Stellen dieses Buches: Wenn man das herrschende Denken nicht fundamental infrage stellt, erhält man niemals vernünftige Antworten. Absolut nichts spricht dafür, dass der Zins am Kapitalmarkt gebildet wird. Alles spricht dafür, sowohl theoretische Überlegung wie auch die empi-

rischen Befunde (siehe die Grafik auf Seite 150), dass der langfristige Zins sich zum weit überwiegenden Teil vom kurzfristigen
Zins herleitet und dass der kurzfristige Zins von den Notenbanken
einfach festgesetzt wird. Warum nehmen wir die Notenbanken so
wichtig? Warum geben wir der Geldpolitik eine so entscheidende
Rolle im gesamten Wirtschaftsleben? Warum wird Zinsentschei-
dungen der Notenbanken von allen Märkten dieser Welt mit großem Bangen oder mit großen Freuden entgegengesehen? Weil sie
nicht wichtig sind? Weil in Wirklichkeit der Kapitalmarkt den
langfristigen Zins bestimmt und die Notenbank überhaupt keinen
Einfluss darauf hat? Das ist doch offensichtlich absurd. Der Zins
wird von der Notenbank gesetzt.

In der Tat, es ist so einfach: Die Notenbank bestimmt den Zins.
Es gibt keine Geldmenge, die von der Notenbank direkt zu steuern
wäre, es gibt keine anderen Instrumente, mit der die Notenbank
die Inflation in Schach halten könnte, es gibt nur den Zins. Und es
kann überhaupt kein Zweifel daran bestehen, dass der kurzfristige, von der Notenbank gesetzte Zins einen unglaublichen Einfluss auf den langfristigen Zins hat. Das gilt zwar nicht für jede nationale Notenbank in gleicher Weise, da natürlich die Zinsen auf
den sogenannten längeren Märkten stärker international beeinflusst sind, weil dort eine größere Möglichkeit des internationalen
Austauschs und der Arbitrage besteht. Folglich muss man, wenn
man den Einfluss der Notenbanken auf den langfristigen Zins ab-
schätzen will, nicht nur auf eine Notenbank schauen, sondern auf
eine Reihe von Notenbanken zusammen.

Die Grafik zeigt unzweideutig, wie eng der langfristige Zins am
kurzfristigen hängt. Über 30 Jahre geben hier die Notenbanken
klar die Richtung und das Tempo des wichtigsten Preises der
Marktwirtschaft vor. Zwar schwankt der Abstand zwischen kurz
und lang mal ein wenig mehr oder etwas weniger, es kann aber
keinen Zweifel geben, dass die Zentralbanken das Heft des Handelns ganz fest in ihrer Hand haben.

Es ist also gerade nicht so, wie der Monetarismus uns glauben
machen wollte, dass nämlich die Notenbank über ihre Geldmen-

Die Notenbank bestimmt den Zins

in 6 Industrieländern[1] von 1980 bis 2010

[1] Deutschland, Frankreich, Großbritannien, Italien, Japan, USA. [2] Zinsen auf zehnjährige Staatsanleihen. [3] ????
Quelle: Berechnungen der UNCTAD.

genpolitik nur einen Rahmen für das Wirtschaften der Privaten setzt. Monetarismus war der verzweifelte Versuch der Neoklassiker, die Geldversorgung, wie der Sachverständigenrat es vor 30 Jahren nannte, zu »objektivieren«. Objektivieren wollte man die Geldversorgung dadurch, dass man ideologisch sattelfeste und eindeutig dem Monetarismus zuzuordnende Notenbanker von der Politik vollkommen unabhängig machte. Die Unabhängigkeit der Notenbanken war in der Tat nach dem Ende des Systems von Bretton Woods eine der Großtaten der neoliberalen Konterrevolution. Indem man die Unabhängigkeit der Notenbanken zur alles entscheidenden Voraussetzung für scheinbar rationale Wirtschaftspolitik machte, schaffte man eine Rollenverteilung, bei der dem Staat nur die Rolle des Nachtwächters blieb und, noch wichtiger, bei der die Gewerkschaften die alleinige Verantwortung für die Beschäftigung übernehmen mussten. Damit war ein System installiert, das ohne jede vernünftige theoretische Basis war, aber allen ideologischen Voraussetzungen des Neoliberalismus genügte.

Nach dem Tod von Milton Friedman am 16. 11. 2006 konnte man wieder beobachten, wie der Tod eines bekannten Mannes nicht nur die Dinge seines Lebens verklärt, sondern wie diejenigen, die Nachrufe schreiben, mit der Bejubelung der Doktrinen eines anderen den Beweis für die Richtigkeit ihrer eigenen Vorurteile in den Geschichtsbüchern verankern wollen.

So ziemlich der einzige kritische Hinweis, den sich die deutschen Kommentatoren zum Werk des Wiederentdeckers des Monetarismus – in der Tat gehen die Wurzeln des Monetarismus bis ins 17. Jahrhundert zurück – erlaubten, war die kritische Würdigung des Geldmengenkonzepts. Zwar haben die Notenbanken diesem Konzept inzwischen weitgehend abgeschworen und sich auf Inflationsziele, die durch Zinspolitik zu erreichen sind, geeinigt, aber die Kernidee bleibt.

Wie erfolglos die eilfertige Umsetzung von Friedmans Konzept einer durch flexible Wechselkurse abgesicherten nationalen Geldpolitik in Deutschland und Europa war, wurde aber in den Würdigungen ebenso wenig erwähnt wie das Scheitern der übrigen Bestandteile seiner Theorie in der gesamten Welt.

Nichts zeigt besser als die Argumentation pro flexible Wechselkurse, warum die gesamte monetaristische Konstruktion auf Sand gebaut war. Friedman »brauchte« flexible Wechselkurse, weil nur bei völlig marktbestimmten Wechselkursen die nationale Geldpolitik autonom agieren kann, weil sie nur dann nicht am Devisenmarkt intervenieren muss, um dem Wechselkurs eine bestimmte Richtung zu geben oder um ihn zu fixieren. Nationaler Monetarismus oder »monetärer Nationalismus«, wie das Friedmans späterer Weggefährte Hayek in den 1930er Jahren genannt hatte, war notwendig, um das Geldmengenkonzept durchsetzen zu können.

Milton Friedman argumentierte seinen »Case for Flexible Exchange Rates« nach einem simplen Muster. Da sich – im Zuge der keynesianischen Revolution! – gezeigt habe, dass Preise und Löhne zu inflexibel seien, um Gleichgewicht in den internationalen Beziehungen herzustellen, gäbe es nur ein Instrument, um störungsfrei internationalen Handel miteinander treiben zu können: Den flexiblen Wechselkurs.

Das zentrale Gegenargument, die mögliche Instabilität des Wechselkurses wegen allfälliger Spekulation, »widerlegte« Friedman mit leichter Hand. Man übersehe in der Regel, dass Spekulanten systematisch Verluste machen und aus dem Markt ausscheiden müssten, wenn die Spekulation nicht stabilisierend sei. Folglich müsse es einen Trend geben, um den herum der »effiziente« Markt den Kurs stabilisiere. Weil die Mehrheit der Marktteilnehmer auf Dauer nicht Verluste machen könne, sei zu erwarten, dass sich ein stabiler Trend herausbilde.

Die Logik dieses Arguments ist beeindruckend. Das ist etwa so, als ob ein Autokonstrukteur sagt, das von mir entworfene Fahrzeug ist zwar noch nie gefahren, aber da es ein Auto ist, muss es auch fahren können, also vertraut mir einfach. Die Ökonomik kann mit einem solchen Argument offenbar ohne Weiteres umgehen. Zwar wurde es kritisiert und im Prinzip sogar widerlegt, die große Mehrheit des Faches schlug sich gleichwohl auf Friedmans Seite, weil alles andere wohl wie ein »Verrat« an der Idee des überlegenen Marktes ausgesehen hätte. Dass das Konzept der flexiblen Wechselkurse in der Praxis gescheitert ist, ist oben schon dargelegt worden, dass aber auch heute noch nicht zur Kenntnis genommen wird, dass schon die Idee eines flexiblen äußeren Geldwertes in krassem Widerspruch zur monetaristischen Norm eines absolut festen Geldwertes im Innern steht, ist nicht nachzuvollziehen.

Neben flexiblen Wechselkursen brauchte Friedman eine Hypothese, die die immanente Stabilität der privaten Nachfrage bei völliger Abstinenz des Staates bestätigt: Die permanente Einkommenshypothese lieferte den »Beweis«. Dass auch diese Hypothese in den letzten Jahren bei der Erklärung des Konsums in Deutschland – die Realeinkommen sinken, der Verbrauch folgt und die Sparquote steigt, statt zu sinken – grandios gescheitert ist, hat niemand bemerken wollen. Schließlich musste der Arbeitsmarkt in das sich selbst regulierende System integriert werden; die »natürliche« Arbeitslosenrate, auch das keine neue Idee, bot hier eine einfache Lösung. Dass die amerikanische Notenbank Mitte der 1990er Jahre – gegen den massiven Protest der Monetaristen – mit fortgesetzt expansiver Politik *aber ohne jede Inflationsbeschleunigung auch diesen Baustein der Geldmengenlogik längst pulverisiert hat, war an den Nachrufern natürlich vorbeigegangen.*

Was von Friedman bleibt, ist das Aufgreifen einer uralten Identität, der sogenannten Quantitätstheorie, der Bau einiger geschickter Verteidigungsmauern darum herum und die Überdachung des Ganzen mit einer ins Extrem getriebenen Antistaatsideologie. In den Nachrufen wurde nicht einmal erkannt, dass und wie die einzelnen Teile der Friedman'schen Architektur eng ineinander greifen, dass sie alle notwendig waren, um der Geldmengenlogik eine Behausung zu schaffen, und dass diese letztlich nur das Instrument war, die Rolle des Staates in der Wirtschaftspolitik durch eine allein technokratischen Zwängen folgende Institution vollständig zu ersetzen. Nach dem Untergang des Geldmengenkonzepts wird allerdings auch der Rest in der Versenkung verschwinden, weil Mauern ohne Fundament von jedem Windhauch zum Einsturz gebracht werden können.[7]

Stellen wir uns eine Welt vor, in der die Notenbank oder besser die wichtigsten Notenbanken der Welt weitgehend die Kontrolle über den Zins haben. Dann bricht das scheinbar harmonische und allein auf den Markt ausgerichtete System des Neoliberalismus in sich zusammen. Nehmen wir ferner an, dass in den Notenbanken Menschen mit all ihren Fehlern, mit ihrem Glauben und mit ihren politischen Überzeugungen an den wichtigsten Schalthebeln der Macht sitzen, gerät für den Neoklassiker die Erde ins Wanken. Genau das ist aber ein realistisches Modell, das ist die Welt, in der wir leben.

Wahrscheinlich hat niemand in den letzten 40 Jahren, wiederum seit dem Ende des Systems von Bretton Woods, mehr Fehler gemacht und mehr Schaden angerichtet als die Menschen, die scheinbar objektiv in den Notenbanken das Sagen hatten. Insbesondere in Europa hat die Fiktion vom Monetarismus, die Fiktion von der Objektivierung der Geldversorgung unglaublichen Verwüstung mit sich gebracht. Es wurden nicht nur Jahrzehnte verspielt, die man hätte nutzen können, um die Gesellschaft menschlicher, ökologisch und ökonomisch erfolgreicher zugleich zu machen, es wurde, vor allem ausgehend von Deutschland, auch so viel politisches Porzellan in der Welt zerschlagen, wie man es von kaum einer anderen geistesgeschichtlichen Entwicklung sagen kann.

Hier, im Bereich der vielleicht wichtigsten Politik, die einer Regierung überhaupt zur Verfügung steht, sieht man besser als irgendwo, wie übermächtig das neoliberale Dogma geworden ist und wie hilflos dem die Politiker in allen Parteien gegenüberstehen. Das Thema Geldpolitik ist aus den politischen Diskussionen weitgehend ausgeblendet und wird einer Kamarilla von sogenannten Experten überlassen, die natürlich konservativ sein müssen, weil sie ja sonst «definitionsgemäß» keine guten Geldpolitiker sein könnten. Das Ganze wird begründet mit der »besonderen historischen Angst der Deutschen vor der Inflation«, also einer Inflationsangst, die sich vorwiegend auf die deutsche Hyperinflation zu Beginn der 20er Jahre des vergangenen Jahrhunderts zu stützen scheint. Das ist im Grunde so lächerlich, dass man meint, sich nicht ernsthaft damit auseinandersetzen zu müssen, aber diese Ideologie wird mit allen Mitteln, die man sich vorstellen kann, von Generation zu Generation getragen und erfolgreich jeder neuen Generation, die nichts davon weiß, ins Hirn gepflanzt.

Das geht sogar so weit, dass man noch heute in internationalen politischen Diskussionen einen gravierenden Unterschied konstruiert zwischen den historisch begründeten Ängsten der Amerikaner vor der Depression und den deutschen Ängsten vor der Hyperinflation (so Wolfgang Schäuble in der *Financial Times* vom 24. Juni 2010). Ein Kollege von mir, Jörg Bibow, hat daraufhin in einem Brief an die *Financial Times* zu Recht gefragt, wieso eigentlich die Deutschen keine Angst vor der Depression zu haben bräuchten. War in Deutschland die Depression der 1930er Jahre nicht genauso schlimm wie in den USA? Entstand nicht im Gefolge dieser Depression in Deutschland das fürchterlichste Regime aller Zeiten? Warum sollte man in Deutschland davor keine Angst haben?

Man sieht, es ist keineswegs eine historische Wahrheit, sondern wieder einfache Ideologie, die geschickt und konsequent umgesetzt wird, um bestimmte heutige Ziele zu erreichen. Die große Mehrheit der Politiker in allen Parteien setzt den Stabilitätsfetischismus sozusagen vor die Klammer, redet und denkt nicht mehr über Geldpolitik, sondern ernennt nur alle paar Jahre wieder einen möglichst konservativen, von der »richtigen« Lehre tief durchdrungenen Menschen zum Notenbanker ohne zu fragen, ob es vielleicht auch in der Geldpolitik Spielräume gäbe, die der allgemeinen Politik nutzen könnten. Und als ein einziges Mal in den letzten 40 Jahren sich ein Politiker namens Lafontaine erdreistete, über Geldpolitik zu reden, wurde er von allen Seiten und mit Mediengewalt so traktiert, dass es sich auch in den nächsten 40 Jahren kein Politiker erlauben wird, über die wichtigste wirtschaftspolitische Frage überhaupt nachzudenken.

Deflation, Inflation und die Geldmenge

Die Angst vor der Inflation feiert fröhliche Urständ. Kein Tag, an dem die Gazetten nicht voll wären mit Hinweisen »sachverständiger« Banker und Börsenhändler, die vor der großen Inflation warnen, die der Staat jetzt veranstalte und am Ende auch »brauche«, um seine Schulden wieder loszuwerden.

Da staunt man aber über die Argumente. Noch vor zwei oder drei Jahren war es in Deutschland ganz selbstverständlich, dass verantwortungsvolle Volkswirte jederzeit auf die von der Deutschen Bundesbank veröffentlichten Zahlen zur Entwicklung der Geldmenge schauten und sofort laut Inflationsalarm auslösten, wenn diese ein wenig über den Werten lagen, die man für stabilitätskonform hielt.

Ganz anders zurzeit. Die von den Anhängern der Geldmengenlehre, des sogenannten Monetarismus, für relevant gehaltene Geldmenge M3 fällt über Monate, aber keiner schaut hin, und keiner gibt Deflationsalarm. Was ist passiert? Sind wirklich alle Ökonomen über Nacht Keynesianer geworden und von der monetaristischen Lehre des Milton Friedman vollständig abgefallen? Oder ist es ihnen nur peinlich, über ihr altes Lieblingskonzept zu sprechen, das doch genau das Gegenteil dessen vorhersagt, was man gerne vorhersagen würde angesichts der ausufernden Staatsdefizite und der ungeheuerlichen Ausweitung der Liquidität durch die Notenbanken, nämlich drohende Inflation?

Darüber könnte man mit einem Lächeln hinweggehen, wenn es nicht ein systematisches Verhalten der Zunft wäre und wenn es nicht so gravierende negative Folgen für die Menschen hätte. Immer wenn die volkswirtschaftliche Wirklichkeit nicht zur herrschenden Theorie passt, ignoriert man einfach die Wirklichkeit, anstatt über mögliche Fehler der Theorie nachzudenken. Das ist diesmal umso gravierender, als selbst Milton Friedman, an den die meisten doch noch heimlich ganz fest glauben, den größten Fehler der Politik in der großen Depression des vergangenen Jahrhunderts darin gesehen hat, dass die Politik die Tatsache einer sinkenden Geldmenge einfach nicht zur Kenntnis nahm.

Nun bin ich zwar weit davon entfernt, das Gegenteil zu tun und zum Monetaristen zu werden, wenn es in den Kram passt, doch der Rückgang der Geldmenge wird entscheidend davon beeinflusst, dass die Kredite des Bankensystems an die private Wirtschaft und die privaten Haushalte sinken. Das ist allerdings in Zeiten, wo alle Welt glaubt, der Aufschwung habe mit Macht begonnen und sei inzwischen gefestigt, ein Alarmzeichen ersten Ranges.

Wenn nämlich die Privaten von den Banken keine Kredite bekommen oder nicht bereit sind, mehr Kredite aufzunehmen, um mit den neuen Schulden zu investieren oder zumindest zu konsumieren, dann wird es dem Staat nicht gelingen, seine Kreditaufnahme zurückzufahren, ohne die Konjunktur weiter zu schwächen. Dann wird es mit Sicherheit nichts mit der Schuldenbremse und den schönen Hoffnungen auf eine Steuersenkung. Eine Regierung, die ihre Aufgabe ernst nimmt, »Schaden vom deutschen Volke abzuwenden«, müsste schlaflose Nächte haben und das Volk darauf vorbereiten, dass die im vergangenen Jahr vorschnell beschlossene Schuldenbremse selbst bei unveränderten Steuersätzen nicht zu halten sein wird. Stattdessen wartet man wieder nur darauf, dass das Ausland sich verschuldet und Deutschland einen schönen Aufschwung beschert.

Der falsche Rohstoffpreis

Wenn ich in Vorträgen die einfache Tatsache erwähne, dass die Deutsche Bank einer der größten, vielleicht sogar der größte Zuckerhändler dieser Welt ist, staunen die Leute nicht schlecht. Warum, fragen sie, engagiert sich eine große Bank als Zuckerhändler? Wie kann es sein, fragen manche, dass eine Bank, die erklärtermaßen eine Eigenkapitalrendite von 25 Prozent erzielen will, mit Zucker handelt? Wie kann man, fragen die Leute weiter, mit dem Handel von Zucker so viel Geld verdienen, dass es sich für die Deutsche Bank lohnt, hier zu investieren und sogar echte Zuckerhändler aufzukaufen?

Nun, die Antwort ist einfach: Man kann mit Zuckerhandel überhaupt nicht viel Geld verdienen, außer man spekuliert mit Derivaten auf Zucker auf die Entwicklung des Zuckerpreises. Wenn genügend Spekulanten das tun, wird es ihnen tatsächlich gelingen, den Zuckerpreis, zumindest den Preis für ihre auf Zucker lautenden Papiere, so weit und so schnell nach oben zu treiben, dass man in kurzer Zeit sehr viel Geld verdienen kann, wenn es einem nur gelingt, rechtzeitig wieder aus dem Markt auszusteigen.

Das ist das oben schon ausführlich beschriebene Prinzip: Investmentbanker, Hedgefonds und andere Spekulanten tun nichts anderes, als die Preise irgendeines Gutes oder den Preis eines Abkömmlings dieses Gutes, also eines Derivates, so schnell nach oben zu treiben, dass alle Nichtprofis dieser Welt sehr bald überzeugt sind, dass man mit solchen Papieren Geld verdienen kann. Wenn dann die Amateure in die Märkte einsteigen, steigen die smarten Investmentbanker und Hedgefondsmanager aus. Das geht alles nach der berühmten Geschichte von Rockefeller aus den 30er Jahren des vorigen Jahrhunderts, der, als er in einem Taxi fuhr, vom Taxifahrer gefragt wurde, wie es wohl mit den Aktien weitergehe, er wolle investieren. Als Rockefeller nach Hause kam, wies er seine Angestellten an, sofort alle Aktien zu verkaufen, denn, so sagte er, wenn schon die Taxifahrer anfangen zu investieren, ist der Zusammenbruch nicht mehr weit.

Auch hier könnte man wieder sagen, lass diese Leute doch spekulieren, wenn sie wirklich nur mit irgendwelchen Papieren spekulieren würden. Das Dumme ist aber, dass die Spekulation mit Derivaten auf Zucker ganz eindeutig sehr großen Einfluss auf den Preis für Zucker hat. Weil es nämlich an solchen Märkten, auf denen, was das Ausgangsgut betrifft, nicht alles über eine große Börse gehandelt wird, ungeheuer schwierig ist, schnell und verlässlich einen Preis zu bilden, verlässt man sich oft auf den Derivatehandel. Es gibt sogar hoch spezialisierte Firmen, die nichts anderes tun, als den ganzen Tag bei allen Händlern, die sie kennen, anzurufen, um herauszufinden, wie der Preis, den der Markt an diesem Tag bilden wird, aussehen könnte. Dieser ungefähre Preis wird von diesen Firmen dann als Service an die Händler wieder verkauft.

Da ist es sehr praktisch, wenn es einen Derivatemarkt gibt, der hoch technisiert ist und sehr schnell – täglich, stündlich oder gar minütlich – ein Preisergebnis liefert. Dann wird nämlich dieser Preis die Märkte beeinflussen, also nicht der reale Preis für Zucker oder Reis oder Weizen oder Kupfer oder Soja oder Öl, sondern der Preis, den der Derivatemarkt gefunden hat. Solange der Derivatemarkt den Preis nach oben treibt, was er normalerweise tut, sind die Anbieter dieser Rohstoffe natürlich hoch zufrieden. So steigt kurzfristig der Gewinn, und was langfristig ist, wissen sie ohnehin nicht.

Die Nachfrager haben dabei praktisch keinen Einfluss auf den Preis. Wenn der Preis für Öl steigt, nehmen sie es hin, wenn der Preis für Öl sinkt, freuen sie sich, aber ohne irgendwie Einfluss auf den Preis nehmen zu können. Die Fiktion der Ökonomen, dass die

Nachfrager mit verringerter Nachfrage reagieren, wenn der Preis über den »Gleichgewichtspreis« steigt, ist vor allem an solchen Märkten niemals gegeben. Was sollen denn die Menschen tun, wenn der Ölpreis steigt? Sollen sie schnell auf Kohle oder Holz umsteigen oder ihr Verhalten so ändern, dass ihr Ölkonsum, umgerechnet in Geldeinheiten, konstant ist? Was sollen die Menschen in Asien tun, wenn der Preis für Reis von Spekulanten nach oben getrieben wird? Sollen sie dann schnell Kartoffeln anbauen? Sollen sie auf Weizen ausweichen, der wahrscheinlich im gleichen Ausmaß teurer geworden ist, weil es auch dort einen Derivatemarkt gibt?

Als vernünftiger Mensch sieht man sofort, das ist dummes Zeug. Nur die Ökonomen in ihrem Wahn von den immer funktionierenden, weil wettbewerblich organisierten Märkten können so etwas glauben. Und sie glauben es, weil sie es glauben wollen, nicht weil es klare empirische Beweise dafür gibt. Es ist sogar so, dass in der internationalen Diskussion und insbesondere in der Verteidigung der Derivatemärkte darauf hingewiesen wird, dass die Derivatemärkte eine wichtige Funktion hätten in der Preisfindung auf diesen Märkten. Allerdings ist Preisfindung genau das falsche Wort: Es geht hier um Preiserfindung beziehungsweise um Preisbildung auf einem falschen Markt für einen richtigen Markt oder um Preisbildung auf einem hoch spekulativen Markt, die sich auf den realen Märkten dieser Welt schnell und unmittelbar niederschlägt.

Gegen solche Überlegungen wird üblicherweise eingewendet, dass es doch für die realen Händler oder Produzenten von Rohstoffen die Möglichkeit geben sollte, sich gegen Preisschwankungen abzusichern. Und genau das würden Derivatemärkte bieten. Aber auch das ist kein überzeugendes Argument.

Stellen wir uns einen Landwirt vor, der Weizen anbaut. Jedes Jahr ist seine größte Sorge, einen ordentlichen Preis für Getreide zu erzielen. Gelingt das nicht, weil im Herbst zu viele Bauern zu viel Weizen ernten, war seine ganze Mühe umsonst.

Nun aber ruft ihn im Juni der Manager eines Fonds an, der die

Ersparnisse von Pensionären verwaltet, und bietet an, die ganze Ernte sofort zu kaufen. Der Preis würde jetzt ausgehandelt, also lange bevor er weiß, wie viel er erntet. Ist das Preisangebot des Spekulanten aus der Sicht des Produzenten in Ordnung, willigt er freudig ein, weil er alle Preissorgen bis zum Herbst los ist. Im Herbst allerdings kommt die Stunde der Wahrheit: Ist der Preis für Weizen dann niedriger als der, den der Spekulant gezahlt hat, ist die Sache in bester Ordnung. Was aber, wenn der Weizen im Preis wesentlich höher liegt? Dann hat der Spekulant gewonnen, und der Produzent ärgert sich. Allerdings mag ihn der Gedanke trösten, dass er wenigstens ein paar Monate ruhiger schlafen konnte.

So weit, so gut. Ein risikofreudiger Spekulant hat einem weniger risikofreudigen Landwirt ein paar ruhige Monate beschert und dabei gewonnen. Der Dritte im Bunde, der Konsument des Weizens, hat bisher mit der Sache nichts zu tun gehabt. Ihm ist es gleich, wer am Ende der Glückliche war und mehr an dem von ihm bezahlten Weizen verdient. Er vermutet, dass der Preis im Herbst nach den Gesetzen von Angebot und Nachfrage zustande gekommen ist: Die Menge des geernteten Weizens steht gegen die Nachfrage der Verbraucher.

Ganz so ist es aber nicht. Was passiert, wenn unmittelbar nach dem ersten Spekulanten ein zweiter beim Landwirt anruft? Er will ebenfalls den Weizendeal und treibt damit den Preis in die Höhe. Die Nachfrage nach einem Gut, das es noch gar nicht gibt, ist gestiegen und damit dessen Preis. Stark steigende Preise locken weitere Spekulanten an. Daraufhin werden große Konsumenten nervös. Bäckereiketten zum Beispiel, die diese Zukunftsmärkte verfolgen, fangen selber das Spekulieren an und kaufen, wo immer sie zum Zuge kommen, schon heute ihren Bedarf für den Herbst ein. Sie fürchten ja, dass der Preis noch weiter steigt.

Weil auf diesem Wege die Kosten der Bäckereien tatsächlich steigen, erhöhen sie schon jetzt die Preise für Brot und Brötchen. Dem Verbraucher bleibt kaum eine Gegenwehr, wenn die wichtigsten Brötchenanbieter sich alle ähnlich verhalten. Der Verbraucher zahlt dann die Rechnung, die von den Spekulanten massiv in die Höhe getrieben worden ist, wobei in diesem Fall auch die ärmsten Menschen der Erde zu diesen Verbrauchern zählen.

Irgendwann, sagen da die Ökonomen, muss die Spekulation aber doch zusammenbrechen, wenn sie sich zu weit von den realen Gegebenheiten der Märkte entfernt hat. Irgendwann muss der Weizen zum Markt gefahren und dort von Nachfragern abgeholt werden. Wenn dann wegen der schon hohen Preise eine große Menge Weizen auf dem Lager bleibt, muss der Preis schließlich fallen, ganz gleich, was vorher vereinbart wurde.

Das stimmt, irgendwann wird es so sein. Bis dahin aber vergeht anders als in den Lehrbüchern der Ökonomen wirkliche Zeit. Und in dieser Zeit können Menschen in armen Ländern verhungert sein, weil einige »Fonds« oder »Banken« versucht haben, Traumrenditen zu erzielen.

Das alles ist nicht neu. Neu ist allerdings die Menge des nach Anlagen suchenden Kapitals. Aus immer mehr Pensionsfonds strömt immer mehr Geld zu den Finanzjongleuren. Zusätzlich zu diesem Kapital leihen sich die Spekulanten Geld bei den Banken, um es in die Rohstoffspekulation zu stecken.

Die explosionsartigen Preissteigerungen bei Öl und bei vielen Agrarprodukten seit dem Sommer 2007 und die abrupten Preisschwankungen lassen sich nicht ohne Spekulation erklären. Die Anlage immer größerer Summen in immer neuen Märkten – von amerikanischen Häusern zu Öl und Lebensmitteln – mindert auf diese Weise die Einkommen genau der Bevölkerung, die ihre Ersparnisse gut anlegen wollte. Das merkt man aber erst, wenn die Ersparnisse zum Konsum verwendet werden sollen. Die von der Spekulation verursachte Preissteigerung holt dann die Sparer ein.

Bei Spekulation mit Lebensmitteln müssen die Staaten massiv eingreifen, weil dabei die Versorgung der Bevölkerung unmittelbar verschlechtert wird. Solche Spekulation kann man getrost verbieten, oder man muss durch direkte Intervention dafür sorgen, dass sie frühzeitig zusammenbricht.

Das Wichtigste aber ist, dass wir, und man kann es nicht oft genug sagen, begreifen: In einer Wirtschaft, deren Produktivität jährlich um zwei Prozent wächst, kann nicht das Finanzsystem – das zu dieser Produktivität praktisch nichts beiträgt – Renditen in zweistelliger Höhe erzielen, ohne die Schwachen im System vollkommen ungerechtfertigt zu schädigen. Regierungen, die in der Krise den Feuerwehrmann spielen und Spekulanten vor dem Ruin retten, können das nur verantworten, wenn sie vorher systematisch die Schwachen gegen die Willkür der Geldmächtigen geschützt haben.

Man sieht, dadurch, dass die Ökonomen erst gar nicht versuchen, ihr Forschungsobjekt ernsthaft zu durchdringen, sondern sich auf Schlagworte versteifen, haben wir ein außerordentlich absurdes und in vieler Hinsicht gefährliches System geschaffen. Es passiert etwas auf dieser Welt. Diejenigen, die etwas davon verstehen sollten, belegen das mit dem einfachen Wort »Markt«, und alle Welt, einschließlich der Politiker, glaubt fest daran, dass damit die Angelegenheit geregelt ist. Dass mit dem »Markt« die Sache dem Chaos, dem Zufall oder irgendwelchen Spekulanten überlassen wird, nehmen wir einfach nicht zur Kenntnis. Weil wir das, was da passiert, mit dem allmächtigen »Markt« umschrieben haben, nehmen wir auch keine Notiz davon, wenn unter diesem Markt Menschen konkret zu leiden haben. So wurde 2008, als man weltweit eine Lebensmittelkrise ausrief, überhaupt nicht erkannt, dass das die erste Lebensmittelkrise war, die fast vollständig von Spekulationen ausgelöst worden war.

Erst später, nach dem Zusammenbrechen aller Blasen, begannen an einigen Stellen der Welt einige Wenige zu begreifen, dass die Lebensmittelkrise keine Lebensmittelkrise war, sondern die gleiche Art von Blase, die den amerikanischen Häusermarkt, die die Aktienmärkte dieser Welt und die Island und Ungarn mit ihren Währungen in die Bredouille gebracht haben.

Es wäre nichts einfacher, als dass die Staaten sich darauf einigen, einen Mechanismus in Gang zu setzen, der bei starken Preissteigerungen für Nahrungsmittel dafür sorgt, dass untersucht wird, woher diese Preissteigerungen kommen. Gibt es Anzeichen dafür, dass dieser Markt mit anderen hoch spekulativen Märkten stark korreliert ist, müssen sofort die Regulationsbremsen angezogen werden. Das kann in der Weise geschehen, dass man unmittelbar Mengenbegrenzungen für individuelle Geschäfte vorgibt, oder dadurch, dass man noch konsequenter als vorher dafür sorgt, dass niemand an diesem Markt handelt, der das Gut nicht in einem bestimmten Zeitraum physisch entgegennimmt. Stellt man dagegen fest, dass es tatsächlich andere Angebotsverknappungen infolge besonderer Umstände sind, die für den Preisanstieg herangezogen werden müssen, sollten die Staaten in der Lage sein, durch die Auflösung von Lagern diesem Preisanstieg entgegenzuwirken.

Auf keinen Fall kann es weiter hingenommen werden, dass im 21. Jahrhundert Spekulanten wie in den Zeiten des tiefsten Mittelalters Knappheiten von Nahrungsmitteln ausnutzen oder gar selbst dafür sorgen, dass über extrem hohe Preise, die vor allem ihnen zugute kommen, die Verbraucher, unter ihnen die Ärmsten dieser Welt, in Mitleidenschaft gezogen werden. Einen noch fataleren Effekt kann die Spekulation mit fossilen Rohstoffen wie Öl haben. Stellen wir uns vor, in einem oder zwei Jahren platzen die Blasen, und Öl wird auf einen Schlag und für ein paar Jahre wieder wesentlich billiger. Was ist dann mit dem Schutz vor Klimawandel? Was ist mit den Investitionen, die heute vorgenommen werden im Hinblick auf die Hoffnung, dass die internationale Gemeinschaft es fertig bringt, fossile Rohstoffe für lange Zeit zu verteuern? Statt diese Fragen zu beantworten, überlassen wir den wichtigsten Preis, den es für die Verhinderung des Klimawandels gibt, den Zufallsschwankungen von Finanzmärkten.

Man kann, ohne dass es irgendeinen Schaden für die Welt anrichtete, den Handel von Derivaten auf Nahrungsmittel und Öl und ähnlich sensitiven Produkten schlicht verbieten. Niemand braucht das, es richtet nur Schaden an, und die negativen menschlichen und sozialen Folgen können unglaublich groß sein. Wenn der Bauer sich im Frühjahr noch nicht gegen einen möglichen Preisverfall im Herbst absichern kann, geht die Welt nicht unter, und er wird weiter Weizen produzieren. Über die Jahre kann er bei diesem Handel sowieso nichts gewinnen, sondern wird wahrscheinlich gegen die Profis an den Derivatemärkten systematisch verlieren.

Niemand würde einen Derivatehandel bei Drogen akzeptieren. Warum sollten wir es also zulassen, dass unsere eigenen Banken, die Institutionen also, die eine Dienstleistungsfunktion in dieser Gesellschaft haben und deswegen vom Staat in vieler Hinsicht hoch subventioniert werden, sich in solchen Geschäften betätigen? Was ist die Funktion des Geldes und des Kapitalmarktes? Ist es das Betreiben eines Kasinos oder die Vereinfachung des Kreditgeschäfts für Sachinvestoren?

Das Versagen der Ordnungspolitik[8]

Manchmal ändern sich die Zeiten schneller als sonst. Vor zwei Jahren noch wäre ein Szenario, wo der Staat sich praktisch über Nacht gezwungen sieht, mit Milliardensummen in Märkte einzugreifen, als reines Horrorszenario abgetan worden: Dass der Staat Banken vor dem Bankrott retten muss, in den sie sich selbst durch riskante Geschäfte manövriert haben, wäre ebenso als vollkommen unwahrscheinlich betrachtet worden wie die Notwendigkeit, mit Konjunkturprogrammen abstürzende Gütermärkte zu stützen. Dass der Staat sich zudem kurzfristig auf dem Arbeitsmarkt engagierte, indem er weit über die sonst übliche Frist hinaus Sozialversicherungsbeiträge für Kurzarbeiter übernahm, damit die Unternehmen ihre Beschäftigten als Reaktion auf die beispiellose wirtschaftliche Talfahrt nicht sofort entließen, komplettiert das Bild.

Um das alles zu stemmen, nahm der Staat eine massive Verletzung der Verschuldungskriterien des Maastrichtvertrags auf Jahre hinaus in Kauf, Kriterien, an deren korrekter Einhaltung angeblich das langfristige Wohl und Wehe der europäischen Volkswirtschaft hing. Zwar bemühte sich die Politik, diesen offenkundigen Verstoß gegen ihre jahrelang proklamierte Prioritätenliste durch die eilige Verankerung einer Schuldenbremse im Grundgesetz wiedergutzumachen, doch bleibt der fatale Eindruck zurück, dass hier im Interesse kurzfristiger Schadensbegrenzung gegen hehre ordnungstheoretische Grundsätze verstoßen wurde.

Dieser ordnungspolitische Albtraum ist Wirklichkeit geworden. Und, schlimmer noch, er ist bei weitem noch nicht zu Ende, wie man an den verzweifelten und zweifelhaften Bemühungen der EWU-Staaten sehen kann, der seit Jahren absehbaren[9] und nun ausgebrochenen Eurokrise Herr zu werden, ohne sich an die Lösung des ihr zugrunde liegenden Problems zu machen. Jean-Claude Trichet, der Chef der Europäischen Zentralbank (EZB), bekräftigte auf der Pressekonferenz der EZB am 8. April 2010 mit dem Satz »The market is always right. ... It is the truth at that moment in time«, dass die neoliberale Marktgläubigkeit trotz aller Kapriolen der Finanzmärkte weiterhin fest verankert ist in den Köpfen unserer Wirtschaftslenker.

Der Preismechanismus ist in der Tat die Grundlage jeder erfolgreichen Marktwirtschaft und wird deshalb nur von wenigen generell zur Disposition gestellt.

Die Frage jedoch, ob Preise eine optimale Steuerung von Angebot und Nachfrage schon dann leisten, wenn freier und fairer Wettbewerb gewährleistet ist, muss noch beantwortet werden. Preise signalisieren die Knappheiten offenbar weitgehend richtig, wenn auf atomistischen Märkten Anbieter und Nachfrager mit voneinander völlig unabhängigen Informationen aufeinander treffen. Das heißt, jeder Marktteilnehmer kommt mit seinen individuellen Vorstellungen über das, was er heute kaufen oder verkaufen will, an den Markt, wo sich daraus der Marktpreis bildet.

Haben aber fast alle Teilnehmer eines Marktes identische oder zumindest ähnliche Informationen und reagieren sie bei einer Änderung der Informationslage in ähnlicher Weise, führt das dazu, dass Preisveränderungen auf solchen Märkten – egal ob ihr auslösendes Moment realer Natur oder lediglich durch Gerüchte bedingt ist – in der Regel selbst verstärkend wirken. Rennen alle in die gleiche Richtung, erreichen sie – im Sinne einer sich selbst erfüllenden Prognose – durch ihr Herdenverhalten genau das erwartete Ergebnis. Dieses Verhalten der Marktteilnehmer ist absolut rational, weil jeder einzelne darauf setzt, dass er selbst sein Engagement in dem betroffenen Markt beendet, bevor die spekulative Preisblase platzt.

Diese einfachen Zusammenhänge haben enorme Konsequenzen für die Ordnungstheorie, also die Art von Ökonomik, die sich mit unterschiedlichen wirtschaftlichen Ordnungen auseinandersetzt. Wenn nämlich Preise auf Märkten bestimmt oder von Märkten beeinflusst werden, auf denen fast alle Teilnehmer durch ähnliche Informationen miteinander verbunden sind, zeigen sie nicht notwendigerweise realwirtschaftliche Knappheiten an. Finanzmärkte, daran gibt es keinen Zweifel mehr, sind oft über Jahre hinweg spekulationsgetrieben. Zwar brechen die Spekulationen irgendwann in sich zusammen und führen dann zu unterschießenden Preisreaktionen. Aber die Phase der Entstehung solcher Preisblasen wie auch die Phase nach ihrem Platzen sind gekennzeichnet von verzerrten, eben falschen Preisen auf diesen Märkten – mit allen Rückwirkungen auf die restlichen Märkte.

Das wäre wenig problematisch, stellten die Finanzmärkte eine Welt für sich dar. Dann könnten die Marktteilnehmer dort in einem immerwährenden Nullsummenspiel auf bestimmte Ereignisse setzen und gewinnen oder verlieren wie im richtigen Spielkasino. Wichtig wäre lediglich, dass jeder Marktteilnehmer seine Wettspiele mit 100 Prozent Eigenkapital ausführen müsste, für derartige Spielereien also keine Kredite aufnehmen dürfte. Doch selbst eine 100-prozentige Eigenkapitalhaftung für Wettspiele löst das Problem freier Finanzmärkte nicht. Denn in Wirklichkeit stellen die Finanzmärkte ja kein isoliertes Kasino dar, wird auf ihnen nicht mit Spielgeld agiert und werden keine Preise auf fiktiven Märkten wie bei einem Monopoly-Spiel bestimmt. Denn die Finanzmärkte haben realwirtschaftliche Märkte zum Gegenstand: Immobilienmärkte, Rohstoffmärkte, Märkte für ganze Unternehmen (Aktienmärkte) und solche für ganze Volkswirtschaften (Devisenmärkte).

Auf Finanzmärkten wird mit der Ware »Geld« gehandelt, die wiederum Spiegelbild vorhandener realwirtschaftlicher Größen sein sollte. Da auf unkontrollierten Finanzmärkten systematisch Preisverzerrungen auftreten, spielen sie für die Realwirtschaft eine verheerende Rolle. Sie zerstören die für eine erfolgreiche Marktwirtschaft lebensnotwendige realwirtschaftliche Signalfunktion von Preisen, weil nicht mehr zu jedem Zeitpunkt realwirtschaftliche Knappheiten angezeigt werden. Auf diesem Wege kommt es zu massiver Fehlallokation von Ressourcen durch eben die Marktkräfte, die auf »normalen« Märkten gerade für Effizienz und Innovation sorgen.

Wie oben gezeigt, lässt sich auf den Finanzmärkten durch Preisverzerrungen vorübergehend enorm viel Geld verdienen, obwohl keinerlei dauerhafte Werte geschaffen werden. Wenn sich Herden von Zockern auf ein bestimmtes Papier stürzen und dadurch den Preis dieses Papiers nach oben treiben, ist noch kein einziger realer Wert geschaffen worden. Es ist nur die Illusion eines Wertes entstanden. Wenn es den professionellen Zockern gelingt, rechtzeitig vom fahrenden Zug abzuspringen, d. h. das Papier an »dümmere« Marktteilnehmer zu verkaufen, haben sie unglaubliche Summen in kurzer Zeit in ihre Taschen gesteckt. Die Frage, wer die Zeche bezahlt, wenn sich herausstellt, dass die Preisentwicklung mit den sogenannten Fundamentaldaten der realen Welt nichts mehr zu tun hat, interessiert sie nicht.

Aus dieser Misere gibt es nur radikale Wege. Wer den Glauben an die Richtigkeit der Preisbildung auf freien Märkten über alles stellt, kann sie jedoch nicht finden. Die Alternative zum ohnmächtigen neoliberalen Marktdogma besteht in einer sorgfältigen Analyse, wie spekulative Preisentwicklungen von realwirtschaftlich bedingten unterschieden und abgestellt werden können. Da der Staat über die gleichen Informationen verfügt wie Finanzspekulanten, kann er sich über die Angemessenheit einer Preisentwicklung auf einem von Spekulation dominierten Markt ein Urteil erlauben, das nicht systematisch »dümmer« und damit schädlicher ist als das Ergebnis, das ein unkontrollierter Markt zustande bringt. Das gilt vor allem für Devisenmärkte. Man kann diesen Teil des Finanzkasinos ohne Weiteres austrocknen, wenn ein Weltwährungssystem installiert wird, das man strikt an der Regel möglichst konstanter realer Wechselkurse ausrichtet.[11]

Viele Finanzprodukte leisten keinerlei produktiven volkswirtschaftlichen Beitrag. Ihre Existenz wird normalerweise damit begründet, dass behauptet wird, nur so könnten unterschiedliche Risiken hinreichend durchmischt und jedem Finanzinvestor der ihm gemäße Mix an Risiko und Rendite angeboten werden. Jedem Finanzinvestor steht es aber frei, durch unterschiedlich hohe direkte Beteiligung an unterschiedlich riskanten *Sach*investitionsprojekten seine Anlagestrategie zu optimieren, dazu bedarf es nicht des Umwegs über undurchsichtige Finanzprodukte, die das Finanzsystem destabilisieren, weil sie unabhängig von ihrer Versicherungsfunktion wegen kurzfristiger Wertänderungen spekulativ gehandelt werden. Ihrer Abschaffung stehen keinerlei ordnungspolitische Bedenken im Wege.

Komplexer ist die Kontrolle der Rohstoffpreisspekulation, aber gerade auf den Lebensmittelrohstoffmärkten ist sie von zentraler Bedeutung für die Akzeptanz des marktwirtschaftlichen Systems in ärmeren Ländern. Eine systematische Unterscheidung in »commercial« und »non-commercial trader«, wie vom amerikanischen Parlament vorgeschlagen, wäre hier ein erster Schritt in die richtige Richtung. Antizyklische konzertierte Nachfragepolitik der Staatengemeinschaft zur Stabilisierung von Preistrends ist aber der auf Dauer erfolgversprechendste Weg.

Der Neoliberalismus ist mit seiner undifferenzierten Vorstellung, den Staat auf ein ordnungspolitisches Minimum zur Organisation des freien Wettbewerbs auf freien Märkten zu reduzieren, grandios gescheitert. Dennoch scheint die Zeit noch nicht reif, die Krise noch nicht heftig genug gewesen zu sein, um – dem neoliberalen Zeitgeist zum Trotz – der Wirtschaftspolitik ein klares Primat gegenüber spekulationsanfälligen Märkten einzuräumen und die Finanzwirtschaft konsequent auf ihre dienende Funktion für die Realwirtschaft zu beschränken. Die Marktgläubigkeit hat, wie etwa im Fall der Eurokrise zu beobachten, an Terrain zurückgewonnen, noch ehe die Zeche auch nur annähernd berechnet, geschweige denn bezahlt wäre, die der Glaube an die Weisheit der Finanzmärkte angerichtet hat.

Der Wettbewerb als Dogma[12]

In der Welt der heutigen Mainstream-Ökonomen ist alles Wettbewerb, und alles muss dem Wettbewerbsprinzip unterworfen werden. Ob der Wettbewerb überhaupt zu einer Verbesserung führt, ist nicht von Interesse und wird folglich nicht mehr untersucht.

Wenn der Staat massiv in den Markt eingreife, könne sich der Wettbewerb nicht entfalten, sagen die meisten Ökonomen. Das ist eine seltsame Begründung, weil es praktisch überhaupt keinen Wettbewerb ohne staatliche Eingriffe gibt. Stellen wir uns vor, zwei Männer wollten gegeneinander boxen, der eine ist 1,90 Meter groß und 120 Kilo schwer, der andere ist 1,60 Meter und bringt 70 Kilo auf die Waage. Würden wir sagen, warum nicht, lass sie aufeinander los, jeder ist schließlich seines Glückes Schmied, und wir sind für den freien Wettbewerb? Oder nehmen wir zwei Fußballmannschaften, die gerne ein Spiel machen wollen. Die eine Mannschaft beharrt aber darauf, dass ihr Tor nur halb so groß ist wie das der anderen Mannschaft, weil schließlich Wettbewerb herrsche und jeder die Bedingungen festlegen könne, unter denen er gerne spielen möchte. Werden diese beiden Mannschaften ohne den Staat oder eine übergeordnete Institution ein vernünftiges Spiel zustande bringen?

Man sieht,»Wettbewerb« ist nicht einfach Straßenkampf. Um einen in den Augen der meisten Menschen vernünftigen Wettbewerb auszutragen, braucht man extrem strenge Regeln. Diese sollen helfen, herauszufinden, wer der Bessere bezüglich der Kernkompetenz ist, um die es jeweils geht. Beim Boxen ist das die boxerische Klasse, die sich nicht in schierer Kraft erschöpft, sondern in einer bestimmten Technik, den Schlägen des anderen auszuweichen und selbst Treffer zu setzen. Beim Fußball geht es im Kern um die Fertigkeit am Ball und die Genauigkeit der Schüsse, in denen sich die Wettbewerber messen wollen. Genau darauf sind Regeln, die von allen akzeptiert werden können, ausgerichtet. Die Mehrzahl der Sportler will sich in ihrer Kernkompetenz messen statt sich stundenlang über Regeln zu streiten oder sich von einem körperlich weit überlegenen Gegner ohne jedes technische Können demütigen zu lassen.

Nur in der Wirtschaft wird das offenbar nicht verstanden. Denjenigen, die am lautesten nach Wettbewerb schreien, ist das Prinzip der Kernkompetenz vollkommen fremd. Was ist die Kernkompetenz, um die es im ökonomischen Wettbewerb geht? Geht es darum, herauszufinden, welcher Unternehmer bei hoher Arbeitslosigkeit seine Mitarbeiter am besten unter Druck setzen kann, so dass sie bereit sind, für Hungerlöhne von 3,50 Euro zu arbeiten? Oder sollen diejenigen belohnt werden, die es schaffen, den Staat zu schröpfen, indem sie Hungerlöhne bezahlen und nach staatlichen Lohnsubventionen rufen? Ist alles Wettbewerb, was irgendwie im rechtsfreien Raum stattfindet, ganz egal wie ungleich die Gegner sind, die sich gegenüberstehen und aufeinander einprügeln?

Haben nicht die Liberalen einst gepredigt, Wettbewerb sei ein »Entdeckungsverfahren« (F. A. Hayek), also eine Methode, um die Menschen dazu anzuregen, über neue Produkte und neue Produktionsverfahren nachzudenken und diese umzusetzen? Was ist davon geblieben? Wer die Entdeckung von Neuem für die Kernkompetenz von Unternehmen hält, kann nicht gleichzeitig für richtig halten, dass Unternehmen, denen nichts Neues einfällt, die gleichen Ergebnisse wie die Entdecker erzielen, nur weil sie rücksichtsloser ihre Macht einsetzen, um die Kosten zu drücken oder an staatliche Subventionen zu kommen. Steht nicht in jedem guten Lehrbuch als Voraussetzung für funktionierenden Wettbewerb, dass jedes einzelne Unternehmen Preisnehmer ist, folglich die Preise für Arbeit, Kapital und Vorleistungen zu akzeptieren hat, die auf den entsprechenden Märkten festgelegt werden?

Das, werfen hier die »Wettbewerb um jeden Preis-Advokaten« ein, gilt nur, wenn der Preis auf den entsprechenden Märkten von Angebot und Nachfrage gebildet wird. Das aber sei auf dem Arbeitsmarkt regelmäßig nicht der Fall, was man wieder daran erkenne, dass so viele geringqualifizierte Arbeitnehmer arbeitslos seien. Diese Argumentation ist merkwürdig inkonsistent, um nicht zu sagen dumm. Denn selbst wenn es so wäre, dass der für bestimmte Arbeit zu zahlende Preis für alle Unternehmen zu hoch wäre, folgte daraus ja noch lange nicht, dass jedes Unternehmen gemäß seiner eigenen Marktmacht den Preis drücken könnte und dann der Wettbewerb funktionierte. Wenn die Fußballtore auf beiden Seiten zu groß für einen vernünftigen Spielverlauf sind, folgt nicht, dass der Wettbewerb funktioniert, wenn man sie mit Gewalt auf einer Seite kleiner macht.

Die Diskussion um den Mindestlohn bei der Post hat ein einfaches Prinzip, das in vielen Dienstleistungsbereichen herrscht, an den Tag gebracht: Wettbewerb bei Dienstleistungen ist nach Auffassung der Wettbewerbsfetischisten Wettbewerb um die niedrigsten Löhne. Wenn die alte Post Briefzustellern 9,50 Euro in der Stunde zahlt, können die neuen Wettbewerber, die in das Geschäft einsteigen, ihren Briefzustellern nicht das Gleiche zahlen, sonst herrschte ja kein Wettbewerb. So jedenfalls argumentierten die Gegner des Mindestlohnes und viele bekannte Ökonomen.

Das passt in das gängige Schema, das seit Jahren in Deutschland gepredigt wird. Die Löhne müssten flexibel auf die Gewinnsituation eines Unternehmens reagieren. Wenn schlechte Zeiten herrschen, werden tarifliche Öffnungsklauseln genutzt, betriebliche Vereinbarungen zum Gürtel-enger-Schnallen getroffen, und Arbeitnehmer werden durch Änderungskündigungen gezwungen, zu schlechteren Bedingungen zu arbeiten. Was sollen die Arbeitnehmer dagegen tun? Draußen wartet ein Heer von Arbeitslosen, mit dem ihnen die Arbeitgeberseite droht. Das hohe Angebot an Arbeitskräften ist ja scheinbar der unmittelbare Beweis für zu hohe Löhne auf dem Arbeitsmarkt, so die einhellige Meinung der Wirtschaftsexperten. Also: Lohn runter oder du fliegst. Nach erfolgtem Lohndumping loben dann Arbeitgeber, Politiker und Wissenschaftler die Gewerkschaften und Betriebsräte für ihre Einsichts- und Anpassungsfähigkeit.

Jedenfalls loben sie so lange, bis jeder einzelne Unternehmer feststellt, dass ihm die niedrigeren Löhne gar nichts gebracht haben, weil auch alle Konkurrenten inzwischen so schlau waren, die Arbeitnehmer unter Druck zu setzen. Wo die Lohnsenkung sich nicht so einfach gestaltet, weil es noch starke Gewerkschaften gibt, bricht dann Heulen und Wehklagen über den Wettbewerb aus und wird laut nach dem Staat gerufen, weil man sich nicht mit den gleichen Mitteln wie die Konkurrenz wehren kann.

Bei manch einem, der vor kurzem noch als Anwalt der Lohnflexibilisierung auftrat, wird der gute alte Flächentarifvertrag wieder hoffähig, er wird sogar von Arbeitgeberseite ins Gespräch gebracht, weil man auch dort beginnt einzusehen, in welche Sackgasse es führt, wenn sich eine einzelne Gewerkschaft wie die Gewerkschaft der Lokführer anfängt, sich ihr eigenes Süppchen zu kochen, von Piloten und Ärzten ganz zu schweigen.

Wer aber einmal angefangen hat, das Prinzip »jeder gegen jeden« als notwendigen Wettbewerb in einer Marktwirtschaft anzupreisen, muss sich nicht wundern, dass er die Geister, die er rief, nun nicht mehr los wird. Der Zauberlehrling hat das Geheimnis des Wettbewerbs nämlich gründlich missverstanden. Der Zauberspruch einer Marktwirtschaft heißt nicht »jeder gegen jeden«, sondern »einheitlicher Preis für ein und dasselbe Gut, sei es nun Arbeit, ein Produktionsmaterial, ein Rohstoff oder Kapital«. Das ist genau das Gegenteil dessen, was seit Jahren für den Arbeitsmarkt gefordert wird. Nur diese Regel, stur angewendet, zum Beispiel auch mittels des Flächentarifvertrags für Arbeit der gleichen Qualität, verhindert, dass sich Arbeitnehmer untereinander oder Firmen gegenseitig in Grund und Boden konkurrieren durch Preisunterbietungskämpfe, die durch keinerlei technologischen Fortschritt gespeist sind, oder dass einzelne Berufsgruppen ihre

Marktmacht missbrauchen und für sich mehr herausholen als die durchschnittliche Produktivitätssteigerung in der gesamten Volkswirtschaft.

Wettbewerb ist nicht gut, wenn mächtige Arbeitgeber ohnmächtige Arbeitnehmer mit mehr oder weniger Erfolg unter Druck setzen. Wettbewerb ist nicht gut, wenn der Staat den Druck auf die Beschäftigten erhöht, jede Arbeit anzunehmen, weil sonst Armut und sozialer Abstieg drohen. Wettbewerb ist auch nicht gut, wenn ein Unternehmen die Kosten senkt, weil es seine Lieferanten fest in der Hand hat und nahezu beliebig erpressen kann. Wettbewerb ist nur dann gut und anspornend, wenn jeder, auch der Schwache, eine faire Chance hat, einmal zu gewinnen. Das geht nur, wenn der Wettbewerb des Dschungels mit staatlicher Hilfe zu einem Wettbewerb um die besten Ideen umgemünzt wird. Dazu ist der einheitliche, der »unflexible« Preis für vergleichbare Arbeit die wichtigste Voraussetzung.

In einer arbeitsteiligen, hoch spezialisierten Volkswirtschaft führt die Spielregel »jeder gegen jeden« ins Chaos, weil alle aufeinander angewiesen sind: der beim Kaffeeproduzenten arbeitende Pendler auf die Lokführer, der kranke Lokführer auf die Ärzte, der urlaubsreife Arzt auf die Piloten, der Pilot auf die Kaffeeröster und so weiter. Wann werden wir das wieder begreifen? Wohl zu spät, um den nächsten Anstieg der Arbeitslosigkeit zu verhindern. Und damit zu spät für all die, die von Hungerlöhnen plus staatlichen Unterstützungszahlungen vegetieren müssen.

Ganz anders bei den Kapitalverwaltern. Da erwartet man mindestens 15 Prozent Rendite auf das eingesetzte Eigenkapital, und 25 Prozent sind das erklärte Ziel. Der Wettbewerb sei hart, argumentieren die Banken. Wer auf dem internationalen Parkett bestehen will, müsse zweistellige Renditen heranschaffen, weil die von den Kapitalanlegern, also vorwiegend von reichen Privatpersonen und Pensionsfonds, »gefordert« würden.

Da staunt der Laie, und der Fachmann sollte sich wundern. Marktwirtschaft bedeutet flexible Gewinne – und die Anleger »fordern« zweistellige Renditen? Jeder mittelständische Unternehmer oder selbständige Handwerker fragt sich, wer das erwirtschaften soll. Denn die Bank leiht, wie oben ausführlich beschrieben, das Geld ja nur an Sachinvestoren aus, die innovative Ideen in Produktivitätssteigerungen umzusetzen versuchen, aus denen neben der Tilgung des Kredits auch die Zinsen bezahlt werden sollen. Wer ist jedes Jahr um ein Viertel produktiver? Welches Land wächst jährlich mit einer zweistelligen Wachstumsrate? Denn um eine solche Größenordnung muss es sich handeln, wenn das Kapital so fürstlich entlohnt werden soll – oder geht es etwa darum, solche Renditen dauerhaft auf Kosten des Produktionsfaktors Arbeit zu erzielen?

Solche Steigerungsraten kann man nicht durch reale Leistung zustande bringen, auch wenn der Sachverständigenrat schon vor 30 Jahren seine Ideologie auf »Ansprüche« der Kapitalseite aufgebaut hat. Zweistellige Gewinne gibt es, wenn überhaupt, nur beim Glücksspiel. Dort allerdings nur mit viel Risiko und niemals dauerhaft. Außer man mogelt permanent und zockt die restlichen Spieler ab. Dumm nur, wenn der Coup auffliegt, dann sind die pleite, und der Hilfeschrei an den Staat ist vorprogrammiert.

Genau da sind die Bankenmanager vor der Krise gewesen. Um die selbst verordneten Traumrenditen zu erreichen, wurden Finanzpakete geschnürt, deren Risiken die Banker schließlich selbst nicht mehr überblickten, geschweige denn die Empfänger der Pakete. Da wurde in den USA jedem noch so einkommensschwachen Haushalt zu verschleierten Bedingungen ein Kredit aufgeschwatzt, der die Traumrenditen der Banker und Hedgefonds einfahren helfen sollte. Dass die amerikanischen Arbeitnehmer mit einstelligen Einkommenssteigerungen auf Dauer keine zweistelligen Kreditzinsen zahlen können, kam niemandem in den Sinn.

Nun ist das Kartenhaus zwar zusammengekracht, doch die Zocker und Renditeversprecher werden nicht zur Verantwortung gezogen. Im Gegenteil, der auf Tricks und Macht, aber nicht auf Wettbewerb basierende »Anspruch des Kapitals« wird nun teilweise mit Steuergeldern bedient wie im Fall einiger Landesbanken oder der IKB. Kommen die Arbeitnehmer aber und wollen mit

nur drei Prozent mehr entlohnt werden, die das Wirtschaftswachstum ohne Weiteres hergibt, ist das Geschrei groß, weil dadurch angeblich Millionen Arbeitsplätze gefährdet würden. Dass
hingegen der »Wettbewerb« um Phantasierenditen die Weltwirtschaft tatsächlich in Gefahr bringt, wird geflissentlich verschwie-
gen.

Schlimmer noch als alle anderen Verdrehungen des Wettbe-
werbsgedankens ist der unglaubliche Unsinn, der mit dem Wettbewerb von Nationen veranstaltet wird. Welchen Platz nimmt
Deutschland im Ranking der Nationen ein, war es vorne bei
Wachstum, Export oder bei der Bildung? Von Weltmeistern, Mit-
telmäßigkeit und roten Laternen im »Wettbewerb der Nationen«
ist die Rede. Dass das Konzept »Wettbewerb der Nationen« selbst
eine äußerst fragwürdige, ja gefährliche Idee ist, fällt kaum jemandem auf.

Stehen Staaten, wirtschaftlich gesehen, untereinander im Wettbewerb? Natürlich, sagt der Durchschnittsökonom: Staaten konkurrieren wie Unternehmen. Zwar stehen sie sich nicht auf einzelnen Gütermärkten gegenüber, aber sie streiten um die besten
Standortbedingungen für Unternehmen. Das Land mit den unter-
nehmerfreundlichsten Strukturen ziehe die meisten Investitionen
auf sich und biete so die meisten Arbeitsplätze, was letzten Endes
der gesamten Bevölkerung des eigenen Landes zugute käme.

Doch was ist unternehmerfreundlich? Keine Steuern auf Gewinne, keine Regulierung gefährlicher Produkte, maximale Flexibilität des Arbeitsmarktes, also kein Kündigungsschutz, keine
Mindestlöhne, keine Lohnnebenkosten? Woher kommen dann
die öffentlichen Güter wie zum Beispiel eine funktionierende Infrastruktur, die innere Sicherheit und die gut ausgebildeten Arbeitskräfte, die auch die Unternehmen brauchen? Wer zahlt die
Steuern und die Beiträge zur sozialen Sicherung, ohne die es
keine wirtschaftliche und gesellschaftliche Stabilität gibt?

Wie beim Lohndumping der Unternehmen untereinander hat
auch das Dumping bei öffentlichen Gütern zwischen Staaten
nichts mit dem richtigen Wettbewerb zu tun, mit dem Wettbewerb

um innovative Ideen nämlich, auf dem die Entwicklungsmöglichkeiten jeder Marktwirtschaft beruhen. Sind Unternehmen nur deshalb international konkurrenzfähiger als andere Anbieter, weil sie daheim weniger Steuern zahlen, die Umwelt mehr verschmutzen, mit Hungerlöhnen moderne Sklaverei betreiben oder aus anderen Ländern hoch qualifizierte Arbeitskräfte heranholen, in deren Ausbildung sie keinen Cent Steuern investiert haben, dann handelt es sich wieder um einen Vernichtungskampf nach dem Motto »jeder gegen jeden«, der auf Dauer niemandem nützt, weder den Menschen hier noch anderswo.

Alle Menschen brauchen einen soliden öffentlichen Kapitalstock, der neben Infrastruktur, innerer Sicherheit, der öffentlichen Verwaltung und dem Bildungssystem auch aus sauberer Umwelt und – last but not least – aus dem gesellschaftlichen Zusammenhalt der Menschen in einer arbeitsteiligen Wirtschaft besteht. Letzterer aber beruht vor allem auf Chancengleichheit und Verteilungsgerechtigkeit, die man nicht einfach aufgeben darf, wenn man nicht auch alles Übrige gefährden will.

Deutschland ist keine Insel der Seligen. Hiesige Unternehmen stehen in der Tat im Wettbewerb mit Firmen aus anderen Ländern. Aber sie müssen ihn mittels innovativer Ideen bestehen. Erst dann kommt marktwirtschaftlicher Wettbewerb allen zugute. In Sachen Staatsdumping oder Lebensstandarddumping sollten wir unbedingt die rote Laterne anstreben.

Die angemessenen Antworten

Wer klare und einfache Diagnosen hat, hat in der Regel auch klare und einfache Therapien. Wer sich von Ursachenanalyse leiten lässt, die so weit von vorgefassten Vermutungen frei ist, wie es menschenmöglich ist, geht nicht systematisch fehl. Wer an Ideologien glaubt, wird immer wieder in die Situation kommen, dass er sich fragen muss, ob es nicht besser wäre, ein realistisches Weltbild zu entwickeln, statt sich die Wirklichkeit zurechtbiegen zu müssen. Dass die Ideologien, die die deutsche Wirtschaftspolitik in den letzten 30 Jahren prägten, gescheitert sind, war schon länger klar. Dass sie aber so weit das politische Denken und Handeln bestimmen, dass Deutschland sich international isoliert und die gesamte europäische Einigung infrage stellt, ist eine fatale Entwicklung.

Spekulation auf allen Märkten konsequent unterbinden

Eine der für die Marktwirtschaft des 21. Jahrhunderts entscheidenden Weichenstellungen wird die Finanzmärkte betreffen. Dort sind die Dinge fundamental schiefgelaufen, und man muss sie ein für alle Mal bereinigen. In diesen Tagen hört man oft die resignierende Aussage, man könne letztlich gegen spekulative Blasen, das Platzen dieser Blasen und die Folgen des Platzens dieser Blasen nichts tun. Es liege sozusagen in der menschlichen Natur, sich in

Spekulationen zu engagieren, und wenn man dies aus dem System entferne, beschädige man die Marktwirtschaft. Nichts kann falscher sein!

Marktwirtschaft ist nicht das System, in dem jeder tun und lassen kann, was er will, sondern Marktwirtschaft, so wie ich sie verstehe, ist ein dienendes Element, aber nur *ein* Element in einer funktionierenden Demokratie. Es war nur der Finanzmarkteuphorie der letzten Jahrzehnte zuzuschreiben, die uns hat vergessen lassen, dass wir nach dem Zweiten Weltkrieg in einer Phase fast nicht vorhandener Spekulation eine echte Blüte des marktwirtschaftlichen Systems erlebt haben.

Was lange übersehen wurde: Diese Blüte des marktwirtschaftlichen Systems war die unmittelbare Folge des dramatischen Kollapses der gesamten Weltwirtschaft zu Beginn der 30er Jahre des vergangenen Jahrhunderts. Nur weil nach der großen Depression die wichtigsten Regierungen die Finanzmärkte strikt reguliert und auch international verhindert haben, dass mit der Nichtregulation der globalen Märkte Schindluder getrieben wurde, hat es das Wirtschaftswunder auf der gesamten Welt gegeben. Anders gewendet: Ohne das System von Bretton Woods und die amerikanische Regulierung der Finanzmärkte hätte es das deutsche Wirtschaftswunder nicht gegeben.

Nichts außer der Beeinflussbarkeit durch die Finanzmärkte selbst hindert die Regierungen dieser Welt daran, etwas Ähnliches wieder zu tun. Dazu muss zunächst der große globale Rahmen stimmen. Die entscheidende Voraussetzung für ein weitgehend spekulationsfreies internationales System ist die Beendigung, und zwar die vollständige Beendigung, der Spekulation mit Währungen. Der Wechselkurs zwischen Währungen ist nach dem Zins der wichtigste Preis in einer normalen offenen Volkswirtschaft. Wechselkurse von Währungen bewegen nicht nur einige wenige Preise, sie bewegen die gesamte Palette der Außenhandelspreise in zwei Ländern. Eine unvorstellbare Ignoranz der wirtschaftpolitisch Verantwortlichen kommt in der Tatsache zum Ausdruck, dass sie einerseits das internationale Handelssystem zur heiligsten aller Kühe erklärt haben, andererseits aber das Währungssystem, das mehr Einfluss auf den internationalen Handel als irgendetwas anderes hat, vollkommen vernachlässigen.

Ein neues Währungssystem installieren

Wie lächerlich die Versuche der Politik in allen möglichen Gremien sind, Einfluss auszuüben auf ein vernünftiges Design der internationalen Ordnung, zeigt das globale monetäre Problem. Solange dieses monetäre Problem nicht gelöst ist, löst man auch kein anderes. Die Ignoranz der Regierungen über viele Dekaden lässt sich leicht an einer Anekdote veranschaulichen. Mitte der 1980er Jahre kam ich zum ersten Mal nach Genf, um für das Bundeswirtschaftsministerium in dem damaligen GATT, also der Institution, die für die internationalen Handelsverträge zuständig war und heute von der Welthandelsorganisationen WTO abgelöst ist, Berichte über die laufenden Verhandlungen zwischen den Nationen zu schreiben. Nach kurzer Zeit schon war klar, dass in Genf über die Einwirkungen des monetären Systems auf den Handel überhaupt nicht gesprochen wurde. Ich schrieb daraufhin einen Aufsatz zum Thema »Freihandel, Gatt und das internationale Währungssystem«. Darin kam ich zu folgendem Ergebnis:

Der Austausch von Gütern und Diensten in der Welt sieht sich schweren Bedrohungen gegenüber. Mag auch das Volumen dieses Austauschs in jüngster Zeit wieder ansteigen, es spricht vieles dafür, dass der Welthandel weniger, als er es einmal war, und ganz sicher sehr viel weniger, als er es sein könnte, eigenständige Quelle der Verbesserung der Lebenssituation der Menschen ist. Die Klagen darüber sind nicht knapp. Doch sie helfen nicht weiter. Die Lage des Welthandels wird nicht dadurch verbessert, dass die einen ihr schlichtes Credo »Freihandel« den »Interessen« anderer an der Begrenzung des Freihandels entgegenhalten. Noch weniger führt die nahezu selbstverständlich gewordene »politische« Praxis weiter, in bester merkantilistischer Tradition »Interessen« danach festzulegen, ob man selbst einen großen Teil des Handels oder womöglich bilaterale oder multi- laterale Handelsüberschüsse bei bestimmten Produkten sein Eigen nennen kann. Ebenso bleiben alle internationalen Verhandlungen steril und unwirksam, solange diese »wirtschaftlichen Interessen« als gegeben hingenommen und lediglich im Hinblick auf gegenseitige Aufrechenbarkeit einander gegenübergestellt werden. Ohne eine fun- damental andere und tiefer gehende Analyse der Gesamtheit des wirtschaftlichen Prozesses hat auch der Freihandel keine Chance. Das Problem des Freihandels – wie vieler anderer drängender Fra- gen – ist nicht in erster Linie ein Problem des Einflusses übermächti- ger Interessen, die rationale Lösungen zugunsten der Durchsetzung von Gruppenzielen verhindern. Das Problem des Freihandels – ebenso wie das eines wirksamen Umweltschutzes oder eines besseren Verständnisses der Veränderung des Einsatzes von Arbeit und Kapital im Produktionsprozess – ist ein Problem des Denkens, der Nichtexis- tenz einer validen ökonomischen Erklärung der die Diskussion be- herrschenden wirtschaftlichen Phänomene.

Weil in monatelangen Verhandlungen im GATT sich praktisch nie- mand für die Frage interessierte, ob das monetäre System irgend- welche negativen Auswirkungen hat, fragte ich mich ständig, wie es sein kann, dass so viele gutausgebildete Menschen sich tagtäg- lich mit einem System so ernsthaft beschäftigen konnten, das so geringe praktische Relevanz hatte. Und ich fragte mich in der Tat, ob ich vielleicht vollkommen falsch liege in meiner Einschätzung. Da ergab es sich, dass ich in einer Sitzung des Allgemeinen Rates dieses Gremiums die Rede des damaligen jamaikanischen Bot- schafters namens King (den Vornamen habe ich leider vergessen) hörte. In seiner Rede beklagte Botschafter King heftig, dass diese Organisation nicht bereit sei, sich der Tatsache zu stellen, dass der Handel massiv monetär gestört würde und dass es auch keine an- dere globale Institution gäbe, die dafür zuständig wäre. Ich konnte es nicht glauben.
    Es gab noch jemanden außer mir, der dieses Problem nicht nur sah, sondern auch laut und offen ansprach. Ich war sehr eupho-

risch und dachte, es müsse jetzt eine ernsthafte Diskussion stattfinden über diese geradezu revolutionäre Erkenntnis. Weit gefehlt. Die Rede des Botschafters wurde hingenommen, und man ging zur Tagesordnung über. Ich hatte später die Gelegenheit, kurz mit dem Botschafter zu sprechen und ihm meine Bewunderung auszudrücken, aber er war schon damals hoch frustriert. Er sagte, das sei nicht das erste Mal gewesen, dass er versucht habe, etwas mehr Rationalität in die internationale Handelsdebatte zu bringen. Aber immer ohne jeden Erfolg.

Im Jahr 2000, also 15 Jahre nach meinem ersten Zusammentreffen mit dem internationalen Handelssystem, kam ich wieder nach Genf. Mittlerweile war das Europäische Währungssystem gegründet worden, aber die internationale Währungsordnung lag weiter in Trümmern. Immerhin aber gab es doch ganz dramatische Entwicklungen zur Kenntnis zu nehmen, wie sie in der Asien- und in der Lateinamerikakrise zum Ausdruck gekommen waren. Also war ich wieder relativ optimistisch, in Genf wenigstens den einen oder anderen zu treffen, der meine Thesen verstehen würde. Wiederum weit gefehlt. Zwar war die Organisation, für die ich seither arbeite, UNCTAD, vollkommen offen für diese Fragen und hatte unter dem Stichwort Kohärenz schon selbst darüber gearbeitet, die Welthandelsorganisation allerdings war genauso ignorant und borniert dieser Frage gegenüber wie 15 Jahre zuvor.

Gleichwohl begannen die USA zwei Jahre später eine heftige Diskussion um die vermeintliche Unterbewertung der chinesischen Währung. Weil die Währung unterbewertet sei, gebe es, so argumentierten sowohl die Bush- als auch später die Obama-Administration, eine massive Verzerrung der Handelsströme, und China müsse deutlich aufwerten, um diese Verzerrung zu beseitigen und einen Beitrag zum Abbau der globalen Ungleichgewichte zu leisten.

Aber selbst dann, als diese Diskussion in großer Intensität aufflammte, war niemand bereit, dieses Thema systematisch mit der Handelsfrage in Genf zu verbinden. Ist es wirklich die Dummheit unserer Regierenden, die es nicht schaffen, trotz eindeutiger Beispiele allgemeine Lehren aus dem monetären Chaos für den internationalen Handel zu ziehen? Oder sind sie alle bestochen von den Finanzmärkten, die mit Währungen mehr Geld als mit irgendetwas anderem verdienen? Ich habe darauf keine Antwort. Wie dem auch sei, das eine ist so schlecht wie das andere. Weder die Dummheit noch die Macht der Finanzmärkte lassen sich über Nacht beseitigen. Dennoch müssen wir auch hier weiter für vernünftige Lösungen arbeiten. Und die vernünftige Lösung liegt ganz nah: Die vernünftige Lösung, wie sie im *Trade and Development Report* der UNCTAD 2009 beschrieben wurde, löst mehrere Probleme gleichzeitig.

Wenn die Welt sich entschließen würde, das Währungssystem möglichst handelsneutral zu machen, müsste man dafür sorgen, dass die nominalen Wechselkurse weitgehend den Inflationsdifferenzen der Länder folgen. Das ist überhaupt nicht revolutionär. Das ist das, was jedes Lehrbuch der Volkswirtschaftslehre von funktionierenden Devisenmärkten erwartet. Dann wäre die Größe, die Ökonomen den realen Wechselkurs nennen, jederzeit konstant. Der reale Wechselkurs (das ist die Inflationsdifferenz zwischen zwei Ländern plus oder minus der Wechselkursänderung in der gleichen Periode) ist das entscheidende Maß für Wettbewerbsfähigkeit zwischen Volkswirtschaften. Wäre dieser reale Wechselkurs konstant, würde ein Land mit hohen Inflationsraten systematisch entsprechend der Inflationsdifferenz abwerten und damit nicht an Wettbewerbsfähigkeit gegenüber seinen Handelspartnern verlieren. Andererseits wäre es nicht möglich, dass Länder durch Gürtel-enger-Schnallen versuchen, anderen Ländern Marktanteile abzujagen.

Weil es so viele Missverständnisse hinsichtlich der Frage der internationalen Wettbewerbsfähigkeit gibt, lohnt es sich an dieser Stelle, noch einmal ganz genau zu argumentieren. Otto Normalverbraucher oder besser gesagt: Otto Normalunternehmer wird gegen ein solches Währungsregime bzw. eine solche Begründung für ein Währungsregime und eine solche Ausgestaltung einwenden, es könne doch nicht Aufgabe irgendeines internationalen

Ordnungsrahmens sein, die Veränderung von Wettbewerbspositionen zu verhindern. Schließlich kämpfe sein Unternehmen jeden Tag um steigende Wettbewerbsfähigkeit und zunehmende Marktanteile. Das sei doch gerade das Wesen der Marktwirtschaft und des ihr innewohnenden Wettbewerbsprinzips, dass sich jeder anstrengen müsse, um besser zu sein als die Konkurrenz. Nur das treibe den technischen Fortschritt voran. Wenn also ein Land unfähig sei, im Wettbewerb mitzuhalten, dann könne es doch nicht durch Währungsmanipulationen eine Art Käseglockenschutz erhalten. Und, so der Unternehmer weiter, ihm sei es egal, ob mangelnde Wettbewerbsfähigkeit auf einem veralteten Kapitalstock oder auf der Unfähigkeit der Arbeitnehmer eines Landes beruhe, das rechte Maß bei den Lohnabschlüssen zu finden. Wenn ein Land seine Inflationsrate nicht in den Griff bekomme, dann müssten das seine Unternehmen und letzten Endes seine Bevölkerung eben durch sinkende Marktanteile zu spüren bekommen. Das sei von einem Gutmenschenstandpunkt aus gesehen vielleicht unerfreulich, aber auf die Dauer die einzige Sprache, die die Leute, vor allem die Gewerkschaften als Inflationsverursacher, verstünden. Sein Unternehmen ginge auch sang- und klanglos unter, würde er sich dauernd mehr Einkommen genehmigen, als er erwirtschaftet habe.

Was ist falsch an dieser Argumentation? Nun, sie übersieht vor allem, dass eine von Inflationsdifferenzen gesteuerte systematische Abwertung einer Währung, wie sie das vorgeschlagene Währungsregime mit sich brächte, dem entsprechenden Land und seinen Unternehmern keine ungerechtfertigten Handelsvorteile verschafft bzw. die ausländische Konkurrenz nicht ungerechtfertigt benachteiligt, wie das der einzelwirtschaftlich an die Sache herangehende Unternehmer glaubt. Der hält ja die Marktanteilsverluste des stärker von Inflation geplagten Landes bei fehlender Wechselkursanpassung für gerechtfertigt. Warum liegt er mit dieser Ansicht daneben?

Stellen wir uns einmal vor, in zwei Ländern A und B herrsche die gleiche Ausgangssituation: Zwei Unternehmen produzierten mit dem gleichen Kapitalstock und der gleichen Anzahl Beschäftigter zu gleichen Zins- und Lohnbedingungen und konkurrierten auf dem Weltmarkt so miteinander, dass jeder 50 Prozent Marktanteil habe. Nun steige in Land A die Inflationsrate schneller als in B, weil in A die Lohnabschlüsse höher ausfallen als in B. Dann muss das Unternehmen aus dem Land A, wenn der Wechselkurs unverändert bleibt, teurer anbieten als das Unternehmen aus B. Dadurch sinkt der Marktanteil des Unternehmens aus A. Ist das realwirtschaftlich sinnvoll? Offenbar nicht, denn technologisch sind die beiden Unternehmen immer noch identisch. Es wäre also keine Benachteiligung des Unternehmens aus Land B, wenn Land A seinen Wechselkurs entsprechend der Inflationsdifferenz gegenüber Land B abwertete. Umgekehrt handelte es sich um einen ungerechtfertigten Vorteil für das Unternehmen aus Land B, wenn nichts dergleichen geschähe. Das käme einer Subventionierung seines Warenangebots auf dem Weltmarkt gleich. Natürlich ist das Unternehmen aus B nicht »Schuld« an dieser Situation, die auf den Ergebnissen der Lohnverhandlungen in A beruht. Aber der Unternehmer aus B sollte sich auch nicht beschweren, wenn durch ein Währungsregime gewährleistet wird, dass ihm ungerechtfertigte Vorteile nicht zuteil werden.

Beruht die Inflationsratendifferenz zwischen den beiden betrachteten Ländern hingegen auf Lohnverhandlungsergebnissen, die in B zu einer Inflationsrate führt, die unterhalb der Zielgröße seiner Zentralbank liegt, während A die gleiche Zielinflationsrate sozusagen korrekt erreicht, dann dürfen sich die Unternehmer aus B erst recht nicht über ein Währungsregime beschweren, das ihnen keine solchen selbst produzierten, man könnte auch sagen: ergaunerten Handelsvorteile gönnt.

Doch es gibt noch einen anderen Strang in der zu Anfang beschriebenen fiktiven Argumentation unseres Unternehmers gegen ein Weltwährungsregime, den es näher zu betrachten lohnt. Dort wurde unterstellt, es mache keinen Unterschied, ob ein Land beim Wettbewerb nicht mithalten könne wegen zu hoher Löhne oder wegen eines veralteten Kapitalstocks, d. h. zu geringer Produktivität. Das ist aber sehr wohl ein entscheidender Unterschied. Einen veralteten Kapitalstock kann kein Währungsregime der Welt in dem Sinne ausgleichen, dass es dem betreffenden Land durch laufende Abwertungen beliebigen Zugang zu den Weltmärkten verschafft. Hat das Land keine Produkte anzubieten, die auf dem Weltmarkt gefragt sind, auch nicht zu noch so – durch Abwertung erreichten – niedrigen Preisen, dann kann das Land eben nicht am internationalen Handel teilnehmen. Wer nichts anzubieten hat, kann auf Dauer auch nichts einkaufen bei anderen. Er muss autark zurechtkommen. Das war zu Zeiten des Ostblocks für viele Länder östlich des Eisernen Vorhangs der Fall. Der Großteil der westlichen Verbraucher wollte eben keine Trabbis fahren, auch wenn sie noch so billig angeboten worden wären. Und der Großteil der östlichen Verbraucher hätte sich auch lieber hinter das Steuer eines Volkswagens gesetzt, wenn sie denn die dazu nötigen Devisen zur Verfügung gehabt hätten. Hatten sie aber nicht. Also fand kein entsprechender Handel statt.

An diesem Vergleich merkt man sofort, dass das nicht das Problem ist, vor dem die südeuropäischen Länder stehen. Sie haben einen über Jahrzehnte durch privatwirtschaftliche wie öffentliche Entscheidungen gewachsenen privaten wie öffentlichen Kapitalstock, der am Weltmarkt gefragte Produkte herstellen kann. Wenn wir Deutschen diese Länder allerdings nur lange genug industriell destabilisieren, indem wir sie mit unseren durch Lohndumping konkurrenzlos billigen Gütern so überschwemmen, dass ihr eigener Kapitalstock mangels Auslastung nicht mehr erneuert wird, dann werden wir diese Länder tatsächlich auf einen dem Ostblockdasein ähnlichen Dinosaurierstand in Sachen Technologie zwingen. Dazu passt, dass wir gleichzeitig auch noch durchsetzen, dass via öffentlichem Sparen der öffentliche Kapitalstock verfällt.

Es steht aber nicht zu befürchten, dass sich die Menschen in diesen Ländern das so ohne Weiteres gefallen lassen. Vor die Wahl der drei Möglichkeiten gestellt, entweder zum Aufrechterhalten der EWU und des Freihandels auf die Transferalmosen eines kolonialistisch auftrumpfenden Deutschlands angewiesen zu sein oder sich autark durchschlagen zu müssen oder eben die EWU verlassen zu müssen und den Freihandel aufzukündigen, wird sich die Bevölkerung in den bedrängten Ländern für den dritten Weg entscheiden. Es ist nur eine Frage der Zeit, bis sich diese drei Möglichkeiten klar und verständlich herumgesprochen haben. Irgendwann werden auch die Politiker in Südeuropa das erkennen und sich nicht mehr nach dem Willen irgendwelcher EU-Gremien und des IWFs richten, sondern nach dem ihrer eigenen Bürger.

In einem System mit richtig angepassten Wechselkursen wäre die deutsche Lohnzurückhaltung der vergangenen zehn bis 15 Jahre niemals zu einer Belastung für die anderen Länder geworden. In dem Tempo und in dem Ausmaß, wie die deutsche Lohnpolitik hinter der in anderen Ländern zurückgeblieben wäre (jeweils im Verhältnis zur nationalen Produktivität), hätte sich der Wechselkurs der D-Mark aufwerten müssen. Wären also die deutschen Löhne, nominal gerechnet, nur so stark gestiegen wie die deutsche Produktivität, wären also die sogenannten Lohnstückkosten unverändert geblieben, während in anderen Ländern die Löhne um, sagen wir, drei Prozent über der Produktivität gelegen hätten, wäre die D-Mark jeden Monat, alle drei Monate oder jedes Jahr um drei Prozent aufgewertet worden. Das hätte dafür gesorgt, dass die deutschen Produkte trotz der Lohnzurückhaltung gegenüber dem Ausland gleich teuer oder gleich billig geblieben wären. Das ist der zentrale Zusammenhang, um den es im Verhältnis von Handelssystem zu Währungssystem geht.

Jeder Verstoß gegen die Logik dieser Regel führt auf Dauer zu unhaltbaren Situationen. Das ist das, was wir gerade in diesem Jahr innerhalb des Europäischen Währungssystems erlebt haben. Nun wird man sagen, aber innerhalb des Währungssystems gibt es ja gar keine Währungen. Das ist richtig. Und weil es keine Währungen innerhalb des Währungssystems gibt, muss man dafür sorgen, dass sich dann die sogenannten Lohnstückkosten an einer gemeinsamen Formel ausrichten. Wenn nämlich ohne die Möglichkeit einer Abwertung oder einer Aufwertung ein Land Lohnzurückhaltung betreibt, bringt es auf Dauer die Mitgliedsländer der Währungsunion in eine untragbare Situation. Das ist, wie oben ausführlich dargestellt, der Kern des Problems im Europäischen Währungssystem.

Im internationalen Kontext hat die Regel, wonach der reale Wechselkurs zwischen Nationen konstant sein sollte, einen weiteren unschätzbaren Vorteil. Weil die Inflationsdifferenzen zwischen den Ländern normalerweise den Zinsdifferenzen entsprechen, würde die Währung eines Landes mit relativ hohen Zinsen ebenfalls regelmäßig abgewertet. Das wiederum würde den entscheidenden Mechanismus des carry trade, der in den vergangenen Jahren das Weltwährungssystem aus den Fugen gebracht und ganze Länder in den Abgrund gestürzt hat, mit einem Schlag beseitigen. Denn der Gewinn durch Zinsarbitrage würde durch die Wechselkursanpassung vollständig aufgezehrt. Wenn Island, das sehr hohe Zinsen wegen sehr hoher Inflation hatte, seine Währung hätte regelmäßig abwerten müssen, wäre es niemals in die existenziellen Schwierigkeiten geraten, in die es während der Finanzkrise taumelte. Das Gleiche gilt für Ungarn und für viele andere Länder.

Es gibt also eine relativ einfache Lösung für zwei sehr schwierige Probleme. Dennoch weigern sich die Politiker der großen Industrienationen, darüber auch nur einen Augenblick nachzudenken. Das ist der größte internationale Skandal überhaupt. Die Politiker behaupten, sie wollten ein effizientes internationales Handelssystem und ein effizientes internationales Finanzsystem ohne Finanzkrisen, aber den einzigen und klar vorgezeichneten Weg dorthin wollen sie nicht einmal ansehen. Warum? Nun, auch hier ist es wieder die Ideologie der Ökonomen, der Markt habe immer recht, die am Ende eine Lösung verhindert. In der großen Schlacht um feste oder flexible Wechselkurse, die Ende der 60er- und Anfang der 70er Jahre des vergangenen Jahrhunderts ausgetragen wurde, hatten schließlich die Anhänger der vom Markt bestimmten Wechselkurse gewonnen. Aber trotz zahlloser Krisen und un glaublicher Verwerfungen durch das System der marktbestimmten Wechselkurse seitdem ist man auch nicht im Ansatz bereit, zuzugeben, dass damals der falsche Ansatz die Oberhand gewann.

Banken trennen von Zockerbuden

Jenseits des internationalen Rahmens waren die Vorschläge, die Präsident Obama zu Anfang des Jahres 2010 gemacht, aber leider nur in Ansätzen verwirklicht hat, vollkommen geeignet, die Finanzspekulation in Grenzen zu halten und das Bankensystem in seine der Volkswirtschaft dienende Funktion zurückzuzwingen. Nach diesem Vorschlag, der auf Paul Volcker, einen früheren amerikanischen Zentralbankpräsidenten, zurückgeht und nichts anderes als die Rückkehr zu einer Art »Glass-Stegall-Act« bedeutet, sind jene Aktivitäten, die Bank-Charakter im engeren Sinne haben, konsequent zu trennen von den Kasinoaktivitäten. Ersteres ist vor allem das Einlagengeschäft mit dem Publikum und das Kreditgeschäft mit Sachkapitalinvestoren.

Die Definition von »Bank« bei dieser Regulierungslösung ist einfach: Wer Einlagen des Publikums hält und deswegen im Krisenfall auch vom Staat gerettet wird und zudem Zugang zu der (zurzeit extrem billigen) Finanzierung durch die Notenbank hat, ist eine Bank. Solche Banken dürfen sich nicht an Spekulationsgeschäften im weitesten Sinne beteiligen. Das sind all solche Geschäfte, bei denen mit Anlagen gehandelt wird, die in einem Katalog spekulativer Anlagen aufgeführt sind. Solche spekulativen Anlagen werden bestimmt anhand der Entwicklung der Preise dieser Anlagen in einem Vergleich mehrerer Märkte. Stellt sich heraus, dass der Preis einer Anlage hoch korreliert ist mit den Preisen für eindeutig spekulative Anlagen wie Aktien oder bestimmte Rohstoffe oder Währungen, dürfen Banken mit solchen Papieren keine Geschäfte machen. Das gilt sowohl für das sogenannte Eigengeschäft als auch für Geschäfte, die die Bank für das Publikum ausführen will.

Banken dürfen darüber hinaus nur Kredite vergeben für Aktivitäten, die im Prinzip einen positiven gesellschaftlichen Ertrag erwirtschaften können. Damit sind wiederum ausgeschlossen alle Geschäfte, die national, regional oder weltweit einen Kasinocharakter tragen. Das sind also zum Beispiel Wetten auf bestimmte Ereignisse oder Wetten auf die Entwicklung eines Preises einer Vermögensanlage, die darauf ausgerichtet sind, von der kurzfristigen Preisentwicklung der Vermögensanlage zu profitieren, im Gegensatz zu solchen Anlagen, wo man auf die Rendite im Sinne einer Dividende hofft. Denn hier ist ein zusätzlicher Sachwert zu erwarten, selbst wenn auch Sachinvestitionen einmal fehlschlagen können. Solche Ausfälle treten aber gerade nicht in der Summe über alle Investitionsprojekte gleichzeitig auf.

Solche Institutionen, die all diese Wettaktivitäten durchführen, wie Hedgefonds oder die Teile der Banken, die heute unter Investmentbanking firmieren, dürfen weder Zugang zur Refinanzierung durch die Zentralbank noch Zugang zur Kreditvergabe der normalen Banken haben.

Albrecht Müller hat das vor kurzem sehr klar und zu Recht so beschrieben: »Wir nehmen es heute klaglos hin, dass die gleichen Banken, die von den Zentralbanken einschließlich der Europäischen Zentralbank fast zum Nulltarif mit Liquidität versorgt werden, mit genau dem Geld in die Kasinos zum Zocken gehen und sogar, wie wir es jetzt in Europa sehen, gegen die gleichen Staaten spekulieren, die sie mit dieser Liquidität ausgestattet haben.« (Nachdenkseiten.de vom 10. Mai 2010)

Der Staat in seiner Eigenschaft als Fiskus soll sich nach herrschender Meinung brav einreihen in die Schlange der Kreditsuchenden vor den Bankschaltern, obwohl er in seiner Eigenschaft als Zentralbank oberster Geldgeber ebendieser Banken ist, also quasi hinter dem Banktresen steht. Die scharfe Trennung von Fiskus und Zentralbank, die berühmte Unabhängigkeit der Zentralbank, gehört zu den wichtigsten Dogmen der Neoliberalen. Sie entspringt der Angst, ein Staat werde zur Finanzierung seiner Ausgaben grundsätzlich die Notenpresse anwerfen und beliebig auf Inflation setzen. Daher müsse man die Bürger schützen, indem man dem Fiskus die Rolle eines ganz normalen Kreditnehmers zuweise, der sich wie jedes private Unternehmen bei den Banken um Kredite zu »marktüblichen« Konditionen bemühen müsse. Dass es ganz andere Möglichkeiten gibt, ein rein inflationäres Verhalten des Fiskus zu verhindern, ohne dass der Fiskus in die Rolle eines Bankkunden gezwungen werden muss, wird geflissentlich übersehen. Dass sich gleichzeitig aber die Finanzmarktakteure dank der Finanzmarktliberalisierung die Möglichkeit verschafft haben, ihrerseits – noch dazu völlig legal – eine Hyperinflation bei bestimmten Preisen bewusst herbeizuführen und dadurch den Wert des allgemeinen Zahlungsmittels so zu diskreditieren, dass das gesamte Zahlungssystem zusammenzubrechen droht, das stört die Neoliberalen nicht. Das führt zu keinerlei Umdenken. Vielmehr wird der Zentralbank selbst Versagen vorgeworfen, wenn sie aus dem Zwiespalt zwischen Stützen der Realwirtschaft durch Nullzinspolitik und Bändigen der Spekulation durch Zinserhöhung keinen Ausweg findet. Der Fiskus mit der Hand an der Notenpresse ist das Schreckgespenst der Neoliberalen; eine kleine privilegierte Gruppe von Privaten mit der Hand an der Notenpresse, das ist nach neoliberaler Auffassung eben Marktwirtschaft.

Es ist auf Dauer nicht hinnehmbar, dass Banken vom Staat das Geld via Zentralbank zum Nulltarif bekommen und damit Staatsanleihen dieses Staates kaufen, die weit höhere Zinsen abwerfen. Wodurch sollte eine solche massive Subventionierung durch den Steuerzahler gerechtfertigt sein? Sie entspringt nur dem neoliberalen Dogma – das sich allerdings in den Verträgen von Maastricht niedergeschlagen hat –, wonach nur die Weisheit der »Märkte« den Staat daran hindert, das Geld zu verschleudern.

Warum kauft die Europäische Zentralbank nicht direkt Staatsanleihen, sondern nur über den Umweg der Refinanzierung der Banken? Gibt es dafür einen ernst zu nehmenden Grund? Nein, es gibt nur die alte Ideologie, dass solches Verhalten unweigerlich zur Inflation führt, weil Staaten unproduktiv wirtschaften. Wir dürfen uns auf Dauer aber nicht an das Verbot im Maastrichtvertrag halten, das aus einer anderen Zeit mit überzogener Inflationsangst geboren wurde. In Zeiten der Krise des Bankwesens ist das gemeingefährlich.

Wenn die Finanzkrise etwas bewiesen hat, dann die Tatsache, dass Investmentbanker nicht mit Geld umgehen können und deswegen nicht mit billigem Zentralbankgeld ausgestattet werden dürfen. Wenn heute die Europäische Zentralbank begänne, den Staaten – selbst unter den gleichen quantitativen Restriktionen, wie sie von ihr für richtig gehalten werden, und beim gleichen Zins – direkt Staatsanleihen abzukaufen (was die USA und Großbritannien ohnehin schon vorgemacht haben), würde nicht nur Spekulation gegen diese Anleihen verhindert werden, sondern auch den Banken eine ganz erhebliche Menge an Spielmaterial weggenommen. Ungerechtfertigte Gewinne, die in diesen Tagen wieder gefeiert werden, würden ebenso verschwinden wie Boni und die Zinslast des Fiskus erheblich sinken. Die Gewinne der Banken sind nicht Ausdruck von großer Leistung, sondern Ausdruck einer privilegierten Position. Banken müssen zurück zu der schlichten Servicefunktion der Vergangenheit, nämlich der Verteilung des Geldes, das in einer Papiergeldwirtschaft nun mal ausschließlich direkt vom Staat kommt.

Insgesamt gesehen ist die langfristige Lösung der Finanzmarktprobleme nur in besserer Regulierung zu finden. Nur durch Regulierung, die konsequent darauf hinwirkt, dass die Banken ihre eigentliche Aufgabe wahrnehmen, kann man die Geldpolitik wieder in die Lage versetzen, eine geeignete Wirtschaftspolitik für Stabilität und Beschäftigung zu betreiben. Der verbreitete Glaube, man könne durch die Geldpolitik in Zukunft Blasen verhindern, ist grotesk. Dann müsste man mitten in einer Rezession oder Schwächephase anfangen, die Zinsen zu erhöhen, weil die Finanzmarktteilnehmer, wie oben beschrieben, einen Aufschwung vorwegnehmen, den es noch gar nicht gibt.

Teilhabe aller Menschen am gemeinsam erarbeiteten Fortschritt ermöglichen

Glaubt man unseren Politikern, auch denen auf der linken Seite des Spektrums, dann ist nichts so schwer, wie dafür zu sorgen, dass alle Menschen die Chance haben, am Fortschritt der Gesellschaft systematisch beteiligt zu werden. Gegen keine Idee gibt es mehr Vorbehalte, keine Idee ist stärker ideologisch vorbelastet als die Vorstellung, wenigstens die Gleichverteilung des Zuwachses an Produkten, also die Teilhabe am Fortschritt, sei ökonomisch ohne Weiteres durchzuhalten.

Doch das ist wiederum ein Trugbild, es ist nur die Folge der Tatsache, dass die Ökonomen uns ein systematisch falsches Bild vom Funktionieren einer Marktwirtschaft untergejubelt haben. In Wirklichkeit ist es genau andersherum. Nur wenn es gelingt, praktisch alle Menschen einzubeziehen in die Möglichkeiten, die neue Technik und neue Technologien schaffen, können wir den Übergang von einer Technologie in eine andere, von einer Struktur in die andere relativ reibungslos bewerkstelligen. Und das ist entscheidend dafür, dass die Masse der Bürger bereit ist, Demokratie und Marktwirtschaft langfristig mitzutragen.

Da das, wie ich oben gezeigt habe, genau zu den Zeiten des Wirtschaftswunders absolut selbstverständlich war, kann es nicht an der Marktwirtschaft als solcher liegen, wenn die Teilhabe der Menschen nicht jederzeit gewährleistet ist. Wenn man aber fragt, was wohl die Gründe dafür sein könnten, die Menschen heute nicht am Fortschritt zu beteiligen, wird es sehr schnell sehr vage. Üblicherweise werden dann einige wenige Argumente genannt, von denen jedoch nicht eines tragfähig ist. So sagt man, heute, ganz anders als noch vor 30 oder 40 Jahren, könne man den Produktivitätsfortschritt nicht mehr systematisch in höheren Löhnen weitergeben, weil die Welt sich geändert habe.

Üblicherweise werden an dieser Stelle die Chinesen als Sündenbock genannt. Weil China und andere Entwicklungsländer sich auf den Weg machen, so die Argumentation, unsere Technologie nachzuahmen, könnten wir trotz neuer Technologie den Menschen den Ertrag dieser Technologie nicht mehr ausbezahlen. Wir müssen ja im Wettbewerb mit den Chinesen, die, pro Stunde oder pro Kopf gerechnet, sehr viel billiger sind als wir, mithalten, und das ginge nur, wenn wir nicht den gesamten Fortschritt an potenziellem Einkommen auch zu realem Einkommen machen.

Ich muss an dieser Stelle nicht im Einzelnen auf diese Argumente eingehen. In *Das Ende der Massenarbeitslosigkeit* haben Friederike Spiecker und ich gezeigt, dass diese Argumente falsch sind. Das Wichtigste noch einmal ganz kurz: Jedes Land, das mit anderen Ländern im Wettbewerb steht und über eine eigene Währung verfügt, muss davon ausgehen, dass der Wechselkurs der eigenen Währung über kurz oder lang das Verhältnis der Löhne zur Produktivität, Lohnstückkosten genannt, widerspiegelt.

Das heißt, jedes systematische Zurückbleiben der Löhne hinter der Produktivität in einem Land muss früher oder später zu einer Aufwertung der Währung dieses Landes führen, so dass sich der ursprüngliche Zustand im Verhältnis der Wettbewerbsfähigkeit der Länder wieder einstellt. Nur in einer Währungsgemeinschaft wie der Eurozone kann es passieren, dass ein Land mit dieser Art des Lohndumpings beziehungsweise des eigenen Gürtel-enger-Schnallens für eine etwas längere Zeit erfolgreich ist.

Doch auch dann kommt die Rechnung. Die Rechnung kommt, wie wir das in der europäischen Krise erleben, in Form von anderen Ländern, die ihre Schulden nicht mehr bedienen können oder wollen, weil sie von dem, der erfolgreich den Gürtel enger ge schnallt hat, in eine ausweglose Situation manövriert worden sind. Wer Augen hat zu sehen, sieht das. Nur wer ideologisch verblendet ist, ist selbst in dieser Situation, zehn Jahre nachdem man mit diesem Irrsinn begonnen hat, unfähig zu sehen, was man damit angerichtet hat.

Jenseits dieser Argumentation wird es für die Verweigerer der Teilhabe schon eng. Üblicherweise kommt dann noch die geradezu läppische Phrase vom mobilen Kapital, das schließlich wandern könne, wohin es wolle, wenn man ihm nicht besonders gute

Bedingungen im Inland gäbe. Das aber ist unsinnig, weil man mit der Nichtteilhabe der Masse am Fortschritt gerade unattraktive Bedingungen schafft für die Verwertung des Kapitals. Wie oben gezeigt, der entscheidende Vorteil der Teilhabe ist, dass jederzeit die Nachfrage vorhanden ist, die man braucht, um die mit der neuen Technologie ausgerüsteten Maschinen auch auszulasten. Das aber ist das Entscheidende für die Produktion mit Kapital, dass die Maschinen, die der Unternehmer mit einigem Risiko kauft, auch ausgelastet werden können. Da systematisch auf das Ausland zu setzen, wie oben gezeigt, nicht funktioniert, ist man immer auf diese nationale Dimension zurückgeworfen. Wer auch das nicht sieht, wer nicht bereit ist anzuerkennen, dass weltweit die einzig erfolgreichen Phasen der Marktwirtschaft davon gekennzeichnet waren, dass die Menschen, die die Maschinen bedienten, auch zusammen mit den Maschinen ordentliches Geld verdienten, ist blind oder möchte gerne blind sein.

Hier liegt der entscheidende Zusammenhang. Strukturwandel, ob ausgelöst durch technologische Neuerungen, durch staatliche Umstrukturierung hin zu umweltkonformem Wachstum, durch das Hinzukommen neuer Produzenten auf dieser Welt, all dieser Strukturwandel kann nur vernünftig bewältigt werden, wenn die Einkommen jederzeit und überall auf der Welt entsprechend dem Fortschritt im Strukturwandel verteilt werden. Wohlgemerkt, obwohl es um Teilen geht, geht es hier nicht um Umverteilung, hier geht es innerhalb der Länder um systematische Gleichverteilung zwischen Arbeit und Kapital. Selbst wenn die Menschen von heute an systematisch am Fortschritt beteiligt würden, würde die bestehende Ungleichheit in Deutschland eingefroren. Selbst dann würde sich die Vermögensverteilung noch weiter zulasten der nicht Vermögenden verschieben, selbst dann würde die absolute Ungleichheit, also der absolute Abstand der Einkommen, noch größer werden. Das ist das Ungeheuerliche an dieser Vorstellung. Und dennoch ist diese Vorstellung die einzige, die man heute realistischerweise einfordern kann, die man aber auch einfordern muss, will man die Akzeptanz der Marktwirtschaft retten.

Da es seit 20 Jahren nicht mehr gelingt, diese Minimalbedingung für erfolgreiches Wirtschaften und die Kohärenz der Gesellschaft durchzusetzen, ist es illusionär zu glauben, es gebe bei den bestehenden Machtverhältnissen die Möglichkeit, etwas von der entstandenen Ungleichheit wieder zurückzufahren. Das gibt es nicht. In einer fernen Zukunft mögen sich die Machtverhältnisse wieder fundamental verschieben, für die nächsten Jahrzehnte ist dies nicht zu erwarten. Deswegen muss man das ökonomisch Notwendige einfordern, weil man mit dem aus vielen guten politischen Gründen Einforderbaren sowieso scheitern wird.

Stellen wir uns die Gesellschaft des 21. Jahrhunderts vor, stellen wir uns vor, dass es tatsächlich gelungen sein könnte, alle Menschen am Produktivitätsfortschritt voll zu beteiligen, wo wäre das wirtschaftliche Problem? In dieser konkreten Utopie wäre Vollbeschäftigung möglich, die Inflationsrate niedrig, die Außenwirtschaftsbilanz ausgeglichen, und die Menschen hätten den Eindruck, dass unabhängig von den Ungerechtigkeiten der Vergangenheit, die riesige absolute Einkommens- und Vermögensdifferenzen geschaffen haben, von nun an ein gewisses Maß an Gerechtigkeit herrsche. Natürlich würden irgendwann, so wie es in den 70er Jahren des vergangenen Jahrhunderts der Fall war, die Tatsache der Vollbeschäftigung und die Tatsache der immer noch bestehenden Ungleichheit dazu führen, dass neue Verteilungskämpfe ausbrächen.

Aber kann es sein, dass wir, um mögliche Verteilungskämpfe im Jahre 2030 zu verhindern, versuchen, die Menschen heute in einer permanenten Angst zu halten, Angst um ihren Arbeitsplatz nämlich, die verhindert, dass sie das Selbstverstandliche einfordern? Kann man sich vorstellen, dass, wenn es auch in den nächsten zehn bis 20 Jahren nicht gelingt, eine wirklich erfolgreiche wirtschaftswunderartige Entwicklung auf die Beine zu stellen, die Menschen noch bereit sind, die Lüge zu glauben, man müsse nur so weitermachen, dann wäre schon alles gut?

Ich glaube das nicht. Ich glaube vielmehr, dass die Fortsetzung der Lüge die Lüge irgendwann offensichtlich macht. Man mag über 30 oder 40 Jahre, das heißt eine ganze Generation lang, immer das Gleiche erzählen, aber irgendwann wird wieder eine Generation nachwachsen, die kritisch und mutig genug ist, die Lüge als Lüge zu erkennen und zu benennen. Genau dann kommt man mit den üblichen Sprüchen und Erklärungen nicht mehr aus. Genau dann muss man Farbe bekennen und andere Lösungen anbieten. Wenn man das nicht tut, dann, das zeigt die Geschichte, neigen frustrierte Gesellschaften, solche also, die die Lüge nicht mehr ertragen können, dazu, extreme Wege zu gehen.

Nach dem Globalisierungswahn und dem Europäisierungsversuch der letzten Jahrzehnte wird nach Lage der Dinge der extreme Weg nur nach rechts führen. In einer scheinbar von der Globalisierung bedrängten Nation, in der die sozialen Ungleichgewichte immer größer werden, gibt es einen naheliegenden Ausweg: Man verbindet eine neue nationale Idee mit einer neuen sozialen Idee, und man kann leicht das Spektrum der Möglichkeiten ermessen. Wer dann beide Adjektive zusammenfügt, braut ein besonders explosives Gemisch.

Die Schicksalsfrage der Nationen in diesem Jahrhundert wird genau die sein: Sind sie fähig, über den großen ideologischen Schatten zu springen, den das Unternehmertum und die herrschende Volkswirtschaftslehre hat entstehen lassen, um dahinter das einzig erfolgversprechende Modell zu finden? Oder werden sie sich unter dem Schatten wegducken, werden die große Konfrontation um das richtige Gesellschaftsmodell auszusitzen versuchen, um schließlich dem Extremismus auf den Leim zu gehen?

Was Einkommen schafft, schafft Arbeit

Martin Walser hat in einer Kapitalismus-Serie der *Frankfurter Allgemeinen Zeitung*, zu der ich auf Einladung von Frank Schirrmacher auch beigetragen habe (Schirrmacher, 2010), seine Version des Kapitalismus auf den alten Punkt gebracht, dass sozial ist, was Arbeit schafft. Ich habe dazu in *Gescheitert* alles Wichtige gesagt und will es hier nicht wiederholen. Doch so viel ist notwendig: Wir müssen es ernstnehmen, wenn unbedarfte Menschen, die sicher nicht gekauft sind, glauben, dass das Handeln der Unternehmer nicht nur Gegenstand des Kapitalismus ist, sondern seine Richtschnur.

Wer den Teil zum Ganzen macht, macht nicht nur Vielfalt zu Einfalt. Er zerstört zugleich den Gedanken der Arbeitsteilung, der dem marktwirtschaftlichen System zugrunde liegt. Den Markt als Instrument der Gesellschaft zu verkürzen auf das Handeln der Unternehmer ist nicht nur falsch, es nimmt dem System die Legitimation, der Gesellschaft zu dienen. Nur weil sich angemessenes volkswirtschaftliches Denken von der Logik des Unternehmens emanzipiert, weil es eine Logik des Ganzen schafft, die der einzelwirtschaftlichen häufig diametral entgegensteht, schafft es die Legitimation für den Markt als Instrument.

Einzelwirtschaftliche und volkswirtschaftliche Logik widersprechen sich schon da, wo die Arbeitsteilung beginnt. Die Entscheidung eines Individuums, nicht mehr in Autarkie seinen Lebensunterhalt bestreiten zu wollen, sondern sich mit anderen auf einen Vertrag zu einigen, bei dem alle einen Vorteil haben und einen Anteil am Ganzen erhalten, der den Bestand des Systems und jedes einzelnen in ihm sichert, markiert diesen Punkt. Genau hier, bei der Entlohnung von Arbeit, wurde die arbeitsteilige Marktwirtschaft in den vergangenen 15 Jahren in Deutschland mehr als anderswo fundamental infrage gestellt.

Wohlgemerkt, man kann sich bei Vertragsfreiheit durchaus darauf einigen, unterschiedlich knappe Arbeit in absoluten Beträgen unterschiedlich hoch zu entlohnen. Bei der Dynamik des Systems aber kann man sich der unternehmerischen Sicht der Dinge nicht mehr anvertrauen. Hier kommt der Bruch: In einzelwirtschaftlicher Sicht kann man durch Gürtel-enger-Schnallen die Krise zu überwinden suchen. Gesamtwirtschaftlich ist das aussichtslos, weil immer und zwingend die Kosten des einen Unternehmens die Erträge eines anderen sind.

In einer Krise kann sich ein einzelnes Unternehmen mit seinen Mitarbeitern darauf verständigen, die Löhne zu senken, um Verluste zu vermindern, auch wenn die Arbeiter keinerlei Schuld an der Krise tragen. Tut man das, dann steigt unmittelbar der Verlust der anderen Unternehmen um genau diesen Betrag, weil die Arbeiter weniger Einkommen erzielen und folglich weniger zum Ausgeben für Güter der anderen Unternehmen haben.

Gesamtwirtschaftlich gesehen ist es sinnlos, die Arbeiter dazu zu bewegen, auf die Teilhabe an den gemeinsam erarbeiteten Zuwächsen des Systems, den Produktivitätsfortschritt, zu verzichten, weil geringere Löhne immer unmittelbar weniger Nachfrage nach den von Kapital und Arbeit gemeinsam erarbeiteten Gütern bedeutet. Daher scheitert der Versuch, weniger Lohn zu zahlen, um »sozial« zu sein, systematisch an der inhärenten Logik der Marktwirtschaft, aber nicht an zu starken Gewerkschaften.

Selbst wenn es einem Land gelingen sollte, durch Lohnsenkung, also eigenes Unter-den-Verhältnissen-Leben, seine Situation kurzfristig zu verbessern, weil es gelingt, andere Länder dazu zu bewegen, über ihre Verhältnisse zu leben, ändert das die Verhältnisse nicht grundsätzlich. Wiederum siegt, wie an vielen Stellen dieses Buches dargelegt, die gesamtwirtschaftliche Logik. Weil der Verlierer im Standortwettbewerb seine Schulden nicht zurückzahlen kann und aus dem Wettbewerb ausscheidet, funktioniert das unternehmerische Denken am Ende wieder nicht.

Wirklicher Wettbewerb, man kann es nicht oft genug sagen, ist deshalb nicht Wetteifer darum, wer seinen Bürgern größeres Leid abverlangen kann, sondern ist Wettbewerb um Ideen für neue Produkte oder neue Produktionstechnologien. Das gilt allerdings nicht für Finanzmärkte. Weil Nullsummenspiele nichts produzieren, ist Kasinokapitalismus die explizite Aufkündigung des Versprechens, dass eine monetäre Marktwirtschaft dafür sorgt, dass die Ersparnisse des einzelnen und vor allem das Papiergeld des Staates seriös und damit produktiv verwendet werden.

So haben wir eine Gesellschaft geschaffen, in der der normale Mensch, der berühmte »kleine Mann«, gleich doppelt belogen und betrogen wird. Man gibt ihm mit fadenscheinigen Begründungen nicht den Anteil am Produktionserfolg, der ihm zusteht und der gebraucht wird, um die Produktion überhaupt erfolgreich zu machen, und man belügt ihn hinsichtlich der Verwendung seiner Ersparnisse, die man zum Wetten benutzt, statt sie für produktive Investitionen einzusetzen.

Renten auf eine vernünftige Grundlage stellen

Damit sind wir bei der unendlichen Geschichte der Rente. Es tut mir leid: Ich kann hier nur wiederholen, was ich in *Gescheitert* und an vielen anderen Stellen schon beschrieben habe. Es gibt nichts wirklich Neues, nur dass die Hoffnung auf eine rationale Auseinandersetzung immer geringer wird. Hier war der Lobbyismus erfolgreicher als irgendwo, und die einzelwirtschaftliche Logik der Menschen bot gerade hier das perfekte Einfallstor. Gleichwohl muss man es wiederholen: Es gibt kein Ansparmodell für Renten. Alle Renten in allen Systemen dieser Welt werden immer aus dem laufenden Einkommen bezahlt. Die Finanzkrise hat aber gezeigt, wie gefährlich es ist, mehr und mehr Ersparnisse zu sammeln und sie windigen »Investmentbankern« zur Verwaltung anzuvertrauen. Das bestätigt aber nur, was wir schon immer wussten: Das Beste, was man mit seinem Geld machen kann, ist, es heute konsumtiv oder investiv auszugeben und einen gesellschaftlichen Vertrag zu schließen, der dafür sorgt, dass man wegen seiner Arbeit für die Gesellschaft – nicht wegen der Ersparnisse – eine vernünftige Rente erhält.

Deutschland leistet sich derzeit drei miteinander verbundene Rentendebatten, »Rente mit 67«, die aktuelle »Rentengarantie« und die noch immer währende »Demographiedebatte«, ohne dass die Politik auch nur in einer dieser Kontroversen über die relevanten Fragen redet. Wie ist das möglich? Das ist nur deswegen möglich, weil es keinen einzigen deutschen aktuell Verantwortung tragenden Politiker gibt, der die einzelwirtschaftliche Dimension einer dieser Fragen von der gesamtwirtschaftlichen unterscheiden kann.

Nehmen wir die Rente mit 67. Sie wird vertreten (und wurde von Müntefering als Arbeitsminister durchgepeitscht), weil jemand, der bis 67 arbeitet, natürlich die Gemeinschaft später mit

Rentenzahlungen belastet und folglich das Demographieproblem (also das Problem, dass die deutsche Gesellschaft über die Jahrzehnte altert) abmildert. So weit, so gut. Damit es dazu kommen kann, würde jeder Mensch mit einigermaßen gesundem Menschenverstand sagen, muss es aber offensichtlich genügend Arbeitsplätze geben, auf denen die Älteren arbeiten können, ohne dass die Jüngeren nach ihrer Ausbildung arbeitslos werden. Denn die formale Möglichkeit, länger zu arbeiten, reicht natürlich nicht, es müssen die Menschen tatsächlich länger arbeiten, damit die Sache einen Beitrag erbringen kann.

Eine Tatsache, die von niemandem bestritten wird, ist auch, dass die Menschen in Deutschland im Durchschnitt eine immer kürzere Zeit in ihrem Leben arbeiten, was offenbar daran liegt, dass viele Ältere keinen Arbeitsplatz mehr finden, wenn sie einmal arbeitslos geworden sind, und dass viele Firmen, zum Teil vom Staat unterstützt, sich der Älteren durch Frühverrentung entledigen. Das durchschnittliche Renteneintrittsalter liegt folglich weit unter 67 mit eindeutig fallender Tendenz in Zeiten hoher und steigender Arbeitslosigkeit.

Was folgt daraus? Nun, daraus folgt, dass man das faktische Renteneintrittsalter deutlich erhöhen muss, um die Rente mit 67 effektiv werden zu lassen. Das aber kann nur gelingen, wenn man es schafft, die Arbeitslosigkeit deutlich und dauerhaft zu verringern. Also muss der gute Rentenpolitiker vor allem da ansetzen, will er erfolgreich sein, und nicht an dem formalen Renteneintrittsalter. Wer formal das Renteneintrittsalter hoch setzt, de facto aber weit darunter bleibt, kürzt nur die zukünftigen Renten und erreicht sonst nichts.

Ähnlich läuft es mit der gegenwärtig heftig »diskutierten« Frage, ob man die Renten einfach festschreiben kann, wenn die Löhne fallen, obwohl das der von der Politik vor einigen Jahren beschlossenen Rentenanpassungsformel widerspricht. Hier verlaufen zwar die Frontlinien ganz anders, das Ergebnis ist aber wiederum, dass die eigentlich relevante Frage gar nicht diskutiert wird. Die Politik hat mit der Entscheidung, die Renten nicht nach unten anzupassen, also eine absolute Rentenkürzung in den nächsten Jahren auszuschließen, in den Augen der »Rentenexperten« etwas Widersprüchliches getan, weil die Rentenanpassungsformel ja mit Blick auf die von ihnen dauernd beschworenen »demographischen Probleme« vorgenommen wurde. Folglich würde ein Aussetzen dieser Anpassung die Rente wieder weniger »demographiefest« machen.

Sicherlich hat bei der Entscheidung der Politik, die Rentenanpassung auszusetzen, der beginnende Wahlkampf eine Rolle gespielt. Als Ökonom und »Rentenexperte« müsste man aber auch zur Kenntnis nehmen, dass die absolute Verringerung des Einkommens einer großen Bevölkerungsgruppe in der schwersten Rezession seit 80 Jahren nicht ohne Probleme wäre. In einer Zeit, in der der Staat mit mehreren Konjunkturprogrammen die gesamtwirtschaftliche Nachfrage zu stabilisieren versucht, kann es durchaus angemessen sein, einen Rückgang der Renten zu verhindern, Wahlkampf oder Rentenanpassungsformel hin oder her. Noch angemessener wäre es sogar, wenn der Staat mit allen ihm zur Verfügung stehenden Mitteln versuchen würde, das größere und hinter der Rentenkürzung stehende Problem zu vermeiden, die Tatsache nämlich, dass die Löhne vermutlich absolut sinken und die heimische Nachfrage weiter schwächen werden.

Doch das alles wird nicht ernsthaft diskutiert. Die Positionen stehen sich gegenüber, hier reine Wahlkampfpolitik, dort Rentenexpertenbedenken. Eine wirklich gesamtwirtschaftliche Perspektive fehlt, man vernachlässigt die gewaltige Gefahr einer Lohndeflation und ihre langfristigen Folgen, die auch und gerade im Hinblick auf die Entwicklung der Renten das Demographieproblem weit in den Schatten stellen könnte.

Die dritte Rentendebatte ist immer noch die alte über die Frage, wie man eine Rente demographiefest macht. Unter Rot-Grün wurde dazu die Rentenversicherung »modernisiert«. Eine sozialdemokratisch geführte Bundesregierung mit einem Arbeitsminister namens Riester hat zu Beginn dieses Jahrtausends eine »Jahrhundertreform« bei der Rente gemacht und damit bestätigt, was schon seit Jahren von Interessenvertretern und interessierten Wissenschaftlern in die Welt gesetzt worden war: dass nämlich die deutsche Rente nicht sicher sei. Damit wurde die völlig richtige Aussage, die gesetzliche Rente sei sicher, mit der einst der Arbeitsminister unter Helmut Kohl, Norbert Blüm, berühmt-berüchtigt geworden war, von Sozialdemokraten zurückgewiesen, und das wurde bis heute auch nicht widerrufen.

Die rot-grüne Regierung hatte sich zu einem einschneidenden Systemwechsel entschlossen, weil der Staat überfordert schien. Zum ersten Mal wurde private Vorsorge Teil der Alterssicherung in Deutschland. Dieser Gedanke wurde in einer zweiten Reform 2003 noch verstärkt.

Der Ausgangspunkt einer solchen Reform ist immer der gleiche: Weil abzusehen ist, so die Argumentation, dass die Deutschen immer älter werden, sei das in den 1950er Jahren eingeführte Umlageverfahren, der Generationenvertrag also, bei dem immer die heutige Generation für die Älteren aufkommt, nicht mehr haltbar. In diesem System lägen die Rentenbeiträge spätestens 2030 bei 26 Prozent (oder 2060, wie vor kurzem die Deutsche Bundesbank feststellte, die gesamten Sozialabgaben bei 50 Prozent im Vergleich zu 40 Prozent heute), und das sei weder für die Arbeitnehmer noch für die Unternehmen zumutbar.

Genau da wird die Rentenpolitik in Deutschland zum wirtschaftspolitisch gefährlichen Unfug. Die Grundvorstellung einer Kapitaldeckung, dass eine Volkswirtschaft für die Zukunft ansparen könne, ist nämlich fundamental falsch. Allerdings haben viele Gegner der Kapitaldeckung häufig den taktischen Fehler gemacht, sich auf viele Detailfragen einer solchen Rentenumstellung einzulassen, anstatt immer wieder auf diese eine Grundfrage zu kommen: Kann man erspartes Kapital (Geldkapital oder Geldvermögen, also den Saldo aus Einnahmen und Ausgaben jedes Haushalts oder Unternehmens) in die Zukunft transportieren? Die eindeutige Antwort: Nein, niemals, das Geldvermögen der Welt ist immer, in jeder Sekunde also, genau gleich Null.

Aber es ist in Wirklichkeit noch schlimmer: Der Versuch anzusparen ist nicht nur zum Scheitern verurteilt, sondern schadet der Volkswirtschaft direkt dort, wo sie es wegen Alterung am dringendsten braucht, bei den Investitionen. Bei der Kapitaldeckung verzichtet der Arbeitnehmer nämlich schon in der Gegenwart auf mehr Konsum, um in 30 Jahren trotz der Alterung der Bevölkerung eine der heutigen vergleichbar hohe Rente zu erhalten. Er gibt daher sein gespartes Geld einer Bank oder einem Fonds. Was aber geschieht dann? Der Fonds leiht das Geld einem anonymen Schuldner. Der investiert das Geld in Sachanlagen und verspricht, in Zukunft Zinsen zu zahlen. Nur – und das ist der Knackpunkt – der Investor muss heute und morgen Gewinne machen, will er überleben und soll er später Zinsen zahlen können. Versucht eine große Gruppe der Volkswirtschaft heute jedoch, mehr zu sparen als vorher, sinkt die Chance aller Investoren, ordentliche Gewinne zu machen.

Kapitaldeckung behindert folglich die einzige Form des »Sparens«, die es für eine Volkswirtschaft insgesamt gibt, nämlich das Investieren in Sachkapital. Gelingt die Kapitaldeckung und steigt die Sparquote der Arbeitnehmer bei dem Versuch, Eigenvorsorge zu betreiben, sinken die Gewinne der Unternehmen, also deren »Sparen«. Das kostet unmittelbar Investitionen und Arbeitsplätze. Bleibt dagegen die Sparquote der Arbeitnehmer konstant, subventioniert man mit den staatlichen Hilfen lediglich einen Teil des bisherigen Sparens. Eine größere Vorsorge gibt es dann nicht einmal der Idee nach.

Mögen Interessenvertreter und Professoren auch gebetsmühlenartig das Gegenteil verkünden, es bleibt eine unumstößliche Wahrheit, dass eine Volkswirtschaft als Ganzes nicht Geld ansparen kann. Immer muss jemand hier und heute das angesparte Geld aufnehmen, sich also verschulden, um zu investieren, soll in Zukunft eine Zinszahlung möglich sein. Wenn es in 30 Jahren mehr Alte als Junge gibt, wird die wirtschaftliche Leistungskraft sinken und folglich weniger Zinserträge oder Rentenbeiträge hergeben. In Zukunft müssen daher in jedem System die Renten geringer oder der dann zu zahlende Rentenbeitrag größer sein.

Heute mehr zu sparen, erspart uns das nicht. Es mindert sogar unsere Chance, die Belastung mit einem hohen Einkommen erträglicher machen zu können.

Das zeigt, dass es in der Ökonomie nichts umsonst gibt. Es wäre das Schlaraffenland mit den gebratenen Tauben, wenn man mehr Geld sparen könnte, also auf Konsum heute verzichtete, und dennoch die Unternehmen fröhlich weiter investierten, als wäre nichts geschehen. Wenn das so wäre, bräuchten wir uns überhaupt keine Gedanken über das Investieren zu machen, weil die Unternehmen unabhängig von ihrer wirtschaftlichen Situation immer genügend Zukunftsvorsorge betrieben.

Bezieht man den Staat mit ein, gilt grosso modo das Gleiche. Legen wir unser Geld zur Altersversorgung in Staatsanleihen an, statt es in die Rentenversicherung einzuzahlen, kann der Staat nur dann so viel Rentenzahlung leisten wie vorher, wenn er sich höher verschuldet. Die Kapitaldeckung ist dann nur eine teure, weil mit hohen Transaktionskosten verbundene Umlage. Gibt der Staat weniger Geld als vorher aus, kommt auch weniger Geld bei den Unternehmen an, mit den gleichen Folgen wie bei höherem Sparen der Privaten.

Wir sorgen durch das Sparen also gerade nicht für die Zukunft vor, sondern tun das Gegenteil. Die Volkswirtschaft als Ganzes kann nicht wie eine Kleinfamilie sparen. Sie kann kein Geldvermögen in die Zukunft transportieren, sondern nur Realkapital. Dessen Bildung wird aber durch den Versuch einer Gruppe, mehr Geldvermögen zu bilden, behindert. Damit erweist sich die ganze Debatte als Schimäre. Jede Rente ist kapitalgedeckt. Sie ist gedeckt von dem Sachkapital, das über Generationen aufgebaut wurde und genau zu dem Zeitpunkt Erträge abwirft, wo die Rente oder der Zins auf eine Anlage gezahlt werden soll. Eine andere Kapitaldeckung gibt es nicht. Wenn wir in 30 Jahren sehr viel mehr Rentner als Aktive im Vergleich zu heute haben und die Rentner eine gleich gute Absicherung wie heute genießen sollen, dann müssen wir das auf die eine oder andere Weise bezahlen.

Wir können die daraus entstehenden Lasten nur dadurch relativieren, dass wir heute viel in Sachkapital investieren und folglich in 30 Jahren so reich sind, dass Unternehmen und Arbeitnehmer zusammen einen höheren Rentenbeitrag gut verkraften. Wollen wir es dennoch nicht bezahlen, müssen wir das mit den zukünftigen Rentnern ausmachen und ihnen erklären, dass sie mit weniger Rente im Vergleich zum Einkommen auskommen müssen als die heutigen Rentner, also trotz größeren Wohlstands relativ ärmer sein werden. Das ist eine Verteilungsfrage und – wie alle Verteilungsfragen – schwer befriedigend zu lösen. Heute den Menschen jedoch zu sagen, sie könnten diese Verteilungsfrage umgehen, indem sie ihre Groschen zusammenhalten, ist Scharlatanerie. Dass es gerade eine rot-grüne Regierung war, die den Arbeitnehmern diesen Humbug unterjubelte, ist tragisch.

Wettkampf der Nationen beenden

Die Schuld des Schuldners

Dieser Tage, in der großen Krise um Griechenland, kam es wieder zum Vorschein, was an anderer Stelle dieses Buches schon dargelegt wurde, dass nämlich der Wettkampf der Nationen mit keinem anderen Wettkampf zu vergleichen ist, d. h. überhaupt kein Wettkampf ist. Der für Wirtschaft und Finanzen zuständige Kommissar der Europäischen Kommission, Olli Rehn, hat es auf den schonen, aber vollkommen falschen Punkt gebracht: Er sagte nämlich, man könne von Deutschland nicht verlangen, weniger wettbewerbsfähig zu sein, genauso wenig wie man vom FC Barcelona verlangen könne, gegen schwächere Gegner schlecht zu spielen.

Das ist ungefähr das, was man tagtäglich in den Medien zu diesem Thema hört. Deutschland sei nun mal besser, es sei besser aufgestellt, es sei besser gerüstet sozusagen, um im Wettkampf der Nationen bestehen zu können. Griechenland dagegen, wo die Leute den ganzen Tag in der Sonne liegen, sei eben zum Bankrott verdammt.

Das muss man sich vorstellen: Wir sagen, weil nun mal die Märkte offen sind und die Unternehmen weltweit konkurrieren, müssten ganze Gesellschaften ihr Gesellschaftsmodell ändern. Man denke das einmal zu Ende. Es dürften dann Länder, die zum Beispiel nicht zulassen wollen, dass ihre Umwelt brutal und ungehemmt ausgebeutet wird, im Wettkampf der Nationen nicht mitmachen, weil sie sonst ganz furchtbar abgestraft würden und ihre Bürger verarmten.

Das ist nicht nur zynisch, das ist dumm. Denn wir glauben doch nicht im Ernst, wir könnten in einem Rattenrennen der Nationen dauernd irgendeine Nation zum Sieger und andere Nationen permanent zum Verlierer ausrufen. Schon das Beispiel, das der europäische Kommissar gewählt hat, zeigt, dass es so niemals funktionieren wird. Wenn nämlich hinter dem FC Barcelona ein superreicher Mensch steht, der die besten Fußballer der Welt zusammenkauft und jedes Spiel sechs zu null gewinnt, wie lange werden dann die anderen Mannschaften noch mitspielen? Wettbewerb lebt davon, dass am Ende alle eine Chance haben. Wer immer verliert, macht nicht mehr mit, er macht sein eigenes Ding. In der Wirtschaft ist es aber noch viel schlimmer, als es beim Fußball jemals sein könnte.

Realistisch in die Wirtschaft übertragen, ist der Fall mit dem FC Barcelona nämlich so, dass derjenige, der verliert, dem Sieger auch noch jeweils eine große Summe bezahlen muss. Er hat nicht nur ein Spiel verloren, er hat verloren im Wettkampf um den Verkauf von Gütern. Wenn seine Güter nicht mehr gekauft werden, sondern nur noch die des Siegers, dann muss er sich verschulden, um die Güter des Siegers zu kaufen. Wie lange würde ein vernünftiger Mensch gegen einen anderen die 100-Meter-Strecke rennen, wenn der andere immer gewinnt und er selbst jeweils 1000 Euro bezahlen muss für jede verlorene Strecke?

Worum geht es im Wettkampf der Nationen? Es geht um Sieger und Verlierer, es geht aber gleichzeitig um Schuldner und Gläubiger. Denn der Sieger ist immer der Gläubiger. Wer also dauernd Verlierer ist, wird allmählich zum Superschuldner. Das ist das, was sich in den Salden der Nationen, nämlich in erster Linie in den Leistungsbilanzsalden, niederschlägt. Länder, die systematisch zurückgefallen sind, türmen Schulden auf. Und wenn einer Schulden aufgetürmt hat, dann fragen sich früher oder später die Gläubiger, ob dieser Schuldner die Schulden jemals zurückzahlen kann. Das nennt man dann eine Krise, man nennt es Finanzkrise oder Schuldenkrise, man nennt es den Bankrott eines Staates. Faktum aber ist, dass diejenigen, die Schulden aufgetürmt haben, ihre Schulden nur dadurch zurückzahlen können, dass sie genau in die umgekehrte Situation geraten, nämlich in die Situation des Gläubigers, eines Landes also mit einem Überschuss in der Leistungsbilanz. Im normalen Leben der Menschen, bei Individuen oder bei Unternehmen, ist so etwas relativ leicht zu erreichen.

Der Schuldner schnallt seinen Gürtel enger, gibt also weniger aus oder versucht, mehr einzunehmen (was natürlich auch bei Einzelpersonen sehr schwer sein kann), und schon ist er raus aus der Falle. Im Verhältnis der Nationen ist das aber vollkommen anders. Eine Nation, die in der Schuldenfalle steckt, konkurriert nicht mit irgendwem, sondern sie konkurriert in der Regel (auch) mit ihrem Gläubiger. Das aber bedeutet zwingend, dass es unter anderem der Gläubiger ist, der zulassen muss, dass der Schuldner wieder auf einen grünen Zweig kommt.

Beharrt der Gläubiger – wie derzeit in der europäischen Krise – auf seinem Recht, der Beste zu sein, gibt es keinen vernünftigen Ausweg. Dann muss der Schuldner auf jeden Fall den Offenbarungseid ablegen und seine Bevölkerung zwingen, über ein langes, schmerzhaftes Gürtel-enger-Schnallen den Markt für die Produkte des Gläubigers auszutrocknen. Das ist, wie man unmittelbar erkennen kann, auch für den Gläubiger keine befriedigende Situation. Er verliert in jedem Fall einen Großteil seiner Forderungen, und er verliert die Märkte, die er sicher gewonnen zu haben glaubte.

Weil es also im Verhältnis von souveränen Nationen eine geradezu lächerliche Vorstellung ist, ein Volk könne dem anderen seine Wettbewerbsstärke aufzwingen, gibt es seit vielen Jahrzehnten den Versuch, den Handel der Nationen auf eine vernünftige und faire Grundlage zu stellen. Auf diese Weise ist die Welthandelsorganisation entstanden, die dafür sorgen soll, dass kein Land von einem anderen oder von einer Gruppe anderer in die Ecke des Bankrotts gedrängt werden kann. Selbstverständlich hat man in den Regeln der Welthandelsorganisation vorgesehen, dass Länder, die in gewaltigen vitalen Schwierigkeiten stecken, Notklauseln ziehen können, mit denen sie, ohne gegen die rechtlichen Regeln des Freihandels zu verstoßen, ihre Bürger vor allzu aggressiven Nachbarn schützen können. Es scheint angesichts des Zynismus, mit dem Deutschland der Krise in der Europäischen Währungsunion begegnet, dass man in Bonn früher und in Berlin heute gedacht hat, man könne die europäische Union gründen, um genau solches Abwehrverhalten zu verhindern.

Und in der Tat, wenn man sieht, dass in der Europäischen Union mittlerweile die Freiheit des Kapitalverkehrs zum höchsten aller Werte aufgestiegen zu sein scheint, dann ist dieser Gedanke nicht so abwegig, wie er eigentlich sein müsste. Es ist paradox: Wahrscheinlich hat die Europäische Union gerade deswegen, weil sie keine Perspektive zu einer politischen Union hat, vollkommen den Kontakt zu dem, was eine funktionierende Demokratie ausmacht, verloren. In einer Demokratie gibt es natürliche Grenzen dessen, was man den Menschen zumuten kann. Wird Griechenland weiter still und duldsam die Auflagen der Kreditgeber hinnehmen, selbst wenn sich zeigt, dass sich die Lage nicht bessert? Oder werden die Menschen noch stärker aufbegehren gegen Regeln, die sie nicht verstehen, weil sie nicht verständlich sind? Wenn sie aber aufbegehren, dann werden sie natürlich die Regeln, die zugelassen haben, dass sie in diese Lage gerieten, fundamental infrage stellen. Es gibt keine von Menschen gemachte Regel, die nicht von Menschen infrage gestellt werden könnte.

Haben wir nicht ganz bewusst die Regel, dass die Würde des Menschen über allem steht, in die Charta der Vereinten Nationen geschrieben? Heißt das nicht, dass auch wirtschaftliche Interessen sich der Würde des Menschen zu beugen haben? Doch, genau das heißt es. Im neoliberalen Wahnsinn der letzten Jahre ist übersehen worden, dass es noch Menschen gibt. Ceterum censeo, nicht der Mensch hat dem System zu dienen, sondern das System dem Menschen.

Für das wirtschaftliche Zusammenleben der Nationen im 21. Jahrhundert müssen wir die Verhältnisse, vor allem die politischen Verhältnisse, vollkommen neu ordnen. Die politischen Verhältnisse lassen sich aber nur neu ordnen, wenn wir im wirtschaftlichen Bereich eine klare und konkrete und sinnvolle Vorstellung davon haben, wie Nationen relativ frei und unabhängig miteinander in wirtschaftliche Beziehungen treten können.

Das Prinzip, das dafür leitend sein könnte, wurde von J. M. Keynes nach dem Ersten Weltkrieg aufgestellt: Es gibt in den wirtschaftlichen Beziehungen von Nationen Schulden, es gibt aber keine Schuld. Dieses Prinzip ist bis heute kaum verstanden. Keynes hatte, nachdem die Alliierten am Ende des Ersten Weltkriegs von Deutschland hohe Reparationen forderten, als einziger verstanden, dass sowohl der Versuch der Bestrafung Deutschlands als auch die Strafe selbst falsch waren.

»Die Politik, Deutschland für die Dauer einer Generation in den Zustand der Knechtschaft zurückzuversetzen, das Leben von Millionen Menschen zu verschlechtern und einer ganzen Nation die Chance zum Glück vorzuenthalten, dies wäre schändlich und verabscheuenswert, auch wenn es möglich wäre, auch wenn es uns selbst reicher machen würde, auch wenn dadurch nicht die Saat zum Zerfall des ganzen zivilisierten Lebens in Europa gelegt würde. Einige predigen es im Namen der Gerechtigkeit. In den großen Ereignissen der Menschheitsgeschichte, im Ablauf der komplexen Geschicke der Nationen ist Gerechtigkeit nicht so einfach. Und selbst wenn es so wäre, Nationen sind weder durch Religion noch durch Moral dazu autorisiert, den Kindern ihrer Feinde die Missetaten ihrer Eltern oder Herrscher aufzubürden.« (Seite 142, eigene Übersetzung)
Quelle: The Economic Consequences of the Peace

Entscheidend im Blick auf die heutige Situation ist zunächst die Einsicht von Keynes, dass es für Nationen kein internationales Strafrecht geben kann. Weder kann es klare Regeln wie im nationalen Strafrecht geben, noch gibt es in den meisten Fällen eindeutig dem einzelnen zuzurechnendes Verhalten, das man einfach sanktionieren könnte. Im Gegenteil, in der Regel ist es so, dass die Dinge zu komplex sind und die Regeln zu unklar, als dass eine Verurteilung nur einer Seite möglich wäre. In der Frage Schuld und Schulden, die gerade Europa auseinander zu reißen droht, geht es um dieses Prinzip.

Da die betroffenen europäischen Staaten in einem engen Austausch von Gütern und Kapital stehen, ist das, was ein Land tut, niemals ohne Konsequenzen für die anderen Länder. Wenn also ein Land über Jahre hinweg, so wie Deutschland das getan hat, seinen Gürtel enger schnallt, dann betrifft das ganz unmittelbar und direkt die anderen Länder, selbst wenn sich der gesamte Sachverhalt erst nach einigen Jahren aufklärt.

Weil es aber keine vernünftigen und fairen internationalen Regeln gibt, herrscht in den internationalen Beziehungen heute das Gesetz des Dschungels. Das kann man leicht erklären. Wenn man einen verletzten Menschen auf der Straße trifft, was würde man dann in der Zivilisation tun? Nun, man würde versuchen zu helfen, man wird aber sicherlich auch die Frage stellen, wie dieser Mensch zu Schaden gekommen ist, also durch sein eigenes Verschulden, oder gab es einen Dritten, der ihn verletzt hat, der also die Schuld trägt? Im Dschungel muss man diese Frage nicht stellen. Im Dschungel kommt es nur darauf an, ob man helfen will oder kann. Die Frage nach der Schuld erübrigt sich, weil es hier ohnehin keine Möglichkeit gäbe, ein Fehlverhalten zu bestrafen. Nur in Systemen mit klaren Regeln stellt man die Frage »Wer war das?«

Nun schauen wir an, was gerade mit Griechenland passiert oder was der Internationale Währungsfonds mit Ländern zu tun pflegt, die im Rahmen von Finanzkrisen in Schwierigkeiten geraten. Da ist die Schuldfrage offenbar von vornherein geklärt: Derjenige, der in Schwierigkeiten ist, ist auch derjenige, der die alleinige Schuld trägt. Niemand fragt, durch welche Ereignisse und durch welches Verhalten anderer Länder in den vergangenen zehn Jahren Griechenland und der Rest Südeuropas in solche Schwierigkeiten geraten sind. Aber ist es nicht genau die Tatsache, dass niemand fragt, die uns stutzig machen sollte? Wie kann es sein, dass ein Land oder, besser, eine ganze Region wie Südeuropa in solche fundamentalen wirtschaftlichen Schwierigkeiten gerät, ohne dass die Nachbarn, die genau die spiegelbildliche Entwicklung mitgemacht haben, Einfluss auf die Entwicklung derjenigen gehabt hätten, die in Schwierigkeiten geraten sind?

Aber es ist noch schlimmer: Nicht nur, dass nicht gefragt wird, was geschehen sei, selbst dann, wenn einige Sachverständige darauf hinweisen, dass ein Land wie Griechenland nicht alleine und nicht aus eigener Schuld in eine so fatale Situation geraten ist, wird diese Sichtweise von den Politikern der Gläubigerstaaten unterdrückt und bestritten.

Genauso geht es, wenn der Internationale Währungsfonds sich mit einem Land beschäftigt. Nie wird gefragt, ob dieses Land durch internationale Ereignisse in Schwierigkeiten geraten sein könnte. Niemals wird auch nur erwogen, eine breit angelegte Untersuchung vorzunehmen, bei der alle interdependenten Ereignisse der letzten Jahre systematisch und vor dem Hintergrund verschiedener wirtschaftlicher Theoriesysteme daraufhin abgeklopft werden, ob sie dem »Patienten« geschadet haben. Seit drei Jahrzehnten ist es genau andersherum: Der Internationale Währungsfonds kommt in ein Entwicklungsland, weiß schon von vornherein, was passiert ist, weiß, welche Verstöße gegen das marktwirtschaftliche Dogma in diesem Land vorgekommen sind, und verordnet eine Radikalkur in Sachen marktwirtschaftlicher Reinigung. Im Marktdogma der vergangenen beiden Jahrzehnte gab es aber keine Alternativen. Der berühmte TINA-Satz von Margaret Thatcher (there is no alternative) zeigt das in aller Deutlichkeit.

Es war im Herbst 2009 und im Frühjahr 2010 in der europäischen Krise bezeichnend, dass man allen Ernstes erwog, die Verantwortung für Griechenland vollständig dem Internationalen Währungsfonds zu übertragen, und auch später die deutsche Regierung darauf beharrt hat, den Internationalen Währungsfonds wenigstens zu beteiligen. Kann man sich vorstellen, dass der Internationale Währungsfonds nach Europa kommt, die Lage unter Einbeziehung mehrerer unabhängiger Wissenschaftler mit unterschiedlicher Ausrichtung gründlich untersucht und zu dem Ergebnis kommt, dass Deutschland in gravierender Weise an den Problemen Südeuropas beteiligt ist? Kann man sich daraufhin vorstellen, dass der Internationale Währungsfond nach Berlin geht, um dort die Karten auf den Tisch zu legen? Kann man sich vorstellen, dass der Internationale Währungsfonds die deutsche Regierung auffordert, sich anders, nämlich gemäß dem Geist der Europäischen Währungsunion weniger restriktiv zu verhalten? Das alles kann man sich nicht vorstellen, das alles geschieht auch nicht, und das zeigt genau das Problem!

In den internationalen Machtkonstellationen, die natürlich auch die internationalen Organisationen in ihrem Verhalten bestimmen, gibt es keine Gerechtigkeit. Das gilt mehr als für alle anderen Bereiche für den Bereich der internationalen Finanzen. Weil dieser Bereich vollkommen ungeregelt ist, können dort die Mächtigen tun und lassen, was sie wollen. Das hat zu einer mehr als erstaunlichen Paradoxie geführt: Einerseits erklärt man in den Festtagsreden auf dem internationalen Parkett jeden Tag, dass die Freiheit des Kapitalverkehrs das wichtigste aller Prinzipien ist. Das heißt aber nichts anderes, als dass die Freiheit jedes Landes, unter oder über seine Verhältnisse zu leben, ein hohes Gut ist. In Wirklichkeit und Wahrheit gilt aber genau das Gegenteil, nämlich das extrem primitive Prinzip, dass, wer Schulden hat, auch Schuld hat.

Während man also einerseits sagt, es gebe keine Regel, nach der Länder eine ausgeglichene Leistungsbilanz haben sollten, ist es andererseits so, dass jedes Land, das ein Leistungsbilanzdefizit aufweist, wenn es in Schwierigkeiten gerät, sich sofort dem Diktat der Geldmächtigen, also der Gläubiger beugen muss. Über Jahre hat man den Entwicklungsländern eingeredet, sie hätten eine Ersparnislücke, und weil sie selbst nicht genug sparen könnten, müssten sie Kapital aus den Ländern einführen, die reich sind und einen Überschuss an Kapital haben. Das bedeutete selbstverständlich, dass Entwicklungsländer Leistungsbilanzdefizite haben sollten. Sobald sie diese aber hatten und früher oder später Schwierigkeiten auftraten, wurden sie mit Radikalkuren überzogen, um die Leistungsbilanzdefizite wieder zu beseitigen.

Der Höhepunkt dieser Absurdität und Unverschämtheit ist, dass in den westlichen und nördlichen Ländern immer mehr die wunderbare Überzeugung um sich greift, man könne Probleme einer alternden Gesellschaft damit lösen, dass man den jüngeren Gesellschaften sozusagen heute schon auferlegt, später die Rente für die alternden Gesellschaften zu tragen. Wiederum ist das einfache Mittel dazu, dass die alternden Gesellschaften wie Deutschland heute hohe Leistungsbilanzüberschüsse bilden, damit automatisch Kapital exportieren und die Länder, die Leistungsbilanzdefizite haben, das Geld ordentlich investieren, um in 30 Jahren die deutsche Rente zu bezahlen. Die schlichte Tatsache, dass in diesen 30 Jahren die Länder, die Leistungsbilanzdefizite haben, mindestens zehnmal in große Schwierigkeiten geraten werden und sich von den Überschussländern wie Deutschland erklären lassen müssen, was gut für sie ist, wird dabei geflissentlich übersehen. Selbst wenn solche Länder wie jetzt einige weniger begüterte Volkswirtschaften in Südeuropa oder in Osteuropa im Zuge dieses Prozesses in unglaubliche Schwierigkeiten geraten, hält das die Protagonisten nicht davon ab, diesen Unsinn weiter zu erzählen.

Ein Transferproblem in Europa

Es geht kein Weg daran vorbei: Bestimmte *außenwirtschaftliche* Konstellationen sind nicht haltbar. Jeder Schuldner – egal ob privat oder öffentlich –, der jahrelang im hohen einstelligen und sogar im zweistelligen Prozentbereich seines Einkommens über seine Verhältnisse lebt, also mehr ausgibt, als er verdient, verliert an Kreditwürdigkeit, wenn er nicht den Nachweis erbringen kann, dass die Kredite in Projekte geflossen sind, die seine langfristige Produktivität erheblich steigern und so seine Fähigkeit stärken, die Schulden eines Tages zurückzahlen zu können. Das aber geht, wie oben gezeigt, bei Staaten in der Regel nicht; in der Ausnahmesituation der schon verlorenen Wettbewerbsfähigkeit jedoch nur durch massive Eingriffe in die Lohnfindung auf beiden Seiten.

Die Lehre ist einfach: Wenn der Gläubiger Deutschland die Rückzahlungsfähigkeit seiner Schuldner in Südeuropa systematisch untergräbt, indem er ihre relative Wettbewerbsposition permanent verschlechtert, wird er damit leben müssen, dass er auf faulen Krediten sitzen bleibt und dem Schuldner durch Stundung, verbesserte Zinskonditionen oder gar Schuldenerlass entgegenkommen muss, will er keinen Totalausfall seiner Vermögensansprüche riskieren. Das ist das Transferproblem, vor dem John Maynard Keynes vor dem Zweiten Weltkrieg vergeblich gewarnt hat.

Daraus ergibt sich zwingend die Lösung der Eurokrise: Kurzfristig sind die Zinsdifferenzen durch eine gemeinsame, von allen EWU-Ländern getragene Euroanleihe zu beseitigen, und es muss verhindert werden, dass die angeschlagenen Defizitländer durch ein kontraproduktives Kaputtsparen der öffentlichen Haushalte in eine weitere Rezession abgleiten. Gleichzeitig muss den Finanzspekulanten das Handwerk gelegt werden, zumindest durch ein Kaufverbot bei Kreditsicherungsgeschäften für alle, die keine der Sicherung zugrunde liegenden Wertpapiere ihr Eigen nennen, sowie durch eine Eigenkapitalunterlegung von 100 Prozent auf Seiten der Anbieter von Kreditsicherungsverträgen. Im gleichen Zuge müssen den Banken jegliche Eigengeschäfte auf diesem Feld untersagt werden. Noch sinnvoller wäre allerdings ein komplettes Verbot von Kreditsicherungsgeschäften.

Will man den Euro – und mit ihm das ganze europäische Projekt – retten –, gibt es mittel- und langfristig nur einen einzigen Ausweg. Die Wettbewerbsfähigkeit der Länder mit Auslandsschulden muss wiederhergestellt und die außenwirtschaftlichen Ungleichgewichte müssen beseitigt werden. Das kann innerhalb der EWU nur durch eine Umkehr der Lohnstückkostenpfade erreicht werden: Deutschland braucht stärker steigende Lohnstückkosten als die EWU-Partner, die Südeuropäer benötigen dagegen unterdurchschnittliche. Um nicht in Deflation zu versinken wie etwa Japan, ist eine solche Entwicklung nur dadurch zu erreichen, dass Deutschland vom Inflationsziel der EZB klar nach oben abweicht und die Defizitländer leicht unter dem EZB-Ziel bleiben.

Ergäben sich etwa in Deutschland gesamtwirtschaftliche Lohnstückkostenzuwächse von drei Prozent (etwa durch Lohnabschlüsse um die fünf Prozent) und schlügen Italien, Spanien, Portugal und Griechenland einen Lohnstückkostenpfad von nur einem Prozent ein (das bedeutet je nach Produktivitätsentwicklung ein Plus bei den Löhnen von drei bis fünf Prozent), dann wäre bis 2020 wieder ein ungefährer Gleichstand an der Preisfront erreicht. Allerdings bedeutet das noch lange kein Aufholen der Südeuropäer Marktanteilen im internationalen Handel, denn bis 2020 verlören sie wegen des noch immer bestehenden (wenn auch kleiner werdenden) absoluten Preisvorteils der deutschen Unternehmen weiterhin Marktanteile. Dieser Prozess käme erst 2020 zum Stillstand. Das bedeutete umgekehrt, dass sich die deutsche Wirtschaft über einen langen Zeitraum auf eine stärker binnenwirtschaftlich ausgerichtete Struktur umstellen könnte. An ein Rückgewinnen von Marktanteilen durch die Südeuropäer wäre nur zu denken, wenn die deutschen Lohnstückkosten auch über 2020 hinaus stärker stiegen als die der Südeuropäer.

Das Ende des Euro?

Offensichtlich ist dieses Szenario nicht realistisch. In einer politischen Situation, die durch infame Medienberichte weiter aufgeheizt wird und in der sich die europäischen Politiker von den Medien treiben lassen, statt eigene durchdachte Positionen zu vertreten und zu erklären, kann man einen solch dramatischen Schwenk nicht erwarten. Man muss nur zur Kenntnis nehmen, dass noch Anfang 2010 für Deutschland Lohnsteigerungen in wichtigen Bereichen verhandelt wurden, die deutlich unter denen der Vorjahre lagen und weitere Lohnstückkostenrückgänge erwarten lassen. Zudem zeigt das irrationale Gezerre um Griechenlands öffentliche Defizite und die klare Weigerung der deutschen Politik, das Thema Euroanleihe offensiv anzugehen, dass die Politik nicht in der Lage ist, mit diesem Problem sachgemäß umzugehen. Ebenso kann man nach der enttäuschenden Reaktion der Europäer auf Präsident Obamas Vorschläge zur Bankenregulierung nichts Entscheidendes an den Finanzmärkten erwarten.

Auch die zur Zeit in Europa für Geldpolitik Verantwortlichen können oder wollen den Zusammenhang zwischen Eurokrise und Lohnpolitik nicht erkennen oder gar aktiv für einen Strategiewechsel und eine EWU-weit koordinierte Lohnpolitik eintreten. Weil sie selbst gefangen sind in der Ideologie, dass nur niedrige Löhne mehr Beschäftigung schaffen, sind die Verantwortlichen der EZB nicht bereit, ökonomisch vernünftige und politisch verantwortliche Lösungen vorzuschlagen.

So stellt sich die Frage, wie es weitergehen soll und wird. Ein pragmatischer und gangbarer Weg wäre es, dass die Südeuropäer einschließlich Frankreichs eine eigene Währungsunion mit einem »Süd-Euro« gründen. Würde der Süd-Euro gleich zu Beginn gegenüber dem verbleibenden »Nord-Euro« kräftig abgewertet, also etwa um 30 oder besser 40 Prozent, wäre die Wettbewerbsfähigkeitslücke mit einem Schlag mehr als ausgeglichen. Die Südländer könnten dann expansive Wirtschaftspolitik bei einer vernünftigen Inflationsrate betreiben, ohne sich für die nächsten Jahrzehnte um ein in Deflation verharrendes Deutschland und seine kleinen Satelliten kümmern zu müssen.

Die natürliche Welt retten

Ordnungspolitik reicht nicht

In der schönen heilen Welt, die von der neoliberalen Ideologie nach dem Ende der aufgeklärten Ökonomie, die mit dem Namen

Keynes verbunden war, geschaffen worden ist, sind dem Staat wohl definierte Aufgaben übertragen. Er darf einen gesetzlichen Rahmen schaffen, in dem sich die Marktteilnehmer bewegen, er darf öffentliche Sicherheit gewährleisten. Auch darf er in dieser Weltvorstellung dafür sorgen, dass der gesetzliche Rahmen durchsetzbar ist durch eine unabhängige Gerichtsbarkeit, er darf Infrastruktur anbieten, und schließlich darf er in gewissen engen Grenzen verhindern, dass Menschen verhungern. Diese Ordnungspolitik, die in Deutschland zum Beispiel mit dem Namen Walter Eucken verbunden ist, definiert einen Staat, der in der Tat etwas mehr als ein Nachtwächter ist. Er ist sozusagen Tag- und Nachtwächter.

Aus dieser minimalen Rolle, die man ihm seit Beginn der 1970er Jahre auferlegte, hat sich der Staat dadurch etwas befreien können, dass er zunehmend in Anspruch genommen wurde – ohne dass fundamentaler Widerspruch der Ordnungspolitiker möglich gewesen wäre –, um Reparaturarbeiten an dem von den Marktkräften zerzausten natürlichen System vorzunehmen. Diese Diskussion läuft in der Volkswirtschaftslehre unter dem Rubrum der Internalisierung externer Effekte. Wann immer also durch das Marktgeschehen die unbeteiligte Natur oder andere Menschen, die nicht direkt Marktteilnehmer sind, behelligt werden, darf der Staat dafür sorgen, dass die Marktteilnehmer die damit verbundenen Kosten wenigstens teilweise tragen.

Das ist zwar ein gewisser Fortschritt gegenüber der Politik der hohen Schornsteine, aber er reicht nicht aus. Es reicht nicht, um die zunehmende Verringerung der Diversität der natürlichen Lebensgrundlagen zu verhindern, es reicht nicht, um die natürlichen Ressourcen zu schützen, es reicht nicht, um nicht nachwachsende Rohstoffe für künftige Generationen zu konservieren, und schließlich, das ist die Lehre der letzten Jahre, es reicht bei weitem nicht, um die gesamte Weltwirtschaft, wie in der Diskussion um den Klimawandel gefordert, auf eine völlig neue Schiene zu setzen.

Vor allem der letzte Punkt trifft die Ordnungspolitik im Kern.

Hier geht es nicht mehr darum, dass der Staat einen Rahmen setzt, sondern hier geht es darum, dass der Staat selbst Unternehmerfunktionen übernimmt. Der Staat oder besser die Staatengemeinschaft – denn es geht beim Klimawandel um eine globale Aufgabe – müssen investieren. Und wie immer beim Investieren in eine unbekannte Zukunft ist das Risiko hoch. Aber das Risiko ist nicht hoch, weil der Staat alles falsch machen würde, sondern weil das Risiko beim Investieren immer hoch ist. Denn unser Wissen über den Klimawandel, über die Auswirkungen, die eine globale Erwärmung in 30 Jahren haben könnte, ist gering.

Und in der Tat, es könnte sein, dass wir heute die Welt auf eine Schiene setzen, bei der die Risiken einer globalen Erwärmung gering gehalten werden, wir aber in 20 Jahren feststellen, dass eine neue globale Eiszeit aus völlig anderen Gründen droht und dass eine um zwei Grad wärmere Erde hochwillkommen wäre. Was dann? Nichts dann! Denn das zweite Szenario ist noch viel unsicherer als das erste. Was wir tun können, ist, mit dem besten Wissen, das den Menschen zur Verfügung steht, zu investieren. Und investieren heißt wie immer, etwas Neues zu tun und einem alten Weg für immer ade zu sagen. Es geht darum, einen Weg in die Zukunft zu finden, der für die nächsten 30 Jahre gangbar zu sein scheint. Wenn wir aber diesen Weg gefunden haben, macht es keinen Sinn, sich alle fünf Jahre umzudrehen und zu schauen, ob es auch noch einen anderen Weg gegeben hätte. Wer auf 30 oder 50 Jahre hin investiert, muss durchhalten.

Das, sagen viele, ist eine viel zu große Investition, als dass man sie wagen dürfte. Das aber ist falsch. Niemand sagt, dass es ohne diese Investition möglich wäre – immer unterstellt, dass die Szenarien zum Klimawandel richtig sind –, schwerwiegende Folgen zu verhindern. Da wir uns aber, wie gesagt, auf unser bestes Wissen verlassen müssen, gibt es keine vernünftige Alternative zu dieser Investition. Wir sind nur erschrocken über die Dimension dieser Investition. Und in der Tat, was da verlangt wird, ist größer als alles, was die Menschen bisher auf die Beine gestellt haben.

Ganz unabhängig von der Dimension aber ist und bleibt es eine

Investition. Und ökonomisch muss man das, was dann passiert, auch genau so betrachten. Investieren heißt, dass wir vieles, was wir bisher auf die eine Art gemacht haben, nun auf eine andere Art machen werden. Wenn wir keinen elektrischen Strom mit fossiler Energie mehr erzeugen wollen, müssen wir investieren in Ausrüstungsgüter, die es uns erlauben, so viele Solarzellen herzustellen oder andere erneuerbare Energiequellen zu finden, dass die vorhandenen Anlagen für die Produktion fossiler Energie abgeschaltet und verschrottet werden können. So funktionieren Investitionen auch im Unternehmen. Man fährt die alte Anlage so lange, bis die neue gebaut ist und die alte vollständig ersetzen kann. Was aber sind die Folgen für die Arbeitsplätze? Was sind die Folgen für die Einkommensentwicklung der Menschen?

Die Antwort ist einfach. Werden zunächst mehr Maschinen gebaut, um die neuen Anlagen zur Erzeugung nicht fossiler Energie herzustellen, braucht man mehr Arbeitsplätze, erzielt man auch mehr Einkommen, als wenn man auf diese Investitionen verzichten würde. Schließlich sind nach übereinstimmender Meinung fast aller Ökonomen Investitionen das, was die Menschheit bisher vorangebracht hat, was am besten geeignet ist, Arbeitsplatzsicherheit zu gewährleisten und Einkommen für die Massen zu schaffen.

Wer aber soll das bezahlen, wird die nächste Frage sein? Auch hier ist die Antwort einfach: Man finanziert diese Investition, wie man Investitionen immer finanziert, nämlich über Kreditaufnahme. Warum sollte das bei solchen Investitionen, die vom Staat vorangetrieben werden, anders sein? Spätestens dann wird man fragen: »Wer soll den Strom bezahlen?« Die Antworten werden immer einfacher. Nun, diejenigen, die bisher schon den Strom bezahlt haben. Was passiert aber, wenn der Strom teurer wird, als er bisher war? Nun, dann zahlt man etwas mehr für Strom als vorher! Wenn man aber mehr für Strom bezahlt, hat man weniger Geld für andere Dinge. Das ist aber immer so. Wenn man sich entscheidet, eine bestimmte Sache gut und wichtig zu finden, gibt man dafür mehr Geld aus und für andere Dinge weniger!

Strukturwandel durch den Staat

Das ist Strukturwandel: Wir kaufen eine bestimmte Sache nicht mehr oder in wesentlich geringeren Dimensionen, kaufen dafür mehr von einer anderen Sache. Da durch eine Investition aber zunächst die Menge der Arbeitsplätze zunimmt, kann man sicher sein, dass die Menschen auch das Geld haben, um den in klimafreundlichen Anlagen erzeugten Strom zu bezahlen. Es geschieht also im staatlich induzierten Strukturwandel genau das Gleiche wie beim unternehmerisch induzierten Strukturwandel. Der einzige klitzekleine Unterschied ist, dass diesmal in der Tat der Staat, also Politiker und Beamte das Startsignal für die Investitionen geben. Die Investitionen selbst werden vermutlich zum allergrößten Teil von privaten Unternehmen durchgeführt, aber sie sind nur Subunternehmer, Subunternehmer des Generalunternehmers Staat.

Auf welch absonderliche Weise wir üblicherweise den Staat interpretieren, zeigt sich an diesem Beispiel sehr deutlich. Die Angst, eine staatliche Investition würde Arbeitsplätze kosten oder würde die Einkommen schmälern, ist uns so sehr eingetrichtert worden, dass wir beim Thema Staat keinen klaren Gedanken mehr fassen können. Das in den Klimaverhandlungen zutage tretende Denken in Kosten und Nutzen, die Definition von Interessen, die Versuche, den eigenen Anteil am Strukturwandel, der in der Welt notwendig wird, gering zu halten, das alles zeigt, dass weder global noch national verstanden wird, was der vom Staat induzierte Strukturwandel bedeutet. Wieder haben die Ökonomen grandios versagt. Die Ökonomen haben nämlich ein Szenario geschaffen, in dem die Kosten abgewogen werden, die der vom Staat induzierte Strukturwandel mit sich bringt, im Verhältnis zur Fortsetzung des alten Weges. Das ist aber vollkommen absurd.

Das ist so, als würde man sagen, wenn eine private Investition ansteht, sagen wir, der Umbau des Telefonnetzes von Festanschlüssen auf Mobilfunk, dass wir messen müssen, wie viele andere Güter wir konsumiert hätten, wenn es keinen Mobilfunk gäbe. Die Nichtproduktion der anderen Güter würden wir dann die Kosten des Mobilfunks nennen. Das tut aber aus gutem Grund im privaten Bereich niemand, denn man kann es gar nicht wissen! Man kann nicht wissen, was die Menschen konsumiert hätten, wenn es die neue Technologie überhaupt nicht gäbe. Man kann auch nicht wissen, ob nicht eine andere Technologie erfunden worden wäre, ähnlich erfolgreich wie der Mobilfunk, die die Welt verändert hätte. Also ist es schon im Nachhinein sinnlos zu rechnen, was die Kosten des Mobilfunks sind. Noch sinnloser ist es, für die Zukunft berechnen zu wollen, wie viele »normale« Güter wir nicht gekauft haben, hätten wir vielleicht etwas mehr von unserem Einkommen für die Energie aus solaren Quellen ausgegeben.

Und doch wird genau das getan. Genau mit dieser Argumentation in der Tasche trafen sich im Dezember 2009 in Kopenhagen die Delegationen aller Nationen dieser Welt, um über die Frage zu beraten, ob und wann man die Welt auf eine neue Schiene setzen soll. Basis dafür war der sogenannte Sternreport, eine Produktion des englischen Ökonomen Nicolas Stern, der, wie es gute neoklassische Ökonomen nun mal so tun, berechnet hatte, wie viel Weltbruttosozialprodukt man aufwenden müsse, um die Investitionen in erneuerbare Energien zu bezahlen. Dass der Gipfel scheiterte, war nicht eine Frage des Aufeinandertreffens nationaler Interessen, sondern das Ergebnis einer grandiosen ökonomischen Konfusion.

Ein wunderbarer weiterer Beleg für diese Konfiguration ist, dass es an vorderster Front Deutschland war, das in internationalen Verhandlungen zum Klimawandel dafür gesorgt hat, dass 1990 regelmäßig als Referenzjahr für die Berechnung der Sparziele beim CO_2 ausgewählt wurde. Warum 1990? Nun, die Antwort ist einfach: Wenn man bei 1990 beginnt, dann hat man in Deutschland schon 1995 ein erhebliches Sparziel dadurch erreicht, dass die ostdeutsche Industrie den Weg alles Irdischen gegangen ist. Was nichts anderes bedeutet, als dass wir bemüht sind, einen historischen Zufall ausnutzen, um unsere eigenen Anstrengungen zur Verhinderung oder Bekämpfung des Klimawandels zu unterlaufen. Das ist »moderne« Politik, aber es ist keine Politik für das 21. Jahrhundert.

In kaum zu übertreffender Klarheit hat jüngst auch der jetzige deutsche Umweltminister zusammen mit seinen Kollegen aus Frankreich und England (*Frankfurter Allgemeine Zeitung* vom 15. Juli 2010) noch einmal die Konfusion bezüglich der »Kosten« des Klimawandels bestätigt. Mit dem scheinbar mutigen Ziel, die Emissionen zwischen 1990 und 2020 um 30 Prozent statt wie bisher geplant um 20 Prozent zu vermindern, verstehen sich die drei als Vorreiter bei der Bekämpfung des Klimawandels. Auf »lediglich elf Milliarden Euro« schätzen sie die Mehrkosten, die sich ergeben, wenn man ehrgeiziger ist. Auf die schlichte Frage, wer die elf Milliarden erhält, wenn sie mehr ausgegeben werden, sind sie nicht gekommen. Hätte man diese Frage gestellt oder gar beantwortet, wäre man unmittelbar darauf gestoßen, dass auch ein noch ehrgeizigeres Ziel, sagen wir 50 Prozent, keineswegs »zu teuer« gewesen wäre, denn auch die dann, sagen wir, 30 Milliarden wären wieder irgendjemandem zugute gekommen. Folglich hätte man ebenso wie bei den elf Milliarden auch von Erträgen statt von Kosten reden können.

Dann wäre aber offenbar die ganze einfache Gedankenwelt der drei Herren zusammengebrochen. Dann wäre ihr Schritt überhaupt nicht als mutig empfunden worden, sondern als hasenfüßig. Warum nicht 30 Milliarden über die dreißig Jahre jemandem, also zum Beispiel den Produzenten von sauberer Energie, zugute kommen lassen statt nur elf Milliarden? Man sieht, mit einem einfachen einzelwirtschaftlichen Weltbild tut man sich zwar leichter, weil es so klar und überschaubar ist, aber die Lösungen findet man damit nicht. Die natürliche Welt war verloren, wird man vielleicht in 100 Jahren sagen, weil die ökonomischen Weltbilder so einfach waren.

Schließlich muss man sich vor Augen führen, dass die gesamten Anstrengungen zur Eindämmung des Klimawandels überhaupt nur dann von Erfolg gekrönt sein können, wenn die Staaten der Welt bereit und in der Lage sind, die Preise für die wichtigsten fossilen Energieträger, also vor allem Öl und Kohle, vollständig dem Marktprozess zu entziehen und entsprechend der ökologischen

Notwendigkeiten über die nächsten 30 oder 50 Jahre zu steuern. Davon ist aber in keiner Weise die Rede. Ohne einen solchen Mechanismus sind jedoch alle Einsparziele sinnlos. Wer dagegen den Ölpreis über viele Jahre der Spekulation an den Finanzmärkten überlässt, kann und darf nicht ernstgenommen werden in seinem Bemühen, den Planeten zu retten.

Für eine neue nationale und internationale Politik

Es klingt abgegriffen, aber es stimmt dennoch: Die Menschheit steht vor einem Wendepunkt. Kriegt sie die Kurve nicht bald, werden eine intakte Natur, die globalisierte Wirtschaft und die europäische Integration nur noch Leuchtfeuer aus einer kurzen hellen Vergangenheit sein, die von einer dunklen, auf nationale Enge geschrumpften Gegenwart abgelöst wurden. Man muss dann konstatieren, dass wir es nicht geschafft haben. Die nationale und internationale Politik war überfordert, das komplexe internationale System zu steuern. Zu viele engstirnige nationale Interessen, zu viel Lobbydruck, zu viel neoliberales Wunschdenken und die mangelnde Ausstattung des Staates mit qualifizierten Mitarbeitern waren nicht zu verkraften. Der Traum, eine globalisierte Wirtschaft mit den globalen Regeln zu versorgen, die sie dringend braucht, ist dann ausgeträumt. Der Traum, Europa auf Dauer zu einem funktionierenden Wirtschafts- und Politikgebilde zu formen, das den globalen Stürmen besser gewachsen ist als die kleinteilige nationale Wirtschaft, wird dann zum Albtraum geworden sein.

Eine Chance für Europa

Europa ist in einer Krise, die die ganze europäische Idee zu diskreditieren droht. Wird nicht bald eine strategische Perspektive entwickelt, die vor allem den in Südeuropa in Bedrängnis geratenen Ländern eine faire Chance gibt, sich von ihrem außenwirtschaftlichen Dilemma zu befreien, ist ein großer Schock nicht mehr zu vermeiden.

Es kann keinen Zweifel geben, dass in Europa alle, die in den letzten zehn Jahren Verantwortung getragen haben, entscheidende Fehler gemacht haben. Die in Deutschland weit verbreitete Vorstellung, einige Länder könnten es alleine schaffen und dürften auch nur mit der Hilfe der anderen rechnen, wenn sie ausreichend große eigene Anstrengungen vorweisen, sich aus ihrer schwierigen Lage zu befreien, ist grundlegend falsch und politisch töricht. Wer der simplen Vorstellung folgt, die Schuldfrage sei klar und Länder ließen sich wie Unternehmen oder ein Privathaushalt sanieren, riskiert das Ende der europäischen Integration.

Ich habe oben schon klargemacht, dass Länder keine Unternehmen sind und das Verhältnis von Ländern zu ihren Nachbarn nicht mit dem von Unternehmen und ihren Wettbewerbern zu vergleichen ist. Bei Unternehmen kann man unterstellen, dass die Sanierungsmaßnahmen, die man ergreift, das wirtschaftliche Umfeld des Unternehmens nicht verschlechtern. Senkt ein einzelnes Unternehmen seine Kosten, sinkt nicht deswegen die Nachfrage nach seinen Produkten, sondern sie steigt normalerweise. Bei Ländern jedoch sinkt die heimische Nachfrage, und die ausländische steigt nur dann, wenn die Nachbarn, die zumeist auch die Gläubiger des in Schwierigkeiten befindlichen Landes sind, das zulassen.

Wer wie die Deutsche Bundesbank allen Euroländern empfiehlt, ihre Wettbewerbsfähigkeit zu verbessern, gibt einen Ratschlag, der das Unmögliche verlangt und Deflation in Kauf nimmt (die auch einen Verstoß gegen das der Bundesbank gesetzlich vorgeschriebene Ziel der Preisstabilität bedeutet) (Bundesbank, Juli 2010). Alle Länder brauchen zwingend eine Perspektive für eine außenwirtschaftliche Anpassung, weil sie sich wegen der offensichtlichen Koordinierungsmängel in der Währungsunion nicht aus der gegenwärtigen Krise befreien können.

In Berlin wird offenbar immer noch nicht zur Kenntnis genommen, dass eine Variante, bei der ein Land seine Wettbewerbsfähigkeit und seine Marktanteile vollständig erhält oder gar weiter ausbaut, nicht denkbar ist. Entweder Deutschland gibt in einem geregelten Übergangsprozess den anderen Ländern in der Eurozone bei unveränderten Spielregeln den Raum, ihre außenwirtschaftliche Position zu verbessern, oder die Länder müssen früher oder später schockartig mit protektionistischen Maßnahmen oder einem Ausstieg aus der Währungsunion und einer Abwertung eine tragfähige Position zurückerobern. Dann wird der wirtschaftliche Verlust für das Überschussland Deutschland viel größer, und der politische Schaden verheerend sein.

Noch gibt es eine kleine konkrete Chance für die europäische Politik zu verhindern, dass Europa politisch und wirtschaftlich zerbricht. Deutschland muss sich dazu aber jetzt bereiterklären, im Verein mit den Partnerländern einen Prozess in Gang zu setzen, der den anderen Ländern in den nächsten zehn Jahren eine Möglichkeit gibt, ihre außenwirtschaftliche Position zu konsolidieren und ihre Staatshaushalte zu stabilisieren. Entscheidend dafür ist die Bereitschaft der Bundesregierung, in Gesprächen mit Gewerkschaften und Arbeitgebern auf nationaler Ebene und im makroökonomischen Dialog auf europäischer Ebene alles dafür zu tun, dass sich die Lücke in den Lohnstückkosten im Euroraum über einen Zeitraum von zehn Jahren schließt.

Nur wenn den Mitgliedern der Europäischen Währungsunion, den Mitgliedstaaten in der Europäischen Union und dem Rest der Welt auf diese Weise vorgeführt wird, dass Europa in der Lage ist, auch mit dieser Krise konstruktiv umzugehen, hat die europäische Idee eine Chance. Ohne diesen Weg ist ein Rückfall in antieuropäische oder gar nationalistische Tendenzen nicht zu verhindern.

G 20 und die deutsche Isolation

Wenn man sich in diesen Tagen, im Sommer 2010, die Art und Weise anschaut, wie die deutsche, europäische, aber auch die amerikanische Politik versucht, mit dem Problem der Finanzkrise und der weltweiten Rezession fertig zu werden, muss man an der Demokratie verzweifeln. Da sind Politiker hin und her gerissen zwischen dem Druck, den massive Lobbygruppen auf sie ausüben, den internationalen Zwängen, die in internationalen Konferenzen verhandelt werden, dem Druck des Boulevard, der die Menschen verunsichert mit Inflationsgequatsche und täglich neuen Horrormeldungen über die öffentlichen Schulden.

In dieser Situation klare, strategisch durchdachte und langfristig wirksame Maßnahmenpakete in die Welt zu setzen, ist fast unmöglich. Es ist vor allem der Widerspruch zwischen dem, was volkswirtschaftlich oder international im Rahmen der globalisierten Wirtschaft geboten wäre, und dem, was die Interessenvertreter und der politisch so unglaublich missbrauchte »kleine Mann« denken, der die Politiker scheinbar in eine solche Zwangslage bringt. Vergleicht man einmal, wie ein von einer einzigen Partei beherrschtes Land wie China auf die Krise reagiert hat, und wie ein anderes Land, Deutschland, das in ähnlicher Weise prädestiniert gewesen wäre, die Weltwirtschaft anzuregen, reagiert hat, sieht man das in aller Deutlichkeit.

China hat während und nach der Krise fast alles richtig gemacht. Dennoch ist in Deutschland in gewissen Kreisen immer noch »China-Bashing« angesagt, obwohl man eigentlich langsam zur Kenntnis nehmen könnte, dass der deutsche Aufschwung in erheblichem Maße der chinesischen Erholung und damit der klugen chinesischen Wirtschaftspolitik zu verdanken ist. Auch dass die Löhne und der Konsum in China steigen, haben wir wegen einiger Streiks im Frühjahr 2010 erst gelernt, obwohl solche Lohnerhöhungen dort schon lange auf der Tagesordnung stehen.

China hat genau das getan, was man von ihm als Land mit dem größten Leistungsbilanzüberschuss in der Welt erwarten konnte. Man hatte erwartet, dass ein Überschussland die inländische Nachfrage anregt, mehr importiert und auf diese Weise den anderen Ländern eine Chance gibt, die Auslandsverschuldung zurückzufahren.

China hat das durch klassische keynesianische Politik während der Krise bewerkstelligt, also mittels direkter und drastischer Aufstockung der öffentlichen Investitionen und Förderung der privaten Investitionen durch die großzügige Bereitstellung von Kredit. Das Defizit in den öffentlichen Haushalten beträgt heute etwa sieben Prozent in Relation zum Bruttoinlandsprodukt, während 2007, also vor der Krise, noch ein leichter Überschuss zu verzeichnen war. Doch das hätte bei weitem nicht gereicht, die Konjunktur so schnell und so machtvoll auf Touren zu bringen, dass das Land in diesem Jahr wieder mit einem Wachstum von real zehn Prozent rechnen kann.

Entscheidend war, dass die Einkommenserwartungen der privaten Haushalte und vor allem die der Arbeitnehmer in China unmittelbar nach der Krise schon wieder intakt waren und weiterhin sind. Sie sind auf kräftiges Wachstum ausgerichtet, und das befeuert den privaten Verbrauch. In jedem Land der Welt gilt die einfache Regel, dass nur dann, wenn die Masse der Arbeitnehmer erwarten kann, dass ihre Realeinkommen steigen, auch der private Verbrauch zum Wachstum beiträgt. In China war das in den letzten zehn Jahren durchweg der Fall. Nach Schätzungen aus verschiedenen Quellen sind die Reallöhne seit 2005 jedes Jahr und sogar im Krisenjahr 2008 im zweistelligen Bereich gestiegen. Dementsprechend wuchs auch der private Verbrauch seitdem mit Raten, die nahe an die zehn Prozent heranreichten. Da zudem der Staat in ähnlichem Maße bei seinem Verbrauch zulegte und sich die Investitionen sehr dynamisch entwickelten, stieg die gesamte Inlandsnachfrage in diesem Tempo, und das hat sich bis ins Jahr 2010 hinein fortgesetzt.

Nun profitiert von dieser Inlandsdynamik auch das Ausland. Die Importe explodieren, und es gibt seriöse Prognosen, die vorhersagen, dass schon am Ende dieses Jahres der Überschuss in der Leistungsbilanz Chinas fast vollständig verschwunden sein wird. Dann ist das China-Bashing am Ende, und es wird eine harte Zeit geben für das zweitgrößte Überschussland in dieser Welt. Dann werden immer mehr Verantwortliche in den Defizitländern fragen, warum nicht auch Deutschland etwas dafür tut, dass die Inlandsnachfrage steigt und damit dazu beiträgt, dass die globalen Ungleichgewichte kleiner werden.

Man wird sicher auch fragen, warum Deutschland trotz der seit Jahren eklatanten Schwäche seiner Inlandsnachfrage sogar das Gegenteil des Richtigen tut und die Inlandsnachfrage mit »dem größten Sparpaket der Geschichte« weiter schwächt und noch mehr auf den Export setzt als zuvor. Man wird auch fragen müssen, ob es weltwirtschaftlich verträglich ist, dass die Währung des größten Überschusslandes der Welt abwertet und damit die ohnehin übergroße Wettbewerbsfähigkeit noch weiter gestärkt wird. In den USA werden dann sicher wie vorher im Falle Chinas harte Maßnahmen gefordert werden, die den amerikanischen Produzenten den nötigen Schutz vor der unfairen Konkurrenz aus Deutschland bieten und dem Präsidenten erlauben, seine ehrgeizigen Ziele bei der Verbesserung der Wettbewerbsfähigkeit Amerikas zu erreichen.

Was werden deutsche Politiker zur Verteidigung ihrer »alternativlosen« Strategie der Exportförderung vorbringen? Werden sie sagen, dass die deutschen Menschen gar nichts konsumieren wollen und folglich auch keine Lohnerhöhungen brauchen? Werden sie sagen, dass die superwettbewerbsfähigen deutschen Unternehmen keine auch noch so moderate Lohnerhöhung verkraften und Deutschland für alle Zeiten unter seinen Verhältnissen leben und seinen Leistungsbilanzüberschuss behalten muss und die anderen die Schulden einfach ertragen müssen oder pleite gehen sollen? Man sieht leicht, das Unvertretbare lässt sich nicht gut vertreten, und wer in einer offenen Weltwirtschaft auf Dauer versucht, das Unvertretbare mit politischer Sturheit durchzusetzen, wird erleben, dass die Länder ganz schnell die Offenheit der Weltwirtschaft infrage stellen und ihre Grenzen für den Unbelehrbaren dicht machen.

Dass Deutschland das grundlegend missversteht, konnte man nicht besser zeigen, als es die Bundeskanzlerin mit ihrem Artikel vom 14. Juli 2010 im *Handelsblatt* getan hat. Dort kommt sie zu dem Ergebnis, dass die deutsche Exportstärke ungebrochen sei.

Davon, dass die deutsche Exportstärke die Exportschwäche anderer sein muss, war nicht die Rede. Deutschland ist offenbar noch immer allein zu Haus.

Demokratie und Volkswirtschaft – der natürliche Gegensatz?

Es scheint, als gebe es eine Art natürlichen Gegensatz zwischen dem gesamtwirtschaftlich Notwendigen und dem einzelwirtschaftlich Verständlichen, was eine vernünftige Wirtschaftspolitik so schwer durchsetzbar macht. Die Wirtschaftspolitik braucht einerseits ihre demokratische Legitimation durch den »normalen« Bürger, der einzelwirtschaftlich denkt. Andererseits muss sie aber das gesamtwirtschaftliche Wohl vertreten, das, wie ich in diesem Buch gezeigt habe, mehr ist als die Summe einzelwirtschaftlicher Interessen und oft sogar den einzelwirtschaftlichen Interessen entgegensteht. Aus diesem Gegensatz entsteht eine nur äußerst schwer zu lösende Aufgabe für Wirtschaftspolitiker: Sie müssen erstens die gesamtwirtschaftlichen Zusammenhänge verstehen und dann zweitens auch noch so überzeugend erklären können, dass sie für die daraus notwendig folgende Wirtschaftspolitik Zustimmung finden.

Man muss sich immer vorstellen, dass es anders ist als in der Physik. Viele der in der Physik heute diskutierten Phänomene entziehen sich fast vollständig der normalen menschlichen Vorstellungskraft. Das schafft eine Parallelwelt, in der auf der einen Seite der Bürger und auch der Politiker mit seinem marginalen Wissen über physikalische Zusammenhänge die Welt deuten und natürlich unglaublich oft falsch deuten. Das ist aber nicht wichtig, es existiert ja auf der anderen Seite eine Gruppe von wissenden Physikern, die immer dann, wenn es notwendig würde, sagen wir im Fall einer natürlichen Katastrophe, die schwer zu verstehen ist, eingreifen könnten und den Politikern die Sache erklären würden.

Ganz anders in volkswirtschaftlichen Fragen. Es vergeht fast keine Talkshow, ohne dass von Laien und Laienschauspielern über Wirtschaftspolitik diskutiert wird. Es vergeht kein Tag, an dem nicht ein wirtschafts-politisches Problem im Vordergrund des allgemeinen Interesses steht. Es vergeht keine Nachrichtensendung, ohne dass der zuweilen nur mit Schrecken zur Kenntnis zu nehmende Versuch gemacht wird, wirtschaftliche Zusammenhänge zu erklären.

Das führt dazu, dass das einzelwirtschaftliche Denken, das von Laien und Politikern in den Talkshows verbraten wird, als repräsentativ für Sachkenntnis in volkswirtschaftlichen Fragen steht. Journalisten verstehen es ja geradezu als ihre Aufgabe, dafür zu sorgen, dem »Mann und der Frau auf der Straße« wirtschaftliche Fragen auf einfache Art und Weise zu erklären. Die einfache Art und Weise bedeutet aber regelmäßig, dass alles das, was gesamtwirtschaftlich absolut entscheidend ist, ausgeblendet wird. Weil staatliche Schulden in einzelwirtschaftlicher Betrachtung wie private Schulden aussehen, werden staatliche Schulden genauso wie einzelwirtschaftliche Schulden geächtet, und es wird sozusagen der TV-Schuldenberater gerufen.

Dabei spielt es keine Rolle, ob den staatlichen Schulden staatliches Vermögen gegenübersteht, ob der Staat in einer bestimmten Situation der einzige ist, der sich überhaupt verschulden kann, ob die Forderungen, die den Schulden gegenüberstehen, vom eigenen Volk gehalten werden oder nicht und ob es internationale Verpflichtungen gibt, die von diesem Staat verlangen, in seinem eigenen Interesse die internationale Konjunktur anregen zu helfen. Das alles geht unter, und es muss untergehen, weil es eine Dimension zu tief, zu weit und zu groß ist für die eindimensionale Betrachtung, die von den zweidimensionalen Medien üblicherweise vorgenommen wird.

Gibt es eine Lösung? Nein, müsste man sagen, es gibt jedenfalls keine systematische Lösung. Es gibt die zufällige Lösung, wenn es zufälligerweise Politiker gibt, die stark genug als Politiker und wissend genug in volkswirtschaftlichen Fragen sind, um aufklärend und erklärend die Wirtschaftspolitik an den Mann zu bringen. Das aber setzt schon voraus, dass es wenigstens zwei solche Politiker gibt, nämlich einen in der Regierung und einen in der Opposition. In der modernen Mediendemokratie hätte nämlich ein einzelner Politiker, der nicht wenigstens einen Partner auf der anderen Seite hat, der seine Kommunikation aufgreift, keine Chance, Volkswirtschaft zu erklären, weil er sonst daran scheitert, daß er verlangen muß, dass die Menschen ihren festen Glauben daran, dass sie wirtschaftliche Zusammenhänge verstehen, aufgeben und ihm zuhören. Das zu erreichen ist praktisch unmöglich, wenn andere Parteien das einzelwirtschaftliche Denken zum Dogma erheben.

Ich habe schon in meinem früheren Büchern darauf hingewiesen, dass es vor allem die Unternehmer sind, die nichts fester glauben, als dass sie die Zusammenhänge, um die es in wirtschaftlichen Fragen geht, besser verstehen als irgendjemand sonst. Da sie auch die größte politische Macht haben, weil sie über Geld verfügen und über Arbeitsplätze entscheiden, können sie praktisch immer ihre einzelwirtschaftliche Sichtweise durchsetzen, ohne auf nennenswerten Widerstand zu treffen. Aber, auch das ist immer wieder gesagt worden, die Tatsache, dass die Volkswirte, vor allem die deutschen Volkswirte, dem gesamtwirtschaftlichen Denken abgeschworen und sich auf einzelwirtschaftliches Denken beschränkt haben, hat natürlich zu dieser Entwicklung beigetragen. Aber auch dann, wenn die Volkswirte wie ein Block bei jeder wichtigen Gelegenheit aufstehen würden, um die Unternehmer in ihre einzelwirtschaftlichen Schranken zu weisen, wäre es sehr unwahrscheinlich, dass die Politiker, obwohl sie eindeutig der Volkswirtschaft verpflichtet sind, den Volkswirten und nicht den Unternehmern folgen würden.

Das Ergebnis dieses immerwährenden Konfliktes ist, dass die volkswirtschaftliche Entwicklung, von ganz wenigen Ausnahmen abgesehen, eine Entwicklung ist, die sich nur durch tiefe Krisen verändern lässt. Alles spricht jetzt dafür, dass die Bewältigung der Krise für die Politik viele Nummern zu groß ist und eine Jahre oder gar Jahrzehnte dauernde Stagnation mit Deflation droht. Konkret, es droht die »japanische Krankheit«. Die japanische Krankheit, die dadurch entstanden ist, dass das Land nach dem Platzen einer großen Blase, die vor allem vom Immobiliensektor ausging, sich in Lohnsenkungen flüchtete und den negativen Nachfrageeffekten dieser Lohnsenkung seit über zwanzig Jahren nicht mehr entkommen kann.

Genau das ist für Europa vorprogrammiert. Die in Bedrängnis geratenen Länder im Süden ebenso wie die nicht in Bedrängnis befindlichen Länder im Norden versuchen sich durch Lohnsenkung oder zumindest weitere Lohnmoderation zu retten. Lohnsenkungen bringen aber unmittelbar Deflation mit sich. Sinken die Löhne auf breiter Front, sinkt auch die Inlandsnachfrage auf breiter Front. Wenn aber die Inlandsnachfrage auf breiter Front sinkt und die Auslandsnachfrage das nicht ausgleicht, was für einen großen Wirtschaftsraum wie Europa praktisch unmöglich ist, könnte nur der Staat die Lücke in der Nachfrage ausgleichen. Das kann der Staat aber nur dann tun, wenn er nicht mit den oben beschriebenen einzelwirtschaftlichen Zwängen konfrontiert ist. Ist wie derzeit in Europa ein Klima geschaffen, bei dem Staatsschulden als das Böse schlechthin angesehen werden, ist der Staat vollkommen unfähig, auf die Herausforderung angemessen zu reagieren.

Da man sich in Europa niemals Gedanken über das japanische Szenario gemacht hat, ist man hier anders als in den USA vollkommen unvorbereitet. In den USA haben sich immerhin einige verantwortliche Politiker und Notenbanker in großer Ernsthaftigkeit die japanische Krankheit angesehen und festgestellt, dass nur äußerst aggressive keynesianische Wirtschaftspolitik helfen kann, eine Dauerkrise aus Stagnation und Deflation zu vermeiden.

Ebenso wenig verarbeitet wurden in Deutschland und Europa die Erfahrungen, die mit falscher und immer wieder zaudernder Wirtschaftspolitik in den 1930er Jahren gemacht wurden. Auch damals war der einzige Ausweg, den die Politiker in ihrer nationalen Enge sahen, über Währungswettbewerb, richtiger: Abwertungswettbewerb, die Probleme des eigenen Landes auf andere Länder zu verlagern. Viele Jahre hatte man geglaubt, diese Gefahr sei durch bessere Einsicht gebannt. Doch das ist falsch. Die heutige Generation von Politikern, die praktisch unberührt von gesamtwirtschaftlichem Wissen ist, hat keinerlei Hemmungen, den alten, falschen Weg konsequent zu wiederholen.

Für die Demokratie entsteht aus dem vernebelten volkswirtschaftlichen Denken eine massive Gefahr. Gelingt es in den nächsten Jahren nicht, das japanische Stagnationsszenario zu vermeiden, ist die Demokratie, so wie wir sie fünfzig Jahre lang genossen haben, in höchste Maße gefährdet. Wenn diese Demokratie nicht zeigt, dass sie in der Lage ist, auch komplexe wirtschaftliche Probleme zu lösen, werden die Menschen beginnen, Rattenfängern hinterherzulaufen. Folgt eine Krise auf die andere, folgt eine Notoperation der nächsten, muss der Eindruck entstehen, die Politiker seien unfähig oder korrupt oder beides, weil sie trotz Heerscharen von Beratern keine durchgreifende, keine verständliche Lösung für die uns über den Kopf wachsenden Probleme finden können.

Wir sollten nicht vergessen: die letzte große Depressionskrise, diejenige der 30er Jahre des vorigen Jahrhunderts, wurde niemals gelöst. Die Krise verschwand in den Wirren des größten Krieges, den die Menschheit jemals geführt hat. Dort verschwand auch die Unfähigkeit der Politiker, global mit der globalen Krise umzugehen. Die unglaublichen Anstrengungen, die der Krieg den nationalen Wirtschaften abverlangte, ließen vergessen, wie aussichtslos es Ende der 1930er Jahre gewesen wäre, in friedlichem Miteinander eine Lösung zu finden.

Schaut man sich heute die Versuche der G 8 oder der G 20 an, eine Koordinierung der Wirtschaftspolitik zustande zu bringen, kann man verzweifeln. Selbst wenn es ausnahmsweise gelingt, eine vernünftige Rollenverteilung im Konsens der Länder niederzuschreiben, so kann man doch sicher sein, dass jeder Politiker schon auf dem Rückflug vom Gipfel vergisst, was er gerade unterschrieben hat. Zurückgekehrt und eingezwängt von den oben beschriebenen Lobbygruppen und der öffentlichen Meinung, wird er sich in der Regel als vollkommen unfähig erweisen, eine internationale Rollenverteilung dem staunenden heimischen Publikum zu erklären.

Besonders hervorgetan hat sich in dieser Hinsicht Deutschland. Seit Helmut Schmidt im Jahre 1978 zum letzten Mal anerkannt hat, dass Deutschland einmal die Rolle der Lokomotive für die Weltkonjunktur zu übernehmen habe, weigert sich Deutschland beharrlich, in expansiver Hinsicht tätig zu werden. Die kleine Ausnahme, als im Jahre 2008 auch Deutschland anerkannte, dass nun keynesianische Wirtschaftspolitik angesagt war, wurde sofort in der längeren Perspektive dadurch vernichtet, dass man ein Jahr später eine Schuldenbremse in die Verfassung schrieb. Dadurch, so hatte man den Eindruck, versuchten die Politiker diesen einmaligen Ausrutscher in die »Unsolidität« sofort ungeschehen zu machen. Schon die einfache Überlegung, dass ein großes Land, das wie Deutschland in einem inzwischen ungeheuerlich großen Maße vom Export abhängig ist, nicht einfach einer national festgelegten Schuldenbremse folgen kann, sondern internationale Rücksichten zu nehmen hat, wurde vollständig ausgeblendet.

Das bisher Gesagte zeigt die zwei Dimensionen, in denen wir total versagen. Die volkswirtschaftliche Dimension ebenso wie die internationale Dimension der wirtschaftlichen Betätigung finden keinen Widerhall im politischen Entscheidungsprozess. Daraus ergibt sich zwingend, dass Krisen unvermeidlich sind, große Krisen sehr wahrscheinlich sind und die Politik immer stärker dazu neigt, nationale und einzelwirtschaftlich verständliche Lösungen anzustreben. Da es diese aber nicht gibt, endet die Geschichte sozusagen damit, dass nationale »Lösungen« auf brachiale Art und Weise zum Zuge kommen.

Es ist heute schwer, noch an die Rationalität der Wirtschaftspolitik zu glauben. Was in den ersten Monaten des Jahres 2010 in Europa passiert ist, lässt sich rational nicht mehr bewältigen. Die Projektionen des Hasses und der Angst auf ein kleines Volk, der geifernde Boulevard, die hilflose Politik, die Unfähigkeit, Dinge beim Namen zu nennen – all das muss uns zweifeln lassen, ob die Aufklärung noch eine Chance hat. Wenn sie aber eine Chance hat, dann nur noch für eine ganz kurze Zeit, für einige wenige Jahre. Das Fenster der Möglichkeit, demokratische Lösungen zu finden, ist nur noch ganz kurze Zeit offen. Wenn Europa sich auf zehn Jahre Stagnation und Deflation hin bewegt, sind die rechten Flammen, die an seinen Rändern schon deutlich zu sehen sind, nicht mehr zu beherrschen. Dann wird nicht nur Europa zerbrechen, dann wird auch der Versuch, die Wirtschaft zu globalisieren, zu Ende sein.

Ich habe auch erst spät verstanden, wie wichtig wirtschaftliche Fragen für solche dramatischen politischen Veränderungen sind. Im Grunde zeigte erst die Unfähigkeit der Politik, mit der großen Krise des Jahres 2008 umzugehen, dass die Menschen im Normalfall von den demokratischen Systemen, wie sie in den letzten fünfzig Jahren entstanden sind, keine Hilfe erwarten können. Es geht so einfach nicht. Es geht jetzt nicht mehr um die eine oder die andere Partei, es geht nicht mehr um den einen oder den anderen Politiker, es geht jetzt ums Ganze. Das politische System, mit dem sich die meisten von uns doch in irgendeiner Weise angefreundet haben, fährt gegen die Wand.

Als ich das in einer öffentlichen Veranstaltung in Berlin noch unter dem Eindruck meiner eigenen politischen Erfahrungen im Jahre 1998 und 1999 zu Beginn dieses Jahrtausends sagte, waren die Zuhörer schockiert. Ich weiß noch genau, wie der damalige *ZEIT*-Journalist Klaus Schmidt nach der Veranstaltung zu mir kam und sagte, es sei ja wohl nur meiner akuten Frustration zuzuschreiben, dass ich solch extreme Ansichten vertrete. Heute, fern jeder Frustration, zeigt sich, dass ich recht hatte: Das System fährt gegen die Wand. Die Frage ist nur, ob es früher oder später passiert. Entsteht nicht im Laufe der nächsten beiden Jahre eine neue politische Bewegung, die der Politik auch in wirtschaftlichen Fragen eine andere Dimension hinzufügt, gibt es keine Hoffnung mehr. In Deutschland kann man das einfach festmachen an der Frage, ob das Sparpaket der Regierung, das im Juni 2010 verabschiedet wurde, eine solche Bewegung hervorbringt oder nicht.

Die Dimension der Absurdität dieses Sparprogramms ist nicht mehr mit normalen Ausdrücken zu fassen. Da hat sich eine Regierung, vor sieben Monaten demokratisch gewählt, selbst verabschiedet von dem Versuch, Lösungen zu finden, die gesellschaftliche Lösungen im weitesten Sinne sein können. Es hat sich eine Regierung selbst darauf reduziert, ihrer Klientel zu Diensten zu sein und die Vorurteile des Boulevards zu bedienen.

Deswegen wird das sogenannte Sparprogramm der schwarzgelben Regierung in die Geschichte eingehen als der Beginn einer verlorenen Dekade. Es wird als klassischer Ausdruck für den Tunnelblick einer Regierung betrachtet werden, die im entscheidenden Jahr 2010 nicht einmal im Ansatz begriff, was die Stunde geschlagen hatte.

Anmerkungen

1 Ich habe das zusammen mit Friederike Spiecker in dem Buch *Das Ende der Massenarbeitslosigkeit* ausführlich geschildert und erklärt.

2 Man muss mit dem Wort »investieren« allerdings vorsichtig umgehen. »Angelegt« wäre besser, aber die englische Sprache hat offenbar kein richtiges Wort dafür, da sagt man »invested« – obwohl das mit Investitionen im üblichen Sinne nichts zu tun hat. Man tut ja nichts Neues, um dauerhaft höhere Erträge erzielen zu können.

3 In Österreich gab es den Fall übrigens auch. Allerdings hat die österreichische Regierung nach der Krise still und heimlich verboten, dass die österreichischen Bürger Fremdwährungskredite aufnehmen dürfen. In Ungarn hat das die neue konservative Regierung 2010 dann auch getan.

4 Dieser Abschnitt basiert auf einem Artikel von Friederike Spiecker und mir im *Wirtschaftsdienst* 2010/3.

5 Die hier verwendeten Daten basieren, soweit nicht anders vermerkt, auf Angaben aus der AMECO-Datenbank mit Stand vom November 2009. Die Zahlen für 2009 stellen Schätzungen der EU-Kommission dar.

6 Dieser Abschnitt ist sinngemäß in den Nachdenkseiten.de am 7. Januar 2010 erschienen.

7 Diese Box basiert auf einem Artikel, den ich im Dezember 2006 in der *Financial Times Deutschland* veröffentlicht habe.

8 Dieser Abschnitt basiert auf einem Artikel von mir und Friederike Spiecker im ifo-Schnelldienst vom Mai 2010.

9 Siehe Flassbeck/Spiecker, 2005.

10 Dieses Argument geht über das praktische Problem, Wettspiele zu identifizieren, weit hinaus.

11 Siehe UNCTAD, *Trade and Development Report 2009*.

12 Dieser Abschnitt basiert auf einer Artikelserie von Friederike Spiecker und mir in der *Frankfurter Rundschau* von Anfang des Jahres 2008.

Literatur

Authers, John (2010): Market forces, in: *Financial Times (EUROPE)*, 22. Mai 2010.

Authers, John (2010): *The Fearful Rise of Markets – Global Bubbles, Synchronized Meltdowns, and How to Prevent Them in the Future*, Upper Saddle River, N.Y.

Bibow, Jörg (2010): It is worrying that the German view of austerity is now Europe's, Financial Times, 28. Juni 2010.

Borloo, Jean-Louis, Chris Huhne und Norbert Röttgen (2010): Europäisches Klimaschutzziel:»30 Prozent weniger Emissionen bis 2020«, FAZ.NET.

Deutsche Bundesbank (2007): Der deutsche Außenhandel im Euro-Raum, *Monatsbericht*, März 2007.

Deutsche Bundesbank (2010): Zur Verschuldung und Zinsbelastung des Staates in Deutschland, *Monatsbericht*, April 2010.

Deutsche Bundesbank (2010): Zur Problematik makroökonomischer Ungleichgewichte im Euro-Raum, *Monatsbericht*, Juli 2010.

Deutscher Bundestag (2010): Haushaltsausschuss – unkorrigiertes Stenografisches Protokoll, 21. Sitzung, Mittwoch, 19. Mai 2010, 11 Uhr, www.bundestag.de/bundestag/ausschuesse17/a08/anhoerungen/Stabilisierungsmechanismus/021_Protokoll.pdf.

European Comission (2010): The Impact of the global crisis on competitiveness and Current Account + Divergences in the Euro Area, Quarterly, Report on the Euro Area, Vol. 9, No 1.

Flassbeck, Heiner (1985): *Freihandel, Gatt und das internationale Währungssystem*, Tübingen.

Flassbeck, Heiner (1997): Und die Spielregeln für die Lohnpolitik in einer Währungsunion? *Frankfurter Rundschau* vom 31.10.1997, S. 12.

Flassbeck, Heiner (1999): Are Banks in Asia »Rotten«? Paper presented at the conference on »Asia-Europe Cooperation: Impacts of the Asian Financial Crisis and the Euro«, organized by the Council for Asia-Europe Cooperation (CAEC) Task Force in Paris, 13.–14. September, www.flassbeck.de/ Deutsch/Publikationen/Aufsaetze1999-2008.html.

Flassbeck, Heiner (2006): Milton Friedman – Ein Nachruf auf die Nachrufe, *Financcial Times Deutschland*, 5. 12. 2006.

Flassbeck, Heiner (2009): *Gescheitert – Warum die Politik vor der Wirtschaft kapituliert*, Frankfurt/Main.

Flassbeck, Heiner (2010): Die unendliche Leistungsträgerlüge, NachDenk-Seiten – die kritische Website vom 07. 01. 2010, www.nachdenkseiten.de/ ?p=4443#more-4443.

Flassbeck Heiner (2010):Was sozial ist, schafft Arbeit!, in: Frank Schirrmacher, Thomas Strobl (Hrsg.), *Die Zukunft des Kapitalismus*, Berlin, S. 81–85.

Flassbeck, Heiner / Friederike Spiecker (2005): Die deutsche Lohnpolitik sprengt die Europäische Währungsunion, in: *WSI-Mitteilungen*, Bd. 58, 12, S. 707–713.

Flassbeck, Heiner / Friederike Spiecker (2007): *Das Ende der Massenarbeitslosigkeit*, Westend Verlag, Frankfurt/Main.

Flassbeck, Heiner / Friederike Spiecker (2010): Lohnpolitische Konvergenz und Solidarität oder offener Bruch – Eine große Krise der EWU ist nahezu unvermeidlich, *Wirtschaftsdienst* 2010/3, S. 178–184.

Flassbeck, Heiner / Friederike Spiecker (2010): The market is always right – Der Neoliberalismus verurteilt den Staat zur Ohnmacht und führt damit die Marktwirtschaft an den Abgrund. *ifo Schnelldienst* 9 / 2010.

Friedman, Milton (1953): The Case for Flexible Exchange Rates, in: *Essays in Positive Economics*, Chicago, S. 157–203.

Heusinger, Robert von (2010): Dann geht doch raus!, in: *Frankfurter Rundschau* vom 27. 04. 2010.

Juncker, Jean-Claude (2010): Wir werden den Griechen keine Ruhe lassen, in: *Süddeutsche Zeitung* vom 13./14. Februar 2010, Politik, S. 3.

Keynes, John Maynard (1919): *The Economic Consequences of the Peace. The Collected Writings of John Maynard Keynes*, Vol. II, Macmıllan St. Martin's Press for the Royal Economic Society, 1971, London and Basingstoke.

Keynes, John Maynard (1931): *Essays in Persuasion. The Collected Writings of John Maynard Keynes*, Vol. IX, Macmillan St. Martin's Press for the Royal Economic Society, 1972, London and Basingstoke.

Keynes, John Maynard (1936): *The General Theory of Employment, Interest and Money. The Collected Writings of John Maynard Keynes*, Vol. VII, Macmillan St. Martin's Press for the Royal Economic Society, 1973, London and Basingstoke.

Koo, Richard C. (2009): *The Holy Grail of Macroeconomics: Lessons from Japan's Great Recession*, Singapore.

Krugman, Paul (2010): A Lost Decade Blooming?, in: *The New York Times*, 31. Mai 2010.

Merkel, Angela (2010): Deutschland kommt gestärkt aus der Krise, in: *Handelsblatt* vom 14. 07. 2010, www.handelsblatt.com/meinung/gastbeitraege/gastbeitrag-von-angela-merkel-deutschland-kommt-gestaerkt-aus-der-krise;2617931

Müller, Albrecht (2010): EU endlich auf dem richtigen Weg – jetzt sollte noch die Subventionierung der Täter beendet werden (Finanzkrise XL), NachDenkSeiten – die kritische Website vom 10. 05. 2010, www.nachdenkseiten.de/?p=5512#more-5512

Rodrik, Dani (2010): Gespenstisches Vertrauen in: *Financial Times Deutschland* vom 16. 07. 2010, www.ftd.de/politik/konjunktur/:wirtschaftspolitik-gespenstisches-vertrauen-

Schäuble, Wolfgang (2010): Maligned Germany is right to cut spending, in: *Financial Times* (Europe), 24. Juni, 2010.

Schirrmacher, Frank u. Thomas Strobl (Hrsg.), (2010): *Die Zukunft des Kapitalismus*, Berlin.

Simon, Bernard (2010): Shares in old GM soar to value »worthless« company at $500m, in: *Financial Times* (Europe), 19. 01. 2010.

Sloterdijk, Peter (2010): Die Revolution der gebenden Hand, in: Frank Schirrmacher, Thomas Strobl (Hrsg.), *Die Zukunft des Kapitalismus*, Berlin, S. 60–70.

UNCTAD (2009): *Trade and Development Report*.

UNCTAD (2010): *Trade and Development Report*.

Walser, Martin (2010): Wettbewerb ist ein Gebot der Nächstenliebe, in: Frank Schirrmacher, Thomas Strobl (Hrsg.), *Die Zukunft des Kapitalismus*, Berlin, S. 24–30.

Wolf, Martin (2010): Why it is right for central banks to keep printing, in: *Financial Times* (Europe), 23. Juni, 2010.

WESTEND

Heiner Flassbeck
Gescheitert

Warum die Politik vor der Wirtschaft kapituliert. 272 Seiten.
Gebunden

Die große Krise bringt an den Tag, was der globale Boom für
ein paar Jahre verdeckt hatte: Die deutsche Wirtschaftspolitik hat kein Konzept, weder für den Boom noch für die Krise.
Das ist leider nicht neu. In deutschen Ministerien wurstelt
man seit drei Jahrzehnten ohne jede klare Idee vor sich hin.
Jetzt aber wird es wirklich gefährlich. Nachdem das neoliberale Modell endgültig gegen die Wand gefahren ist, steht die
deutsche Wirtschaftspolitik vor einer fundmentalen
Wende. Reagiert sie nicht aus eigenen Stücken, werden die
Verhältnisse sie zwingen. Deutschland muss endlich wirtschaftspolitisch erwachsen werden. Heiner Flassbecks neues-
tes Buch ist ein Muss für alle, die die gesamtwirtschaftlichen Zusammenhänge verstehen und bei den aktuellen wirtschaftspolitischen Diskussionen mitreden wollen.

11/1007/01/R

WESTEND

Ulrich Schneider
Armes Deutschland

Neue Perspektiven für einen anderen Wohlstand. 240 Seiten.
Gebunden

Deutschland steht vor dem Scheideweg. Noch nie lebten so
viele Menschen in Armut. Statt die Probleme energisch an-
zupacken, geht die Politik den kalten Weg der Ausgrenzung.
Doch wo Millionen von Menschen ausweglos im Abseits
belassen werden, geraten die Fundamente der Bundesrepublik
selbst ins Wanken. Ulrich Schneider analysiert die Spaltung
der Gesellschaft. Er beschreibt das politische Scheitern und die
Strategien und Tricks, mit denen sich die Akteure aus der
Verantwortung stehlen. Und er sagt, wie eine andere Politik
aussehen könnte und müsste. Es geht um Perspektiven – für
jeden einzelnen Menschen und für das Land.

11/1019/01/R.

WESTEND

Ulrich Thielemann
System Error

Warum der freie Markt zur Unfreiheit führt. 256 Seiten.
Gebunden

Immer mehr Menschen beschleicht ein Unbehagen gegenüber
dem Markt. Stetig wachsende Einkommensunterschiede,
Gewinnsteigerungen durch Entlassungen, die schleichende
Ökonomisierung des Lebens. Bildung wird durch Human-
kapitalbildung ersetzt, Politik auf Standortpolitik reduziert
und Vorfahrt fürs Kapital als Vorfahrt für Arbeit verkauft.
Und zu all dem müssen die Folgen, die die Gier des Kapitals
und seiner Zudiener angerichtet haben, von anderen ausge-
badet werden. All dies wird von der vorherrschenden ökono-
mistischen Doktrin gerechtfertigt. Mehr Markt und mehr
Wettbewerb, das sei doch letztlich immer gut für alle. Oder
der Markt wird kurzerhand mit Freiheit gleichgesetzt,
womit jede Verminderung seines Einflusses auf Unfreiheit
hinausliefe. Trotzdem ist dies kein Antimarktbuch, sondern ein Buch gegen die Marktgläubigkeit. Es geht darum, den
Markt gesellschaftlich und politisch einzubinden, statt uns
von ihm vereinnahmen zu lassen. Es geht darum, dass der
Wettbewerbskampf eine geringere Rolle in unserem Leben
spielt.

11/1020/01/R

WESTEND

Peter Zudeick

Tschüss, ihr da oben

Vom baldigen Ende des Kapitalismus. 240 Seiten.
Klappenbroschur

Auf dem Höhepunkt der Debatte über unverschämte Mana-
gergehälter und die Gier der Reichen zeigt sich: Der jahr-
tausendealte Disput über Gerechtigkeit und Ungerechtigkeit
in dieser Menschenwelt ist wieder aktuell. Die schnelle Ab-
folge von Immobilienkrise, Finanzmarktkrise, Automarkt-
krise, Weltwirtschaftskrise hat nicht nur dafür gesorgt,
dass Karl Marx wieder senkrecht im Grabe steht, sondern
auch dafür, dass wir wieder über die Wirtschaft als solche,
den Menschen als solchen und die Gesellschaft als solche
nachdenken müssen. Reicht es denn nicht allmählich mit
dem systematischen Gemurkse, das uns schon so lange Zeit
»die da oben« – die Wirtschaftsbosse, die Politiker, »der
Staat« – als Normalität verkaufen? Ist jetzt nicht, wie so häufig in den vergangenen Jahrhunderten, die Zeit gekommen,
»Tschüss, ihr da oben« zu rufen und die Sache wieder selbst in
die Hand zu nehmen?

11/1003/01/R

WESTEND

Ulrike Herrmann

Hurra, wir dürfen zahlen

Der Selbstbetrug der Mittelschicht. 222 Seiten

Die Mittelschicht in Deutschland betrachtet sich gerne und immer häufiger als Opfer. Ständig hat sie den Verdacht, sie würde vom Staat ausgebeutet. Doch: Stellt die Mittelschicht nicht die Mehrheit in dieser Gesellschaft? Warum stimmt sie zum Beispiel für Steuergesetze, die die Oberschicht einseitig privilegieren? Warum benimmt sich die Mittelschicht so irrational? Ulrike Herrmann untersucht den bundesdeutschen Alltag, analysiert die wundersame Vermehrung der Milliardäre, die Renaissance des Adels, die Rückkehr der Dienstboten, die Verachtung der Unterschicht und den fatalen Glauben der Mittelschicht, sie sei privilegiert. Aber die Zeit drängt. Findet die Mittelschicht nicht zu einem realistischen Selbstbild, sondern hängt weiter ihrem Elitedünkel an, wird sie auch weiterhin allein für wirtschaftspolitische Fehlentscheidungen bezahlen.

11/1015/01/R

Heiner Flassbeck und Friederike Spiecker
Das Ende der Massen-arbeitslosigkeit

Mit richtiger Wirtschaftspolitik die Zukunft gewinnen.
304 Seiten. Gebunden

Acht zentrale Fragen.
Glauben Sie, dass
– der technische Fortschritt Arbeitsplätze vernichtet?
– die Höhe der Löhne die Beschäftigung bestimmt?
– die Struktur der Löhne den Abbau der Arbeitslosigkeit behindert?
– die Globalisierung per saldo deutsche Arbeitsplätze kostet?
– Ludwig Erhard für das deutsche Wirtschaftswunder verantwortlich war?
– die wichtigste Aufgabe der Geldpolitik der Schutz der Sparer vor Inflation ist?
– das Sparen entscheidend ist für das Investieren?
– eine Volkswirtschaft sparen muss, um für die Zukunft vorzusorgen?

Falls Sie auch nur eine dieser Fragen mit Ja beantworten, müssen Sie dieses Buch lesen. Die Autoren bieten Analysen und Therapien, welche die herrschende Sichtweise erschüttern und die aktuelle Wirtschaftspolitik fundamental in Frage stellen.

11/1002/01/R